基礎から学ぶ
資本市場論 Ⅰ

菅原周一・桂　眞一［著］

創 成 社

はじめに

　本書は，慶応義塾大学，近畿大学などで行っている講義，「ファイナンス論」，「証券投資論」をベースにしています。

　本書内容の大半が，このような講義録をもとにしていますので，対象とする読者は，これから証券投資を学ぶ予定の大学2～3年生，資産運用に興味のある一般社会人を想定しています。したがって，数式による説明を最小限度に止め，できる限りわかりやすく，図表を多く取り入れ直感的にも理解できるように心がけました。多くの方に読んでいただければ幸いです。

　本書は大学の講義に合わせて作られています。日本の大学の春セメスタ，秋セメスタの講義では，14回＋定期試験となっている場合が大半ですが，本書は，「序論」と「定期試験」を除く13回分に収まる分量です。1回分にあたる各節は，20枚程度のプレゼンテーションとその説明用のノートから構成されています。基本的には，独習を想定していますが，関係教育機関で教員の方々が講義の補助資料として利用していただければ幸いです。

　本書は13の節を5つの章に編成しています。第1章「資本市場の特徴」では，資金の流れの中心的な役割を担っている資本市場の特徴について概観します。資本市場とは何か，資本市場を通して資金がどう流れているか，資本市場に期待されている役割は何かについて解説します。

　第2章「投資の基本概念」では投資を考えるうえで基本となる概念について整理します。収益率とリスクのトレードオフの関係や，将来価値，現在価値について，資産の理論価格はどう算出されるか，いろいろな収益率，共分散や相関係数，投資家の効用等について述べます。特に，「将来価値と現在価値の関係」，「資産の理論価格導出の考え方」はすべての資産価格算出の基礎となりますので，正しく理解する必要があります。

　第3章「ファイナンスの基礎理論」では，ハリー・マーコビッツの平均・分散アプローチを中心に解説します。さらに，ハリー・マーコビッツと同じ年の1990年にノーベル賞を受賞したウイリアム・シャープが示した資本資産価格評価モデルについても解説します。

　第4章「株式投資の基礎と株式市場」では，株式投資を考えるうえで基本となる理論と株式市場の解説を行います。株式とは何かにはじまり，株式市場の全体像，株価の変動

要因，配当割引モデルやフリーキャッシュフローモデルなど株式の評価モデルへと展開します。

　最後に，第5章「債券投資の基礎と債券市場」では，債券投資を考えるうえで基本となる用語や債券市場について解説します。具体的には①債券とは何か，債券の種類，②債券の投資収益率，③債券の理論価格の考え方等を中心に解説を行います。また，デュレーション，コンベキシティーなど債券の価格変動を考えるうえで重要な概念について解説します。さらに，多少上級の概念ですが，実践的な債券投資を考えるうえで必要となる金利期間構造についても触れます。

　本書の出版にあたっては数多くの方々の指導と助言を頂きました。

　本書の執筆過程では，筆者の属していたみずほ信託銀行資産運用研究所のスタッフの方々にご助言を頂きました。特に，上木原さおりさんには，多くの有益なご助言やサポートを頂きました。ここで，記して感謝の意を表したいと思います。また，非常にタイトなスケジュールにもかかわらず原稿を校正していただき，また，表現・デザインなどの助言を頂きました創成社の出版部のスタッフ，とりわけ廣田喜昭氏に心からお礼申し上げます。最後に，私事になりますが自宅での長い執筆活動を最後まで暖かく見守ってくれた家族に心から感謝したいと思います。

2010年6月

菅原周一・桂　眞一

目　次

はじめに

第1章　資本市場の特徴 ——————————————————— 1

第2章　投資の基本概念 ——————————————————— 17
- 2.1節　投資の基本概念（1） …………………………………………… 18
- 2.2節　投資の基本概念（2） …………………………………………… 39
- 2.3節　投資の基本概念（3） …………………………………………… 60

第3章　ファイナンスの基礎理論 ——————————————— 83
- 3.1節　ファイナンスの基礎理論（1）：平均分散アプローチを中心に ………… 84
- 3.2節　ファイナンスの基礎理論（2）：資本資産価格評価理論を中心に ………… 105
- 3.3節　ファイナンスの基礎理論（3）：裁定価格理論を中心に ……………… 126
- 3.4節　ファイナンスの基礎理論（4）：市場の効率性を中心に ……………… 147

第4章　株式投資の基礎と株式市場 ————————————— 169
- 4.1節　株式投資の基礎と株式市場（1）：株式投資の基礎とマルチプルズ ……… 170
- 4.2節　株式投資の基礎と株式市場（2）：配当割引モデルを中心に ……………… 191

第5章　債券投資の基礎と債券市場 ————————————— 213
- 5.1節　債券投資の基礎と債券市場（1）：債券投資の基礎と利回り ……………… 214
- 5.2節　債券投資の基礎と債券市場（2）：デュレーションとコンベキシティー …… 235
- 5.3節　債券投資の基礎と債券市場（3）：金利の期間構造 …………………… 256

参考文献　277
索　　引　279

第1章
資本市場の特徴

第1章　資本市場の特徴

ポイント
1．資本市場とは何か
2．資本市場を介した資金の流れ
3．資産とはどう定義されるか
4．投資の収益率の源泉
5．資本市場の役割

―本章の概要―

　第1章「資本市場の特徴」では，資金の流れの中心的な役割を担っている資本市場の特徴について解説をします。具体的には，①資本市場とは何か，②資本市場を介して資金がどう流れているか，③資産とは何か，どう定義されるか，④投資の収益率の源泉は何なのか，⑤資本市場に期待されている役割は何か，という5つのテーマを中心に解説を行います。特に資本市場の意義と期待役割は何か，資本市場を機能させるために必要な要件は何かを理解しておくことは大切です。また，資産とは何か，どう定義するかはリスク資産の理論価格を考えたうえで重要です。本章では，資本市場の特徴を概観します。

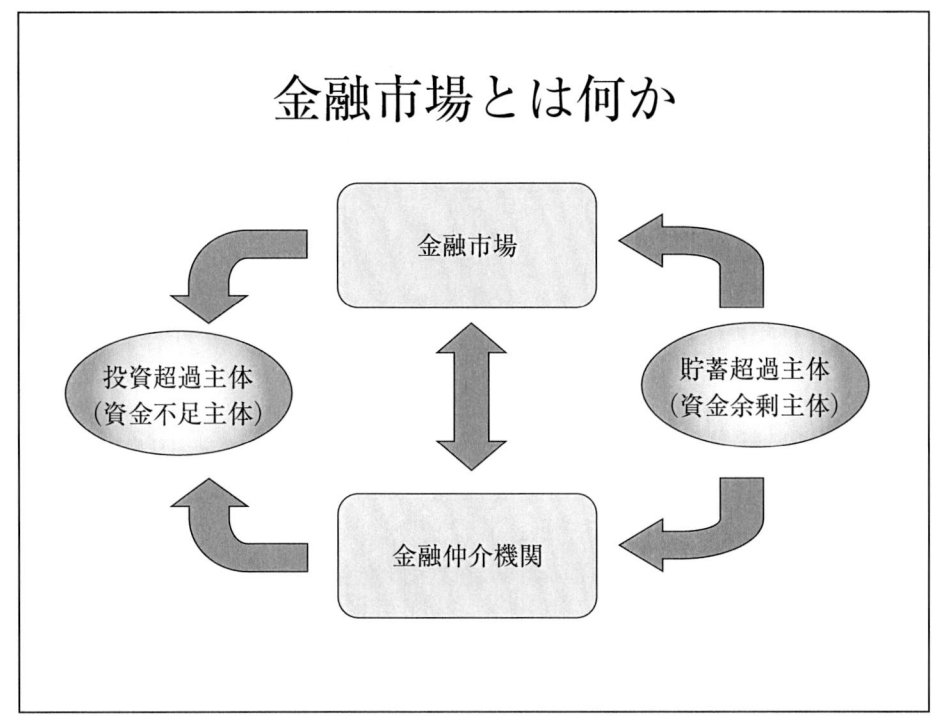

　金融市場とは，資金を借りたり，貸したりする場（市場）のことであり，広義には国民経済におけるお金の流れ全体を指します。経済全体を見ると，資金を余剰に所有している経済主体（投資家など）と資金が不足している経済主体（企業，国家など）があり，この両者の資金面での橋渡しをしているのが金融市場であり，金融仲介機関です。金融市場は，資金の性格等により，さらにいくつかの市場に分類されます。また金融仲介機関には，銀行，生命保険会社，信用金庫などがあります。なお，資金を余剰に所有している主体を資金余剰主体（貯蓄超過主体），資金が不足している主体を資金不足主体（投資超過主体）といいます。

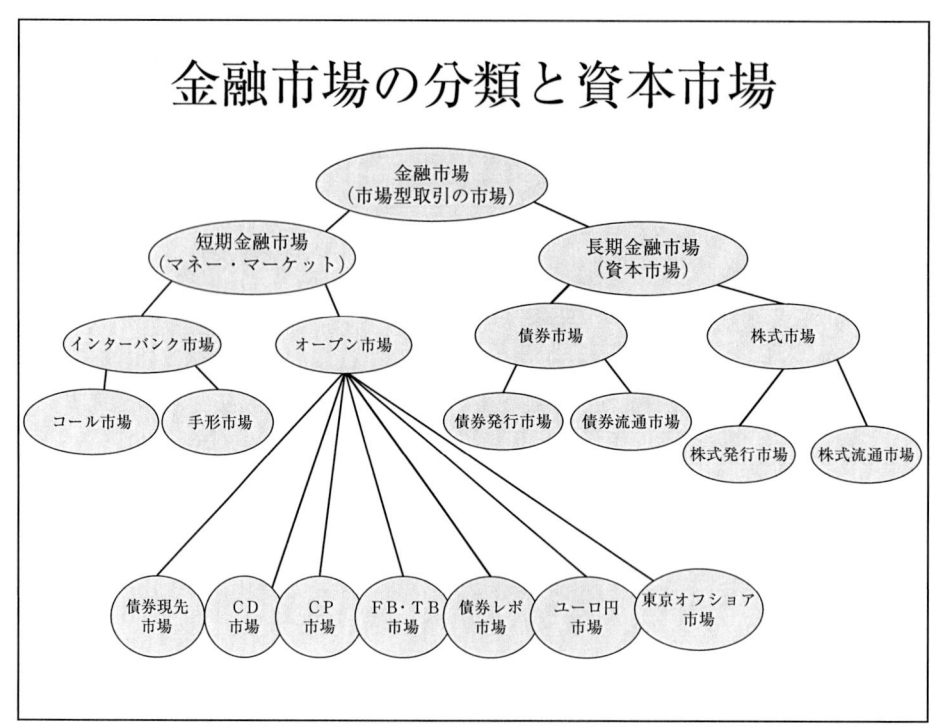

　1対1による相対取引でなく，市場を介した取引を市場取引といい，この取引を行う市場のことを金融市場といいます。この金融市場は，短期の借入期間か，中長期の借入期間かを考えるかで，短期金融市場（マネー・マーケット）と長期金融市場（資本市場，あるいはキャピタル・マーケット）に大別されます。短期金融市場はさらに，銀行間で短期資金や外貨のやり取りをする銀行間取引市場（インターバンク市場）と一般企業も参加ができるオープン市場に分けられます。銀行間取引市場はさらにコール市場と手形市場に，オープン市場はさらに債券現先市場，CD市場，CP市場，債券レポ市場，ユーロ円市場，東京オフショア市場などに分かれます。長期金融市場はさらに，債券市場，株式市場に分けられ，両市場は，新たな証券発行を行う発行市場とすでに発行された証券の売買を行う流通市場があります。なお，これら以外にも先物，オプションといった派生商品の売買を行う市場を派生商品市場といい，大きな役割を担っています。

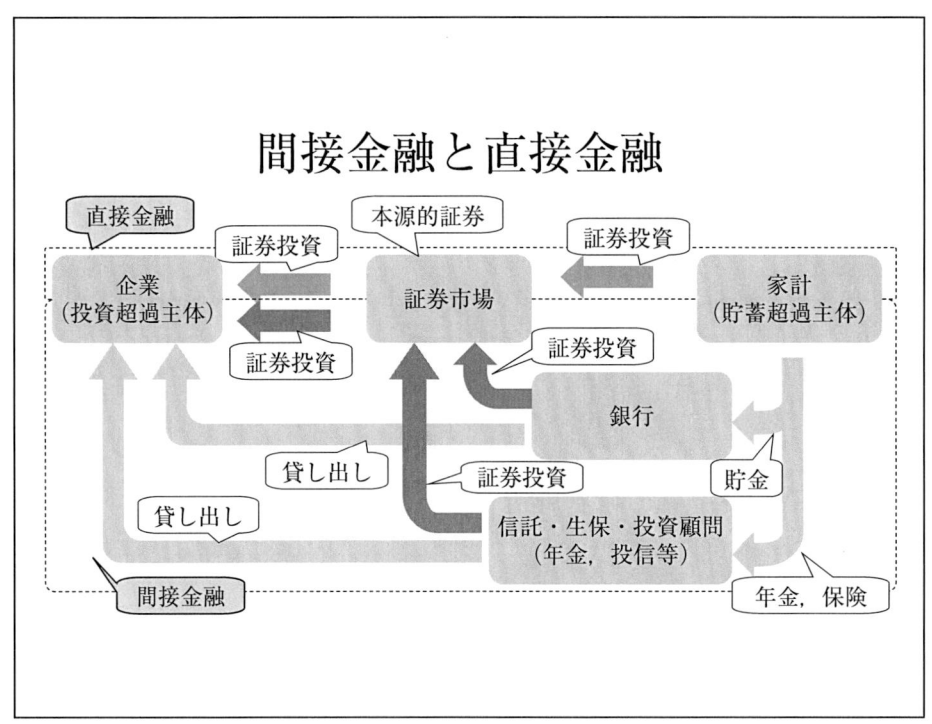

　資金の余剰な経済的主体が直接資本市場を経由して資金の不足した経済主体に資金を提供することを直接金融といいます。資金の余剰な経済的主体が，銀行や保険会社などの金融仲介機関を経由して，間接的に資金の不足した主体に資金を提供することを間接金融といいます。この場合，金融仲介機関が資本市場に資金を供給した場合でも，間接金融に分類されます。これは，資本市場に投資する際のリスクの負担者が，資金の最終的な提供者か金融仲介機関かで決定されます。

　なお，資本市場が発達する過程では，金融機関が資金の不足している主体に資金を貸し出す間接金融が主体となりますが，資本市場が成熟すると直接金融が増えることが一般的です。

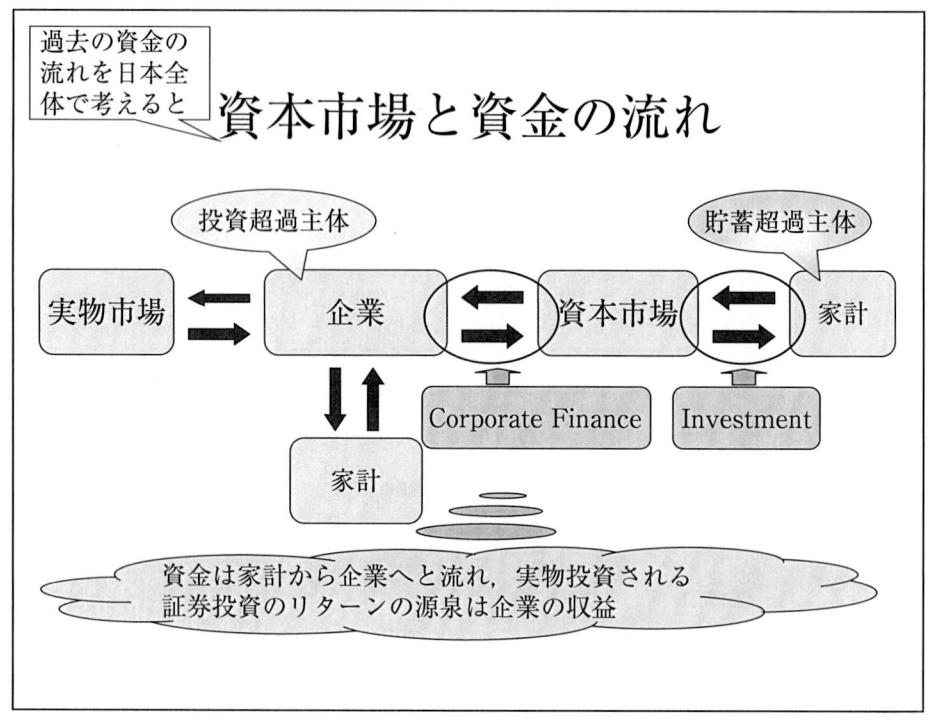

　資本市場での資金の流れを見てみると，貯蓄超過主体（資金運用主体のこと）から，資本市場を経由して投資超過主体（資金不足主体のこと）に資金が流れ，この資金を使い，活動した結果として，配当や利息が付加されて，貯蓄超過主体に資金が還流されます。資金が超過した貯蓄超過主体は家計（個人）であり，資金が不足した投資超過主体が企業であることが典型的な事例でしたが，貯蓄超過主体は個人だけでなく，企業の場合も少なくありません。また，投資超過主体は企業の場合もあれば，政府（国家）の場合もあります。成長著しく有望な投資機会を多くもつ企業は自社内の資金では足りず，資本市場での新たな資金調達を行うことになります。逆に，成熟企業で有望な投資機会が少なく資金が潤沢にある企業は，貯蓄超過主体となることが考えられます。さらに，国家も支出が多く収入が少ないと，資本市場を活用して資金不足主体となります。

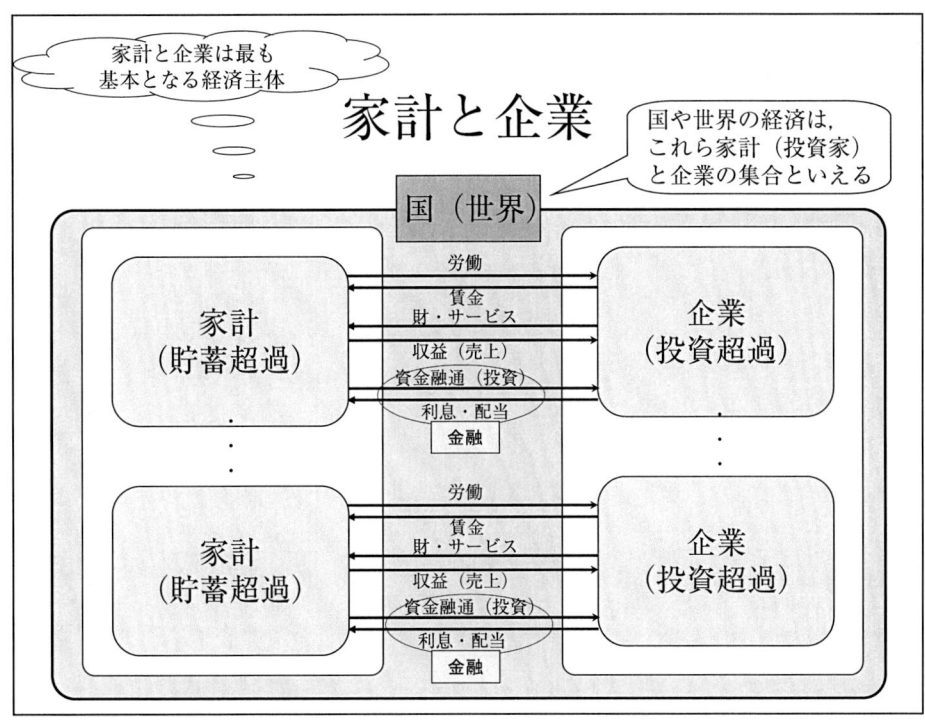

　家計と企業は最も基本となる経済主体です。ここでいう経済主体とは，経済活動を行う基本単位のことで，本書では，生産活動を行う企業，企業に労働力を提供してその対価として賃金を受け取り，さらに企業が生産した商品を購入して生計を営む家計，そして企業と家計の集合体である国家という3つの経済主体から経済が営まれていると考えます。

　家計は企業に対して労働力を提供し，対価として賃金を受け取ります。企業は労働力と資本を使い，財やサービスを家計に提供して利益（売上）を得ることになります。このとき，資本の提供者は，家計であり，家計が投資，あるいは預金などの形で企業に資金を融通します。企業はこの対価として，家計に利息や配当を支払います。1国の家計と企業の集合体が，1国の経済を形作りますし，世界全体で考えることもできます。このとき，国家は，家計と企業が経済活動を円滑に行うための基盤インフラを提供する役割を担います。

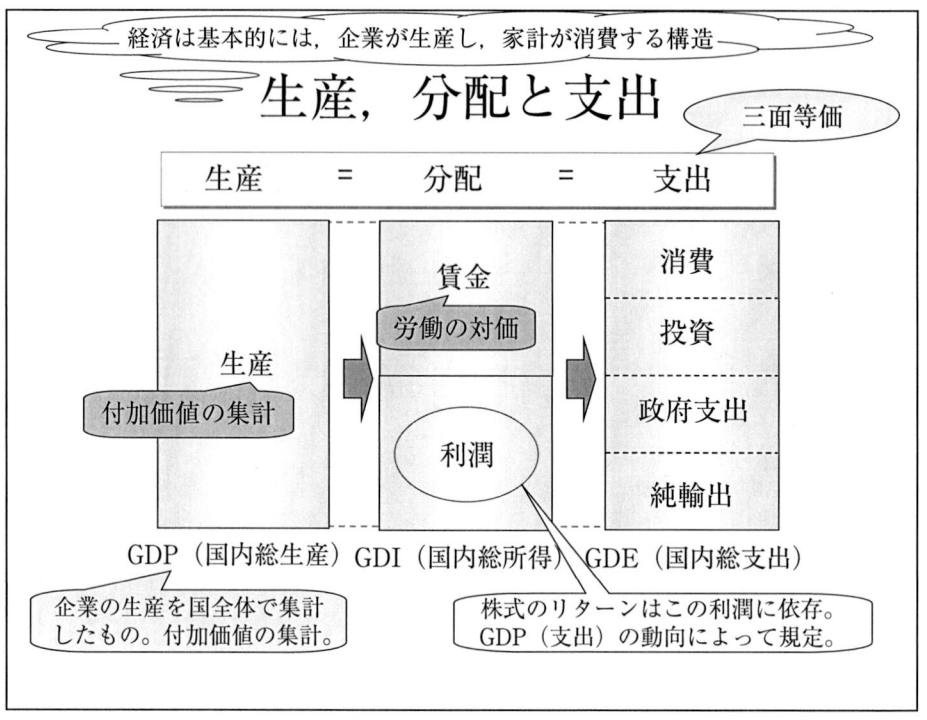

　経済全体を見ると，企業は労働力と資本から生産し，家計は賃金を受け取り消費することになります。ここで，企業が生産したもの（付加価値）の国全体の合計を国内総生産（GDP：Gross Domestic Product）といいます。生産，分配，支出という3つの面に着目すると，三者は等価ということになります（生産＝分配＝支出）。付加価値の集計である生産（GDP：Gross Domestic Product）は，労働の対価としての賃金と利潤に分けることができます。両者の合計は国内総所得（GDI：Gross Domestic Income）であり，企業の株価はこの利潤に依存することになります。個人が得た賃金と企業の資金提供者が得た利潤は，消費，投資，政府支出，純輸出という形で支出（国内総支出：GDE：Gross Domestic Expenditure）されます。

資産とは何か（どう定義するか）

「投資する」＝「資産を購入する」

今資金を拠出して，資産を所有することで，将来，キャッシュフローを受け取る

資産の定義 ⇒ 将来，キャッシュフローをもたらし得るもの

資産（投資）の例
- ワンルームマンションの所有＝ワンルームマンションを貸すことによる将来の家賃収入 ← 実物資産
- 企業が発行する株式の保有＝将来配当が期待できる。 ← 金融資産

　財務会計の定義とは異なり，ファイナンス理論では，資産の定義を，「将来，キャッシュフローをもたらし得るもの」と考えます。これは，たとえば「株式投資」をして，株式という「資産を購入する」と，将来配当金がもらえます。また，途中で売却すれば，売却益が得られます。一般に「投資する」ということは「資産を購入する」ことを意味し，資産を所有することで，将来にキャッシュフローを受け取ることになります（ただし，資産をもてば，将来必ずキャッシュフローが得られる訳ではありません）。したがって，資産は"将来キャッシュフローをもたらし得るもの"と定義することができます。こう考えると，たとえば，ワンルームマンションを所有することは，ワンルームマンションを貸すことで将来の家賃収入を得ることになり，投資の1つとなります。したがって，ワンルームマンションは資産ということになります。こういった資産は投資対象が実物であることから「実物資産」といいます。これに対して，株式や債券は「金融資産」と呼ばれます。株式を購入すると将来配当が期待できますし，債券を購入すると，利息や元本が将来支払われることになります。

資本市場の意味

```
資産の購入＝投資
現時点で資金を出す  ⇔交換⇔  将来キャッシュフロー
                              将来資金を受け取る
```

資産の売却は、これと逆のことをすることになる。

↓

資本市場は、現在と将来の資金の交換をする場所

消費することで効用が高まると考えると

↓

資本市場は、現在と将来の消費の交換をする場所

　資産の定義で明らかになったように，資産を購入し保有することは，資産購入時に資金を出し，将来，これと引き替えに資金を受け取ることと同じです（この資金のことをキャッシュフローと呼びます）。資産を売却することは，保有することによって得られたであろうキャッシュフローの受け取りを諦めて，資産の売却時にキャッシュフローを受け取ることになります。ですから，資産の取引は，今のキャッシュフローと将来のキャッシュフローを交換することと考えることができます。すなわち，資本市場の役割は，今のキャッシュフローと将来のキャッシュフローを交換する市場と考えることができます。

　投資家は資産（あるいは，富）を保有するのではなく，あくまでも消費することで効用が高まると考えます。ですから，資本市場は現在と将来の消費を交換する市場ということになります。

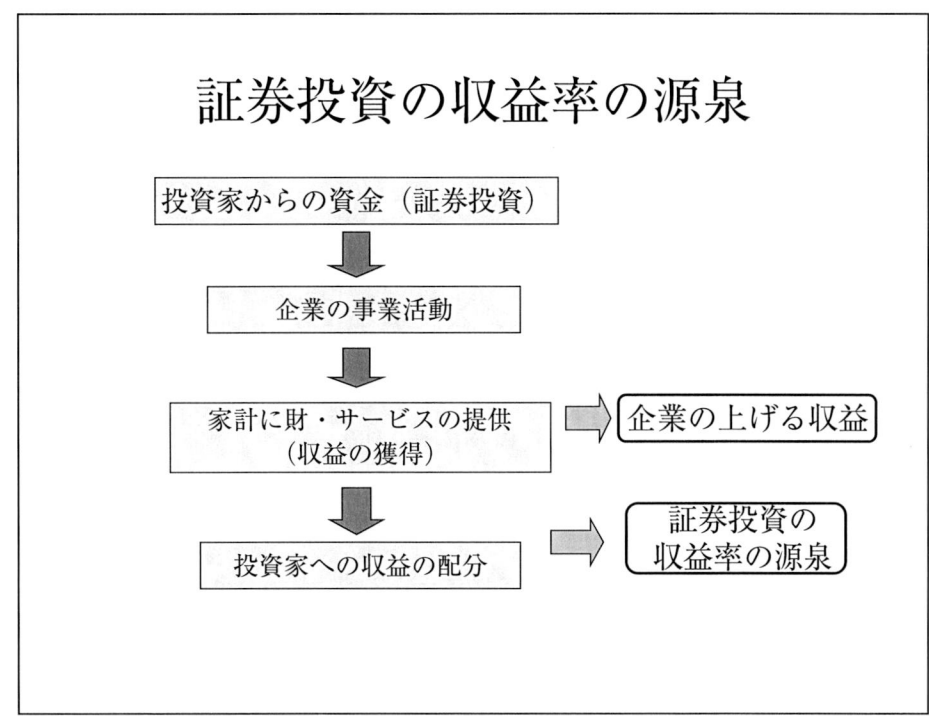

　資金余剰主体である投資家から集めた資金が証券投資という形で，企業の株式や債券に投資された場合，この資金は企業の事業活動に投下されます。企業は事業活動を行うことにより，家計に財やサービスの提供を行います。これにより企業は収益を上げ，資金提供者である投資家に収益の配分として，利息や配当を支払うことができます。したがって，企業が上げる収益こそが，証券投資の収益率の源泉ということになります。短期的には，証券投資の収益率はいろいろな要因によって変動しますが，本質的な収益率の源泉は，企業が上げる収益そのものということになります。

資本市場を機能させるための要件

```
     資金調達者              資金提供者
         ↘                  ↙
              資本市場
         ↗                  ↖
     証券取引所              管理監督機関
```

　現在の経済全体を考えると，資本市場は資金の有効活用を考えるうえで，重要な役割を担っています。この資本市場を有効に機能させるためには，関係する市場参加者が期待役割を果たし，要件を満たすことが重要となります。主な要件を列挙すると①資金調達者は，正確，迅速で公平な情報開示を行い，インサイダー取引等不正な取引を排除すること，②資金提供者は，企業統治を確実に行い，相場操作やインサイダー取引といった不正な取引を排除し，適切な価格評価と配分を行う必要があります。③また，証券取引所は適正な上場基準，上場継続基準を策定，運営し，公平な取引が行われるようにすること，④管理監督機関は，牽制機能を含めた市場参加者の厳格な監視を行うとともに，適切な規制の策定等を行うことが求められます。

　インサイダー取引：会社の株価に重要な影響を与える「重要情報」を知って，その重要情報が公表される前に有価証券等の売買を行い利益を得ること。

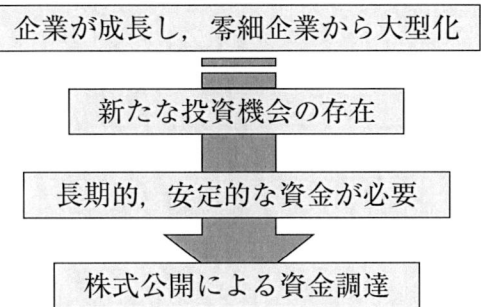

　企業が成長し，零細企業から大きな企業へと拡大するにつれて，自己資金や関係者だけの資金では，設備投資や運転資金を賄えなくなります。特に，企業価値を大きく高めるような魅力的な投資機会がその企業に数多くあると，長期的，安定的な大きな資金が必要になります。このとき，株式を公開（新規上場）したり，債券（社債）を発行することにより，これらの資金を集めることができます。自己や血縁関係者の資金からだけでなく，不特定多数の投資家から資金を集めることが可能となります。

　資本市場では，資金調達の代表的な方法として，他人資本（債券，借入金）と自己資本（株式）の２つがあります。

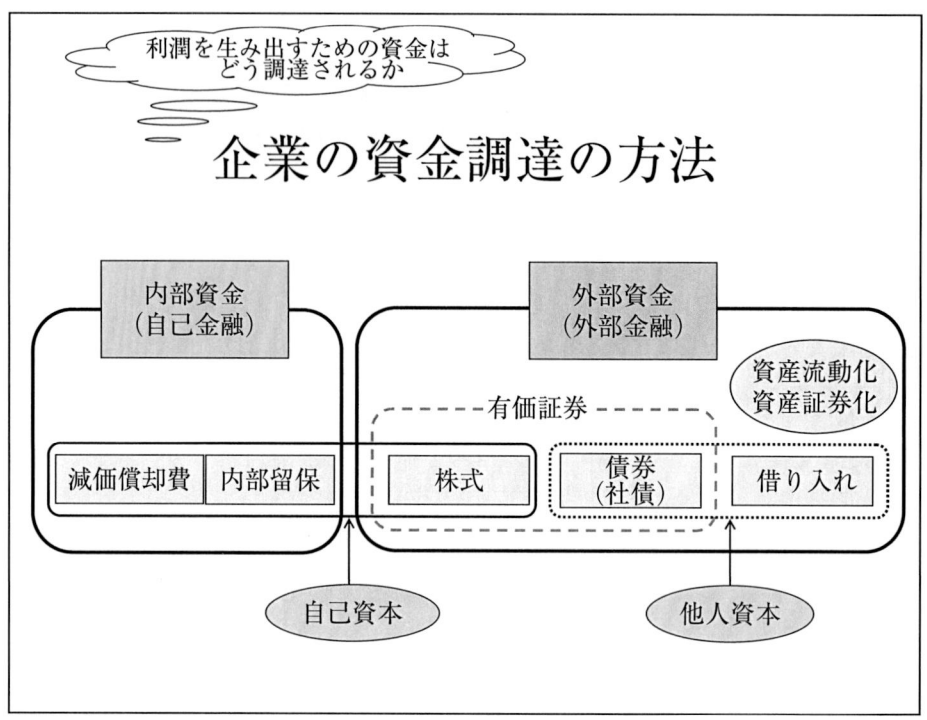

　企業の利潤を生み出すために必要となる資金の調達方法として，他人資本と自己資本の2つがあります。他人資本には，社債の発行や金融機関からの借り入れがあり，自己資本には，株式発行や内部留保金，あるいは減価償却費などがあります。

　また，内部資金（自己金融）と外部資金（外部金融）という分類もあります。内部資金には，内部留保金や減価償却費などがあり，外部資金には，株式や債券，金融機関からの借り入れなどがあります。なお，外部資金による資本には，資産流動化や資産証券化による方法も増えています。

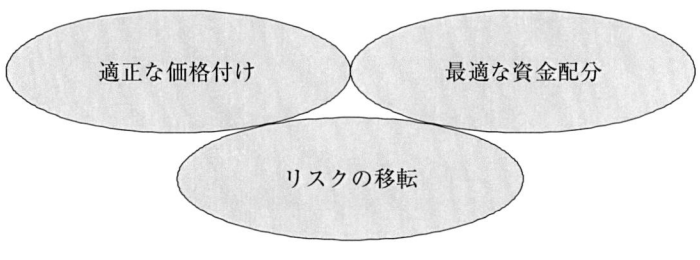

　市場原理に基づいた資本市場が現代社会で果している期待役割は大きいと考えられています。一般には，資本市場に対して次のような役割が期待されています。第1に，適正な価格付けを行うことです。これは，市場に存在するものに適正な価格付けを行うことです。このことにより，対象資産の価値の大小や時系列的な価値の変化を知ることもできます。また，株式市場では，株価の水準変化や変動の大きさから，倒産リスクの大きさなどを知ることもできます。第2に，最適な資金配分を行うことです。上記の適正な価格付けがなされると，最適な資産配分が資本市場を経由して行われることになります。第3に，リスク移転があります。リスクの大きな事業に対し株式を発行することにより，多数の投資家へリスク分散することが可能になります。また，派生商品を利用したリスクヘッジなどが資本市場を利用して実現できます。

第2章
投資の基本概念

2.1節　投資の基本概念（1）

2.1節　投資の基本概念（1）

ポイント
1. 収益率とリスクの関係
2. 収益率の分布
3. 将来価値と現在価値の考え方
4. 資産の理論価格導出の考え方
5. 裁定取引と一物一価の法則とは何か

―本節の概要―

　2.1節「投資の基本概念（1）」では，投資を考えるうえで基本となる概念のうち，①収益率とリスクのトレードオフの関係とは何か，②不確実性のある資産の収益率の分布はどのような形状か，③将来価値と現在価値の関係はどう表されるか，④資産の理論価格はどう導出されるのか，⑤裁定取引と一物一価の法則とは何か，の5つのテーマを中心に解説を行います。これらの概念は，これからの議論の中で重要な役割を果たすことになりますので，正しく理解しておくことが大切です。特に「将来価値と現在価値の関係」と「資産の理論価格導出の考え方」はすべての資産価格算出の基本となります。また，裁定取引による一物一価の法則成立は，ファイナンス理論を考える上での前提条件となります。本節ではこれらの基本事項について解説します。

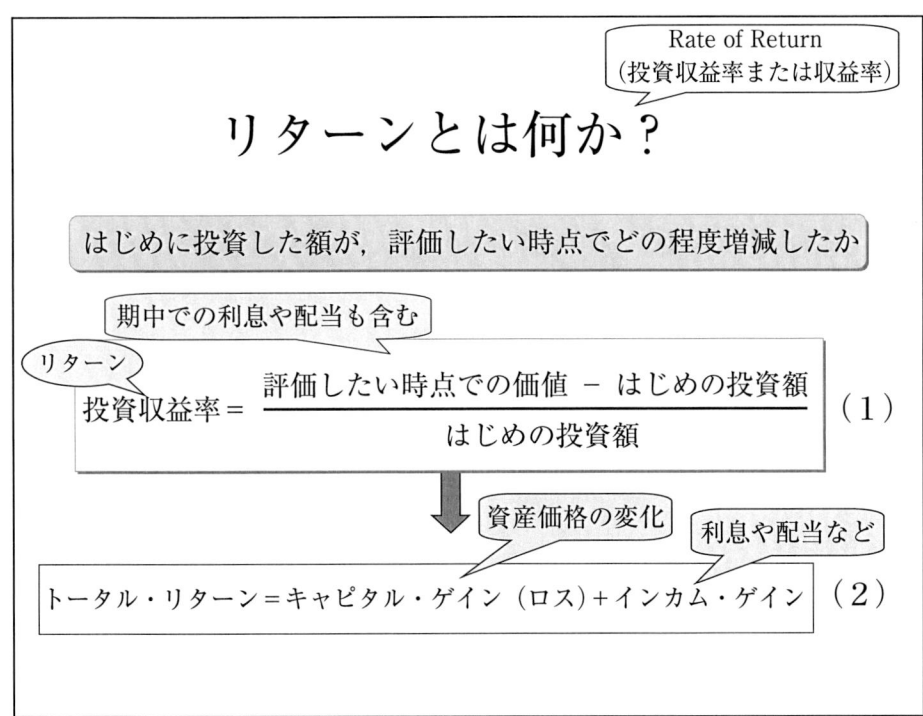

　はじめに投資した資金が，評価したい時点（投資終了時点）でどの程度増減したかを表した尺度がリターン，投資収益率（または収益率）です。投資した期間の期初と期末での資産の増減額を期初の投資額で割った値で表されます。ここで評価したい時点の価値の中には，期中で支払われた利息や配当金が含まれます。投資収益率は，トータル・リターンと呼ばれることがあり，これはキャピタル・ゲインまたはロス（資産価格の変化）とインカム・ゲイン（利息や配当など）の和として表されます。

　投資収益率を計算することにより，どの投資（案）が有利かを比較することが可能になります。

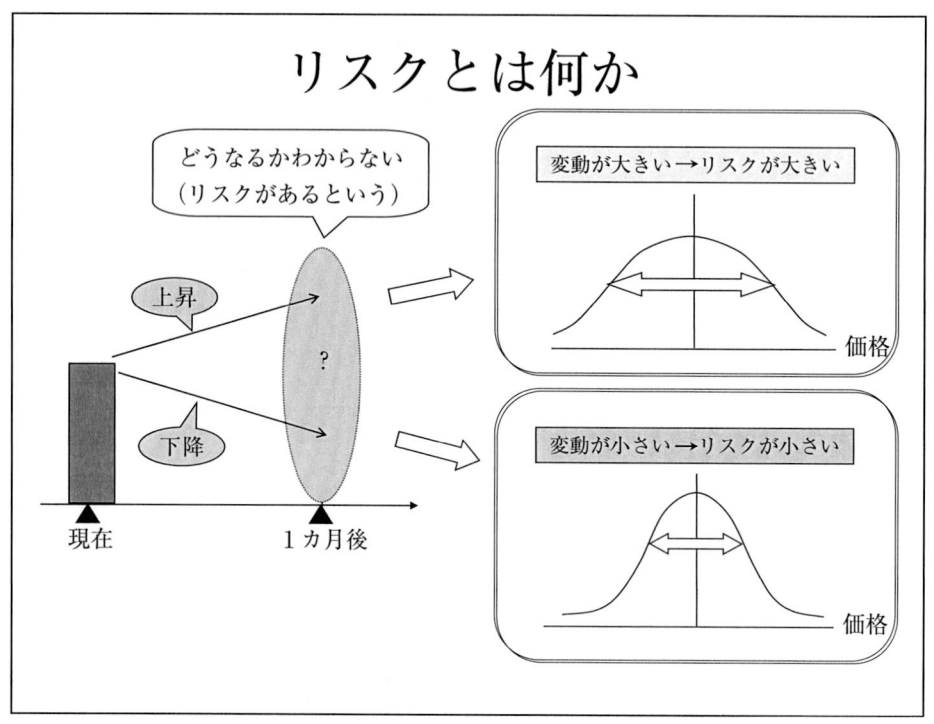

　銀行に預ける定期預金は，決められた期日に決められた利息と元金が戻ってきます。一方，株式や為替などは将来どういう動きをするかわかりません。この将来，どうなるかわからないことを不確実性があるといいます。投資とは将来に向けて行われる行為であり，将来その成果（結果）がどうなるかはわかりません。このどうなるかわからないということを，投資には不確実性があるといい，この不確実性が存在することを「リスクがある」といいます。この不確実性には，投資家にとって好ましい状況もあれば，好ましくない状況もあります。また，この不確実性が大きいとき，「リスクが大きい」といいます。

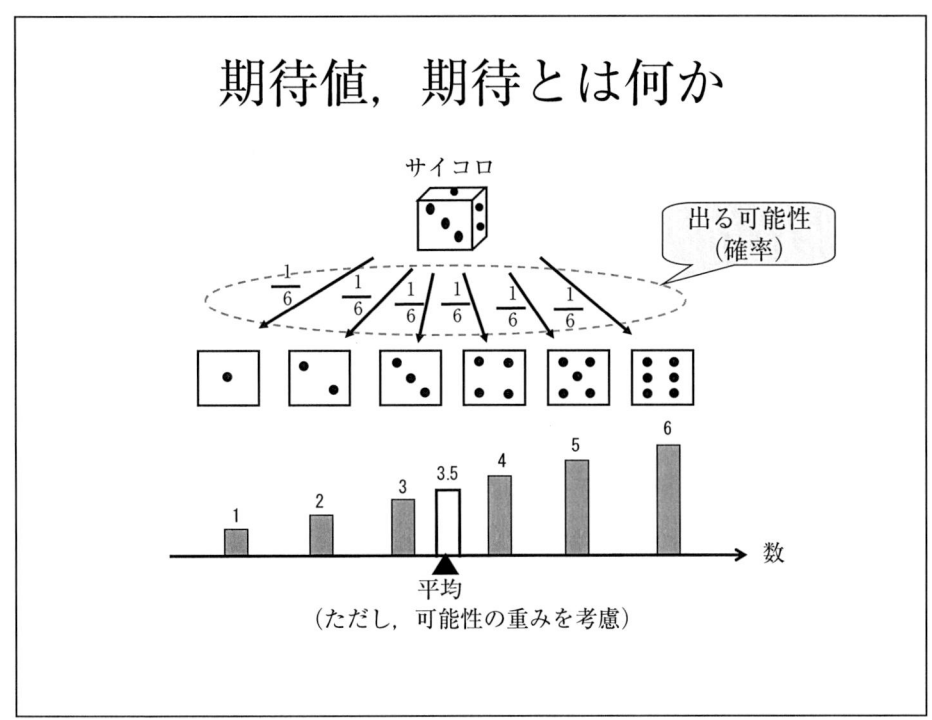

　期待値は，確率の話をするときに出てくる用語で，取り得るすべての値と発生確率を掛け合わせて合計したものです。たとえば，サイコロは，「1」から「6」までの目が出ますから，各々の目が出る確率は$\frac{1}{6}$です。ですから，出る目の期待値は，

「1」×$\frac{1}{6}$＋「2」×$\frac{1}{6}$＋「3」×$\frac{1}{6}$＋「4」×$\frac{1}{6}$＋「5」×$\frac{1}{6}$＋「6」×$\frac{1}{6}$＝3.5

となります。

　期待値は，将来の不確実な出来事を対象にしているため，「期待」という言葉が使われていますが，これは英語の「Expectation」の訳に「期待」という言葉を当てたためです。期待値は，大雑把にいえば，将来起こりうると考えられる平均の値（ただし可能性の大きさで重み付けした平均値）と考えることができます。

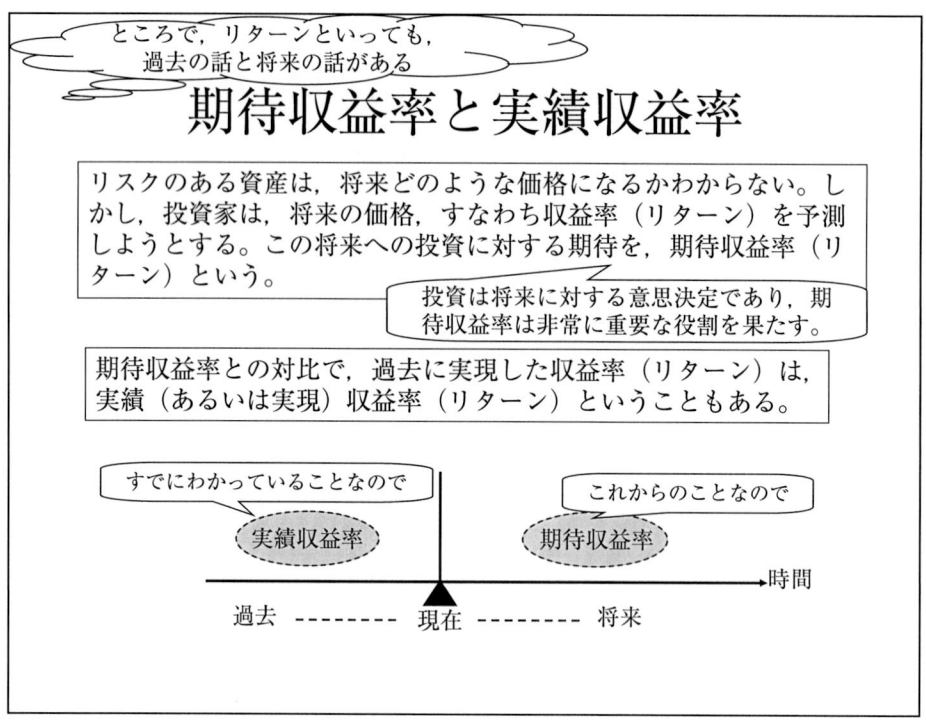

　リスクのある資産は，将来どのような価格になるかは誰にもわかりません。しかし，投資家は将来に向けて資産の増殖を目指して投資しており，将来の価格（すなわち，将来の収益率）を予測しようとします。この将来への投資収益率に対する期待を，期待投資収益率（期待リターン）といいます。投資は将来に対する意思決定であり，期待収益率を推定することはこの意思決定をするうえで重要な役割を果たします。なお，期待収益率との対比で，過去に実現したすでにわかっている収益率は，実績（あるいは実現）収益率といいます。

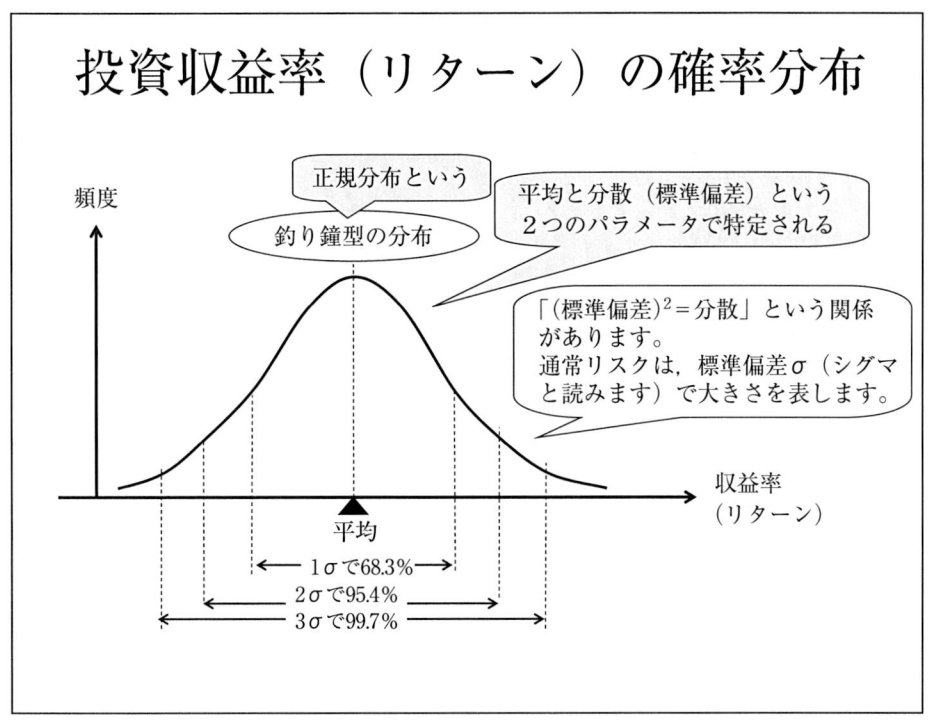

　株式の投資収益率（リターン）の（確率）分布は，釣り鐘型の分布をしている正規分布という（確率）分布に近いことが知られています。過去のデータに基づく確率分布は，今後1カ月や今後1年間に起きる収益率はどのあたりが起きやすいかを予測する場合に基本的な情報を与えてくれます。釣り鐘型の確率分布ということは，中心（期待値）の近くが起きやすく，それから離れたところが起きる確率は滑らかに減っていくことを意味しています。

　株式に限らず，リスク資産の多くは，将来収益率の確率分布を特定することで，価格付けが可能となります。分布の形状は正規分布するものもあれば，そうでないものもあります。

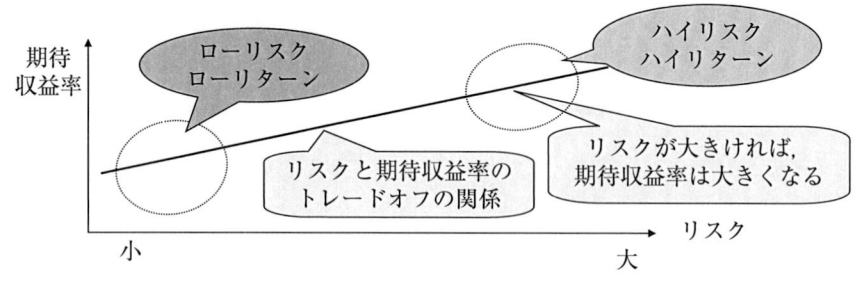

　資本市場においては，リスクと収益率の間にはトレードオフ（二律背反）の関係があると考えます。リスクが大きいのに，これに見合う収益率が期待できない資産の価格は，投資家から敬遠されて低下し，結果として期待収益率が上昇します。逆に，リスクが小さいのに収益率が大きい資産の価格は，投資家が好んで購入することで上昇し，結果として，期待収益率が低下します。そして最終的には，図にあるような右上がりの線形関係が得られます。すなわち，リスクに見合う収益率が期待できることになります。

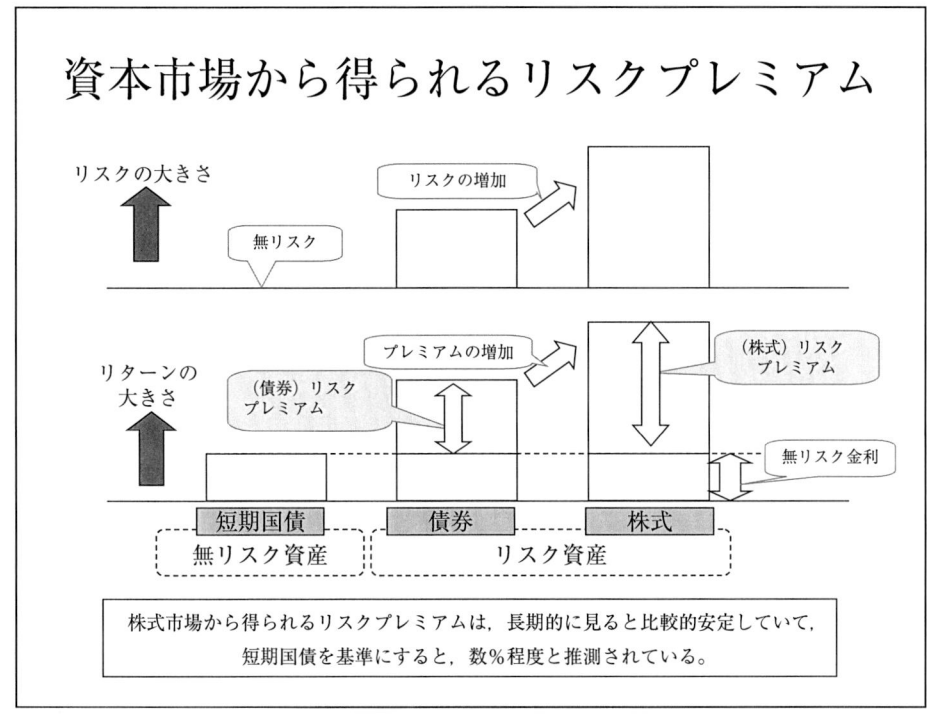

　リスク資産に投資すると，投資家は（リスクを取っているのでこの）リスクに見合う収益率（リターン）を要求します。このリスクに見合う収益率をリスクプレミアムといいます。リスク資産から得られる収益率は，無リスク資産から得られる収益率とリスク資産のリスクの大きさに見合ったリスクプレミアムの和ということになります。このリスクプレミアムの大きさは，リスクの大きさに比例して大きくなります。

　一般には，債券よりも株式のリスクが大きいと考えられますから，これに見合うリスクプレミアムも債券よりも株式の方が大きくなります。株式市場から得られるリスクプレミアムは，長期的に見ると比較的安定していて，短期国債を基準にすると，数％程度と推測されています。

無リスク資産とは何か

```
リスクのない資産
     ↓
価格変動のない資産 ← 現実の世界には存在しない
     ↓
（短期の）国債や期間の短い
コール・レート，CD3Mで代用する
```

　不確実性のまったくない資産を，リスクがないという意味で無リスク資産といいます。現実の世界ではまったくリスクがない資産は存在しないのですが，不確実性がごくわずかしかない資産を近似的に無リスク資産と見なしています。国が発行する国債で満期までの期間が短いものが代替的に無リスク資産と見なされることが多いといえます。無リスク資産でも，一定期間これを保有しているとリスクがない中でも金利がつきます。この金利を無リスク金利といいます。

　なお，国債のような国（政府）が発行している債券でも，財政が逼迫して借金が増え過ぎると，返済が困難となり，債務不履行となる可能性もあります。日本でも決して例外ではありません。

金利とは何か

> **金利とは**
> 貸し手から通貨を使う権利を得ることへの対価として，借り手が負担する費用

いくつかの考えがあるが

$$金利 = \frac{利息}{借りた資金（元本）} \qquad (3)$$

で最も単純に定義される。

（注）金利（インタレスト）の語源は，債権者の被った損害に対する賠償（インテレッセ）に由来している。

　金利（インタレスト）の語源は，債権者の被った損害に対する賠償（インテレッセ）に由来しており，貸し手から通貨を使う権利を得ることへの対価として，借り手が負担する費用のことを，広い意味で，金利と呼んでいます。この費用を金額で表すと元本の金額との対比で大きさがわからないので，一般には，利息を借りたお金（元本という）の大きさで割ったものを金利と呼んでいます（借り入れの期間の長さが問題になりますが，通常は1年当たりに換算して示されます）。

　この利息の支払いは，年1回の場合もあれば，2回，あるいはそれ以上の場合も考えられます。年1回支払われる10％の金利と年2回支払われる（半年複利）10％の金利では，途中で利息が支払われるために，1年後に受け取る金額は大きくなります。

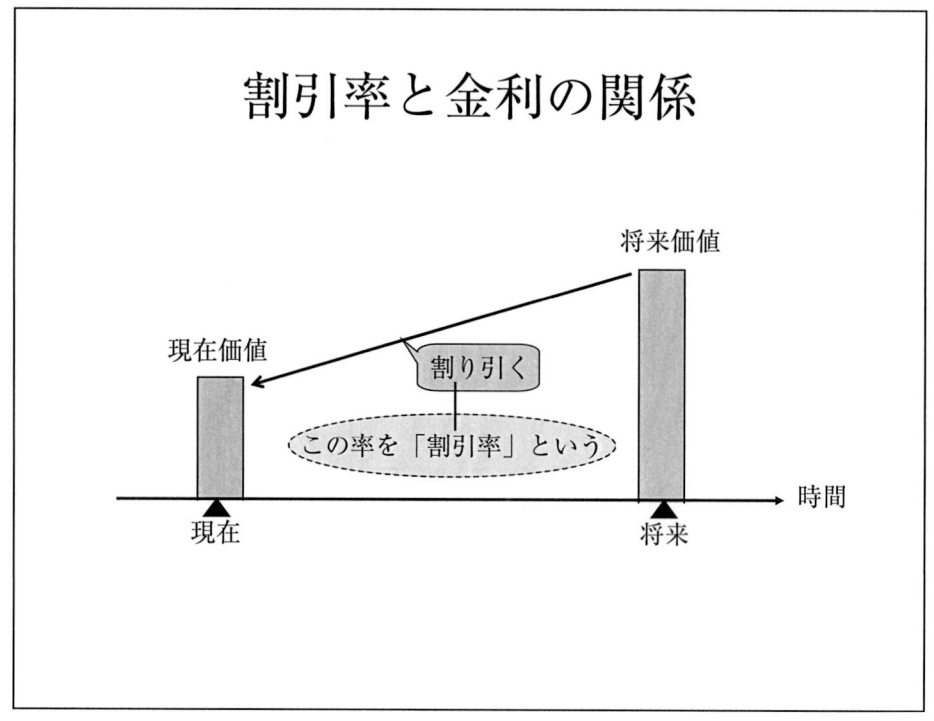

　将来価値を現在価値に換算（変換）するときに，将来価値を現在価値に「割り引く」といういい方をします。この「割り引く」大きさのことを割引率といいます。この割引率の大きさは，割り引く対象の将来価値の特性によって決まります。たとえば，将来確実にこの将来価値（たとえば現金 100 万円）がもらえるのであれば，リスクは存在しないのですから，割引率は無リスク金利とすればよいことになります。ところが，将来確実にもらえるかどうかわからない場合には，割引率は無リスク金利よりも大きくなります。確実性が低くなればなるほど，割引率は大きくなります。これは，貸したお金が返ってこない可能性が高くなれば，貸し出す金利を高くすることと同じです。

将来価値と現在価値

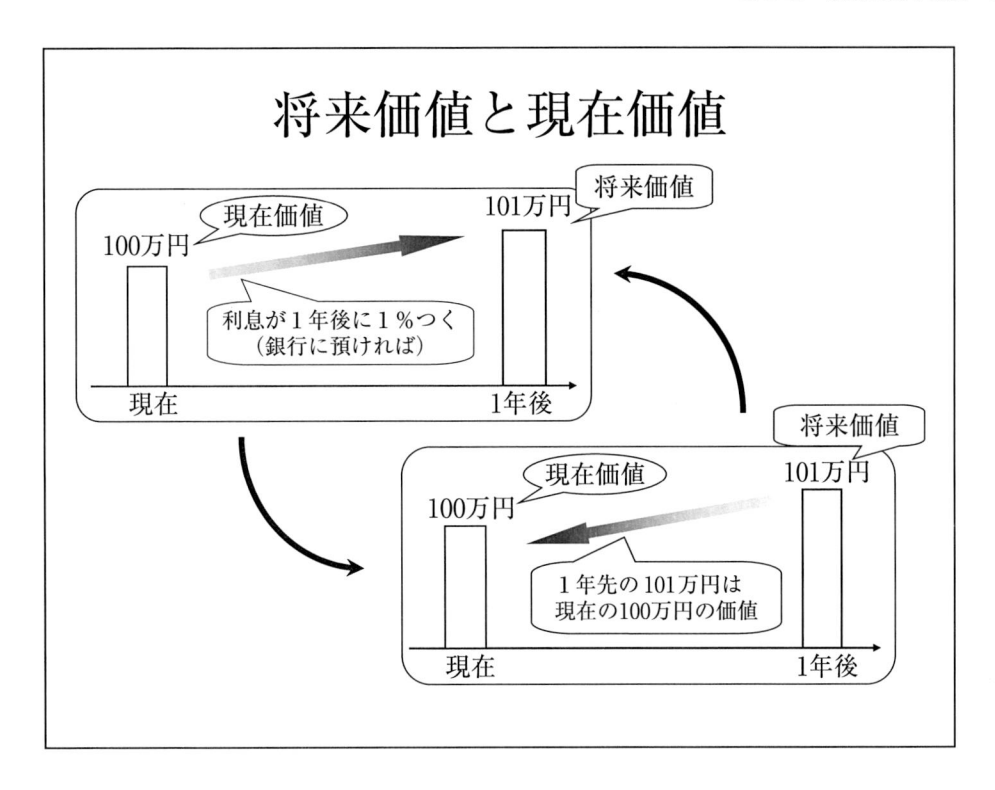

```
現在価値 → 将来価値
100万円 → 101万円
利息が1年後に1％つく（銀行に預ければ）
現在 → 1年後

将来価値 → 現在価値
101万円 → 100万円
1年先の101万円は現在の100万円の価値
現在 → 1年後
```

　今もらえる100万円と1年後にもらえる100万円とでは，前者を選択するのが合理的です。もらえる金額は100万円で同じですが，一方は今もらえて，もう一方は1年後です。両者の価値は同じではありません。これは，今100万円あれば，これを銀行にもって行き，1年の定期預金（たとえば1％の利息なら）に預けると利息（1万円）がついて，1年後には100万円と利息の金額（合計で101万円）となります。ですから，今の100万円は1年後の100万円とは価値が異なります。将来の価値と現在の価値には，金利（あるいは割引率）を介して関係があり，1年の期間を考えると，1年金利を使って，

　　　（将来価値）＝（現在価値）×（1＋金利）

あるいは，

$$（現在価値）＝ \frac{将来価値}{1＋金利}$$

という関係があります。したがって，将来価値と現在価値は，金利（あるいは割引率）を使って相互に関係づけることができます。

将来価値と現在価値

（将来価値）＝（現在価値）×（1＋金利）　　　（4）

展開すると

（将来価値）＝（現在価値）＋（金利）×（現在価値）　　（5）

　　　　　　　　　　　　　元本分　　　　増加（利息）分

現在価値を求めるように変形すると

（現在価値）＝（将来価値）／（1＋金利（割引率））　　（6）

この「1」には大切な意味がある

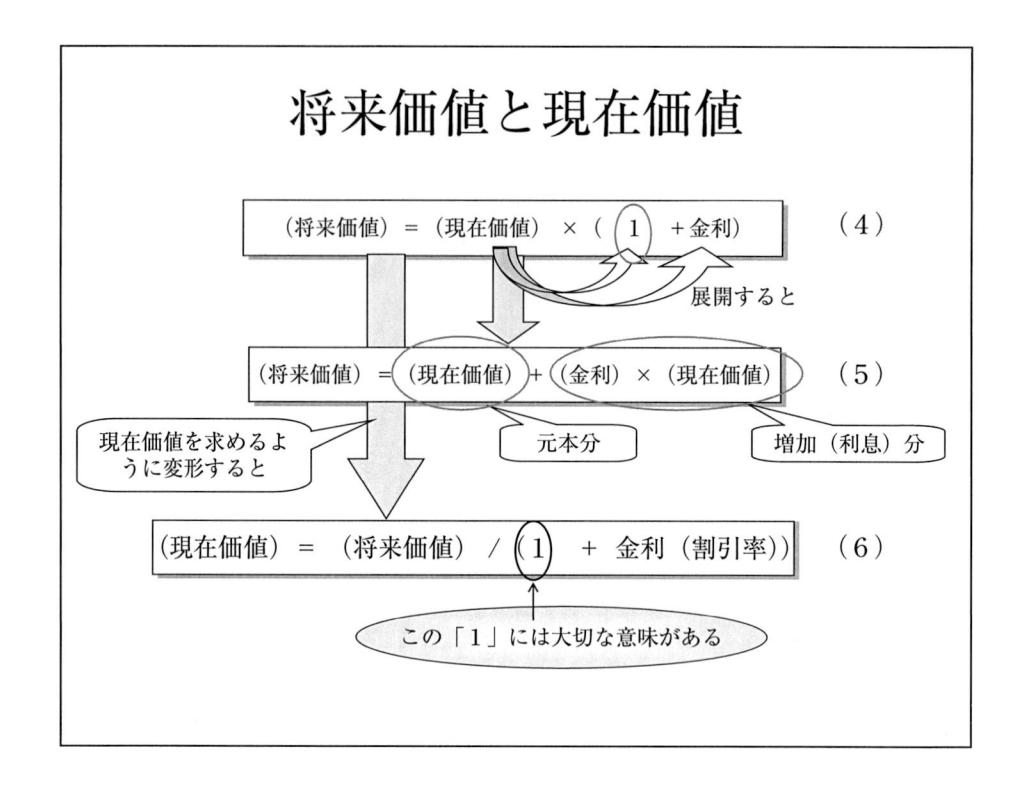

　将来価値と現在価値の関係は，金利（あるいは割引率）を介して，(4) 式のように表すことができます。(4) 式を展開すると (5) 式のように，現在価値と金利に現在価値を掛けたものの合計が将来価値となります。(5) 式の右辺の第一項は元本分に対応し，第二項は増加（利息）分に対応します。すなわち，将来価値は元本分と利息（増加）分の和となります。(4) 式を変形すると (6) 式のようになり，現在価値は将来価値を1＋金利（割引率）で割ったものになります（分母の「1」には大切な意味があることがわかります）。

リスク資産の価値は価格（収益率）の分布で捉えられる

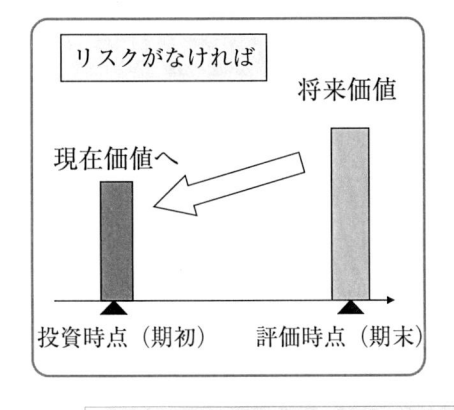

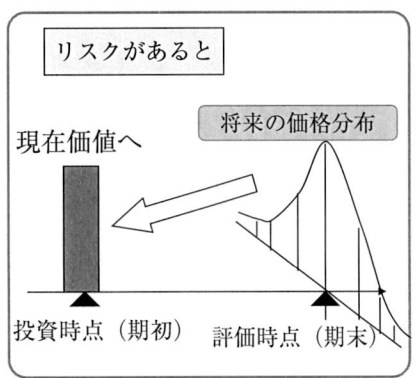

リスクがなければ

現在価値へ　　将来価値

投資時点（期初）　　評価時点（期末）

リスクがあると

現在価値へ　　将来の価格分布

投資時点（期初）　　評価時点（期末）

将来の価格の分布がわかれば，その資産の価値を評価できる。
（もちろん，割引率を推定する必要があるが）

　リスクがない資産の将来価値と現在価値の関係は割引率を介して簡単な式で表すことができることはすでに確認しましたが，リスクのある資産の将来の価値は不確実性があるために，1つの値ではなく，分布として捉える必要があります。そして，この分布を現在の価値に割り引くことで，現在価値を求めることができます。

　たとえば，ある銘柄の1年後の株価が50％の確率で1,200円に，50％の確率で900円になると予想されるとしましょう。このように，リスクのある資産（リスク資産）の将来価格は，分布で捉えることが重要です。また，将来価値が不確実ですから，リスクのない資産と比べて，割引率を高く設定する必要が出てきます。ここで，無リスク資産に対する割引率が5％であったとしますと，これより高い割引率，たとえば10％と設定するとしましょう。このとき，この株式の現在価値（理論価格）は，

$$\frac{1}{1+0.1} \times (0.5 \times 1200 + 0.5 \times 900) \fallingdotseq 955$$

と計算されます。

資産の理論価格導出の考え方

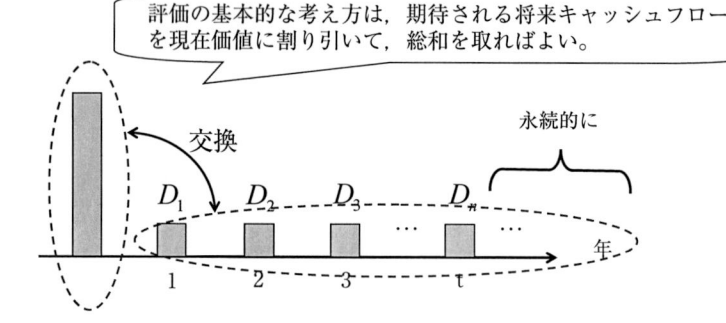

> 評価の基本的な考え方は，期待される将来キャッシュフローを現在価値に割り引いて，総和を取ればよい。

交換

D_1, D_2, D_3, ..., D_t, ... 永続的に

1, 2, 3, t 年

金融資産の購入，売却は，キャッシュフローを交換（変換）することと同じ

　金融資産でも実物資産でも，資産を購入し，保有することは，現在お金を支払って，将来のお金（キャッシュフロー）を獲得することに等しいことになります。資産を保有することが，将来のキャッシュフローを獲得することに等しければ，将来のキャッシュフローを割り引いて現在価値を求め，将来キャッシュフローが複数存在すれば，これらの現在価値の総和を求めることで，資産の理論価値を求めることができます。

　見方を変えれば，資産の購入，売却は現在のキャッシュフローと将来のキャッシュフローの交換をすることに等しいといえます。株式を保有していれば，配当という形で将来キャッシュフローが得られます（途中で，株式を売却すれば，売却額というキャッシュフローが得られます）。これらのキャッシュフローを現在価値に割り引いて合計すれば，株式の理論価格を求めることができます。債券の理論価格も同様です。

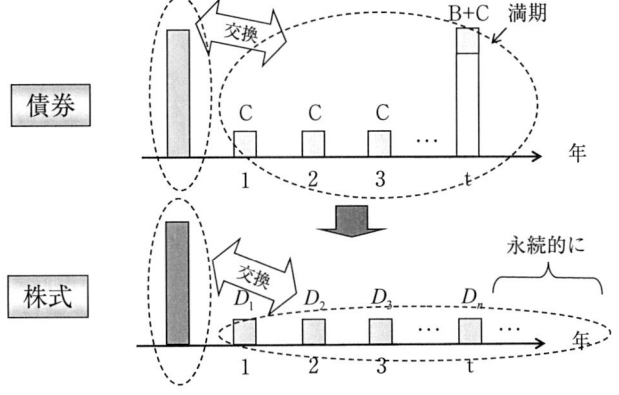

資産の購入，売却は，キャッシュフローを交換（変換）すること

（図：債券と株式のキャッシュフロー交換のイメージ）

債券：購入時のキャッシュフローと、年1, 2, 3, …, tのクーポンC、満期時のB+Cとの交換

株式：購入時のキャッシュフローと、年1, 2, 3, …, tの配当 D_1, D_2, D_3, D_t（永続的に）との交換

金融資産の購入，売却は，キャッシュフローを交換（変換）することと同じ

　たとえば，債券は将来定期的にクーポン（利息）が支払われ，満期になるとクーポン（利息）と償還金が支払われますが，これは，現在債券を購入するというキャッシュフローと将来受け取るクーポンと償還金のキャッシュフローの流列を交換したことになります。

　また株式は，将来配当が支払われます。途中で株式を売却すると売却価格がキャッシュフローとして得られます。売却しなければ永続的に配当が得られます。これは株式を購入するというキャッシュフローと将来受け取る配当流列を交換したことになります。

　これらのことから，金融資産の購入・売却は，キャッシュフローを交換（変換）することと同じことになります。

投資と投機

```
    投資                                投機
┌─────────────────┐              ┌─────────────────┐
│投資対象の（本質）価値に着目し，│ ←──→ │投資対象の価格変動に着目し，│
│将来の価格上昇を目的に資金の    │      │比較的短期間での価格上昇を    │
│投下を行うこと                  │      │目的に資金の投下を行うこと    │
└─────────────────┘              └─────────────────┘
                    ✓ 価格評価の考え方
                    ✓ 投資期間の長さ

        ┌──────────────────────────────────┐
        │投機家は，市場のリスクテイカー（存在に意義あり）│
        └──────────────────────────────────┘
```

　投機（Speculation）という言葉は，投資（Investment）という言葉との比較で，悪い意味でよく使われます。まず，投資ですが，これは，「投資対象の（本質）価値に着目し，将来の価格上昇を目的に資金の投下を行うこと」と定義できます。一方，投機は，「投資対象の価格変動に着目し，比較的短期間での価格上昇を目的に資金の投下を行うこと」と定義できます。両者の一番大きな違いは，投資対象の評価の基準を本質的価値に置くか置かないか（価格は本質的価値以外の要因でも変動します）ということと，これに付随した投資期間の長さという点になります。投機をする人を投機家と呼びます。投資対象の本質的価値に着目しない投機家は，市場を混乱させる存在であると考えることもできますが，投資家の取引の相手として，必要な存在でもあります。投機家は，市場のいろいろな状況下で，リスクを取る存在で，市場のリスクテイカーの役割を果たしてくれます。その意味で，必要不可欠で重要な存在ということになります。

市場原理とは何か

- 市場参加者は、自己の目的を達成するために市場で行動を取る
- 余計な規制をせずに、基本ルールに従うことを前提として、市場に委ねれば
- 資源の適正で効率的な配分が行われ、最も効率的な状態に落着く資本市場を市場原理に委ねることにより自然と達成される均衡状態へと到達
- 資本市場が効率的であれば、市場に投資することはすべての参加者にとって有益な存在となる
- この考え方の妥当性は議論の分かれるところ

　資本市場の参加者は、自己の目的（通常は資産増殖の最大化が目的）を達成するために市場に参加し、行動を取ります。可能な限り規制をせずに、基本ルールに従うことを前提として、市場参加者に委ねれば資源の適正で効率的な配分が行われ、最も効率的な状態に落ち着くと考えるのが市場原理です。資本市場を市場原理に委ねることにより自然と達成される均衡状態へと到達するという考え方です。

　市場が効率的であれば、市場に投資することはすべての参加者にとって有益なことであり、資本市場が意義ある存在となります。しかしながら、過去の状況を見ていると市場にすべてを任せてしまってよいかということは、議論の分かれるところです。

裁定取引

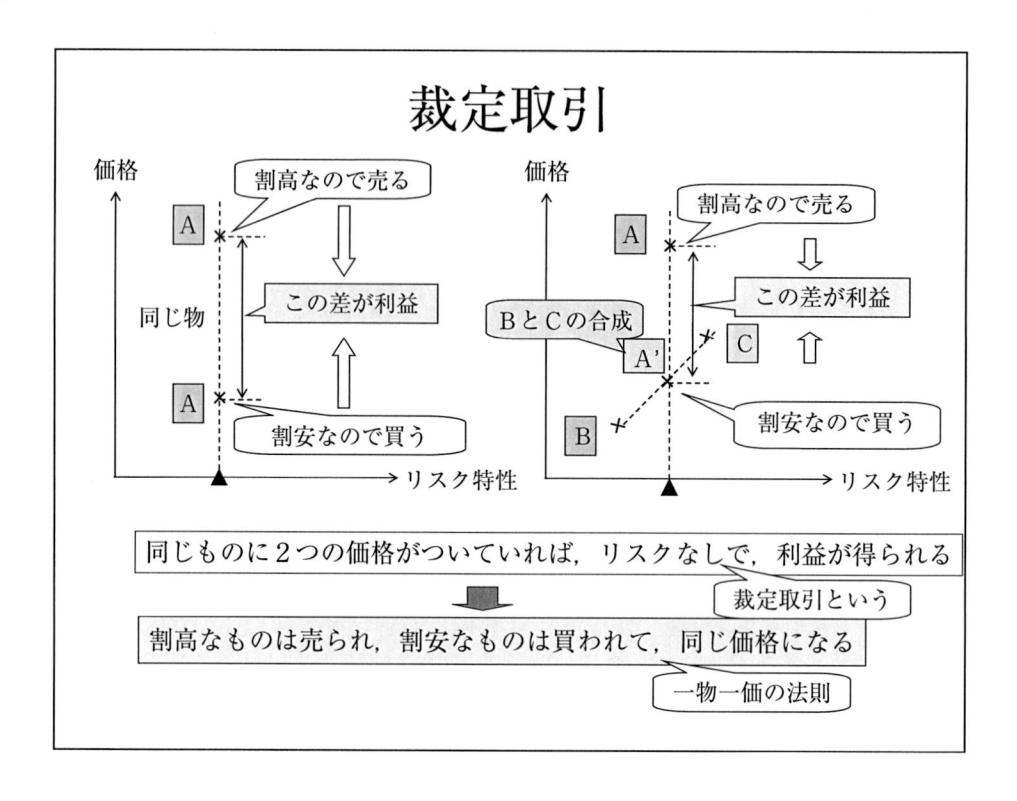

[図]

- 価格 / リスク特性
- 同じ物
- A：割高なので売る
- A：割安なので買う
- この差が利益
- BとCの合成（A'）
- B：割安なので買う
- C：割高なので売る

同じものに2つの価格がついていれば，リスクなしで，利益が得られる → 裁定取引という

割高なものは売られ，割安なものは買われて，同じ価格になる → 一物一価の法則

　手持ちの資金なしで，リスクを取ることなく，利益をあげる取引のことを裁定取引（アービトラージ：Arbitrage）といいます。たとえば，異なる市場で，同じ証券の売買がされていて，価格が市場間で異なっていたとすれば，裁定取引の機会が生まれます。安い値段のついている市場でその証券を購入すると同時に，高い価格がついている市場でその証券を売却することで，その差額を利益として得ることができます。まったく同じ証券に異なる価格がつくことは，ほとんどありませんが，複数の証券を合成して特性がほぼ同じ合成代替証券を作り出して，これを裁定取引に利用することもあります。ただ，完全な代替証券を作ることは難しいうえ，必ずしも割高と考えた証券の価格が下がる，あるいは割安と考えた証券の価格が上昇するとは限らず，逆の動きをしてしまうこともあります。なお，市場で裁定取引を行う人たちのことを裁定取引者（アービトラージ）といいます。

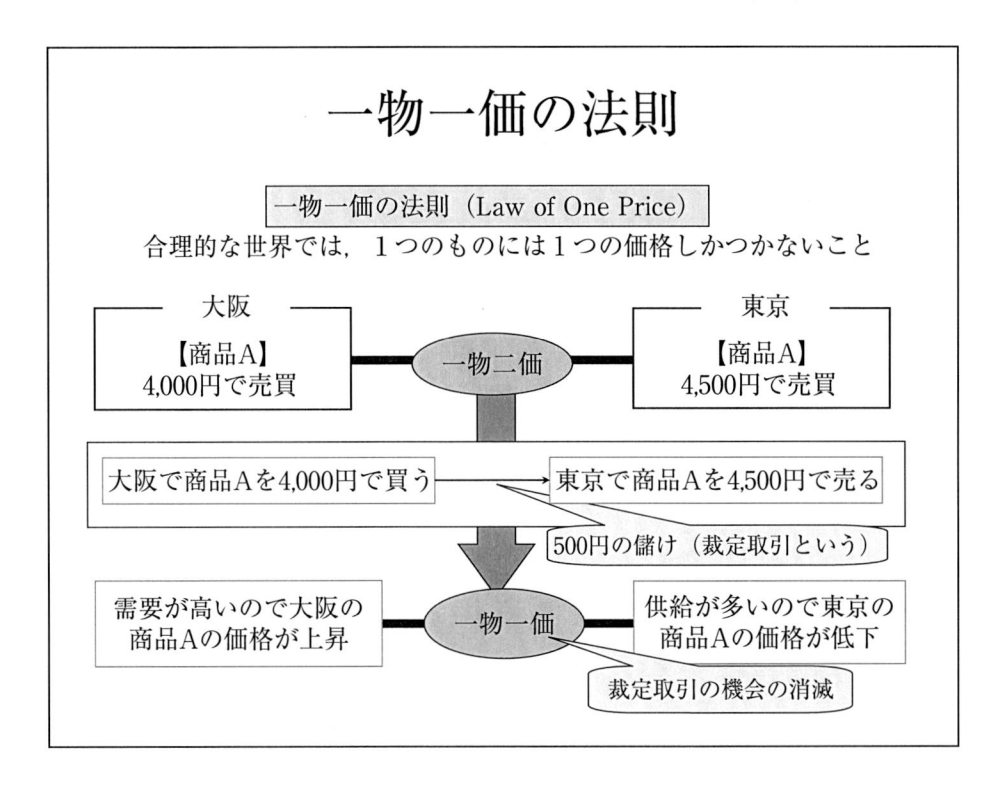

一物一価の法則

一物一価の法則（Law of One Price）
合理的な世界では，1つのものには1つの価格しかつかないこと

```
┌─ 大阪 ─────┐         ┌─ 東京 ─────┐
│ 【商品A】    │─ 一物二価 ─│ 【商品A】    │
│ 4,000円で売買 │         │ 4,500円で売買 │
└──────────┘         └──────────┘

┌──────────────────┐  ┌──────────────────┐
│ 大阪で商品Aを4,000円で買う │→│ 東京で商品Aを4,500円で売る │
└──────────────────┘  └──────────────────┘
                        500円の儲け（裁定取引という）
                    ↓
┌──────────────┐         ┌──────────────┐
│ 需要が高いので大阪の │─ 一物一価 ─│ 供給が多いので東京の │
│ 商品Aの価格が上昇  │         │ 商品Aの価格が低下  │
└──────────────┘         └──────────────┘
                        裁定取引の機会の消滅
```

　多くの合理的な投資家が存在し，税金や手数料がない完全な市場では，1つの物には1つの価格しかつかないことを一物一価の法則（Law of One Price）といいます。もし仮に，1つの物に2つの価格がついているとします（ここでは，2つの異なる市場があるとします）。すると，合理的な投資家（裁定取引者）が現れて，安い価格のついている市場でその証券を購入して，高い価格がついている市場でその証券を売却をします。すると，需要と供給の関係から，前者の市場では購入が増えることで価格が上昇し，後者の市場では売却が増えることで価格が下落して，最終的には，2つの市場の価格が同じになり，一物一価の法則が成立することになります。この法則は，前提条件（たとえば合理的な投資家の存在）が崩れると成立しないことになりますが，理論を構築するうえでは重要な役割を果たします。

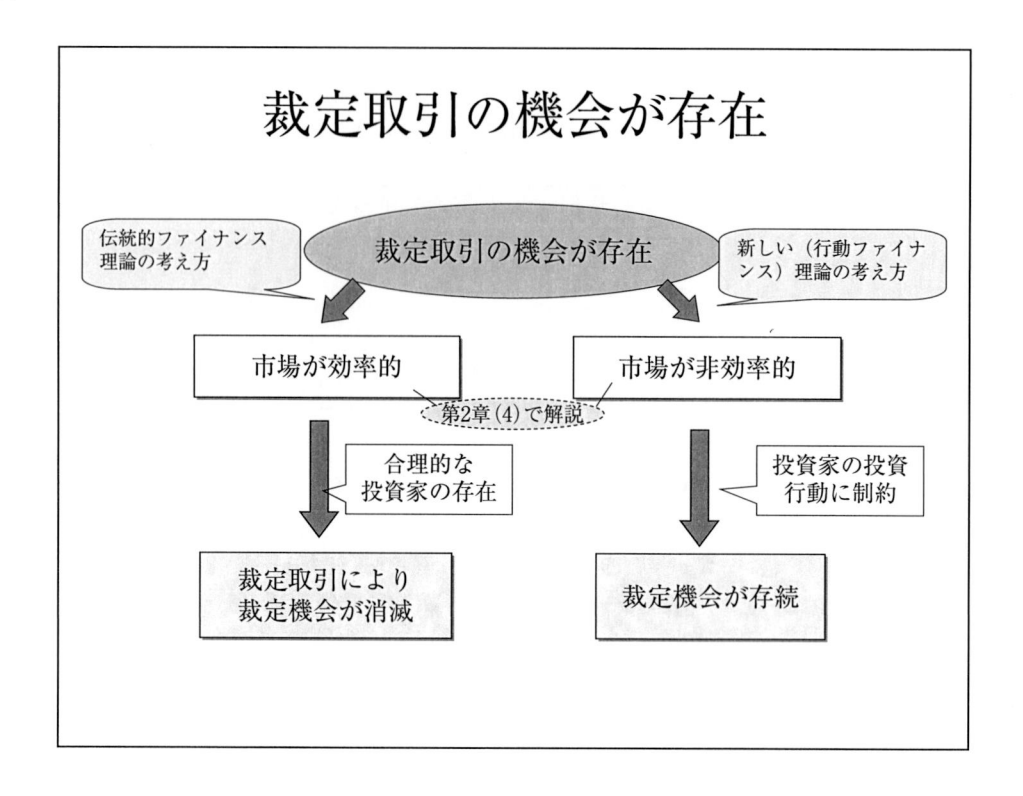

裁定取引の機会が存在

```
                    裁定取引の機会が存在
伝統的ファイナンス                              新しい（行動ファイナ
理論の考え方                                   ンス）理論の考え方
        ↓                                       ↓
   市場が効率的                            市場が非効率的
              第2章(4)で解説
        ↓ 合理的な                          ↓ 投資家の投資
          投資家の存在                        行動に制約
   裁定取引により                          裁定機会が存続
   裁定機会が消滅
```

　裁定取引の機会が存在した場合，伝統的ファイナンス理論では，市場は効率的であり，合理的な投資家が存在して，裁定取引により裁定機会が消滅します。一方，現実の市場を見ると，合理的な投資家の存在を前提とする市場の効率性の成立が疑わしいという考え方が存在します。この理論は行動ファイナンスと呼ばれ，比較的新しい考え方です。この考え方に従えば，裁定機会は存続することになります。

　なお，市場が効率的であるとは，価格に影響を与える情報は，すべて即座に価格に反映される市場のことをいいます。詳細については第3章で解説します。

2.2節　投資の基本概念（2）

2.2節　投資の基本概念（2）

ポイント
1. 複利効果とは何か
2. いろいろな複利金利
3. 内部収益率とは何か
4. いろいろな収益率の計算方法
5. 代表的金融商品の理論価格導出の考え方

―本節の概要―

　2.2節「投資の基本概念（2）」では，投資を考えるうえで基本となる概念のうち，①複利効果とは何か，②連続複利金利をはじめとするいろいろな複利金利の考え方，③内部収益率とは何か，投資収益率との関係は何か，④算術平均収益率と幾何平均収益率の違い，⑤代表的金融商品の理論価格導出の考え方，の5つのテーマを中心に解説を行います。まず，長期投資を考えるうえで，複利効果の果たす役割の重要性を確認し，さらに複利金利の考え方，特に連続複利金利の考え方を解説します。次に内部収益率の考え方，「算術平均と幾何平均」や「金額加重収益率と時価加重収益率」との違いを確認して，最後に資産の理論価格導出の基本的な考え方を確認します。

複利効果とは（1）

年8％で保有資金を30年運用することができれば，期初100万円の資金は30年後には，1,006万円となる（30年間で10倍になる）。

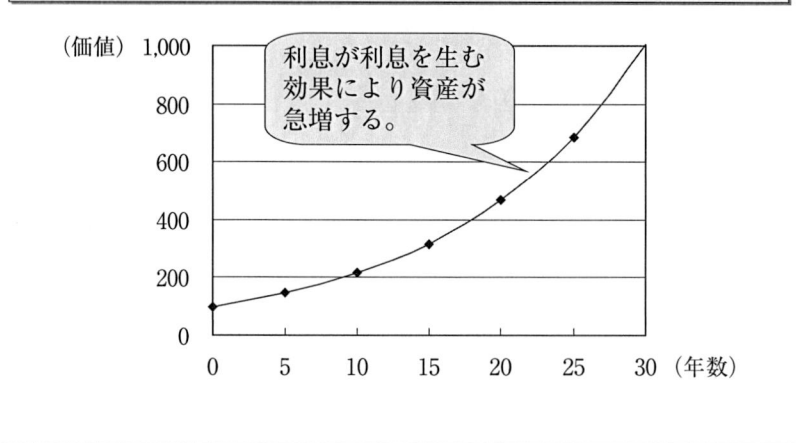

利息が利息を生む効果により資産が急増する。

　たとえば，年8％で保有資金を30年運用することができれば，期初100万円の資金は30年後には1,006万円と10倍になります。これは，毎年支払われる利息がさらに利息を生む効果により資産が急増するためで，複利効果といわれています。この複利効果は，長期投資を考える場合に，資産を増大させるために重要な役割を果たすと考えられています。ただし，投資の利回りが低い場合には，この効果は小さいものになります。

　この効果は，逆に資産を目減りさせてしまうこともあります。たとえば，高インフレが続き，利息の低い運用しかできなかった場合には，その差分が逆に複利効果として資産を長期的に大きく目減りさせてしまうことにもなります。

複利効果とは（2）

7-10ルール

年7％で投資された資金は約10年で2倍になる。
また，年利10％で投資された資金は約7年で2倍になる。

> より正確には，金利7％の場合，10年で預金は1.97倍になり，10％の場合には，7年で1.95倍になる。

金利が20％以下なら，2倍になる時間は72/iと近似できる。ここで，iは金利であり，パーセント表示される
（10％金利はi＝10となる）

複利の効果を示す簡単な例として，「7-10ルール」といわれる簡便な計算方法があります。年7％で投資された資金は約10年で2倍になり，年利10％で投資された資金は約7年で2倍になるというものです。より正確には，金利7％の場合，10年で預金は1.97倍になり，10％の場合には，7年で1.95倍になりますが，複利の効果を確認することができます。

一般的に，金利が20％以下なら，2倍になる時間は72/iと近似できます。ここで，iは金利を表し，パーセント表示されます。すなわち，10％の金利はi＝10となり，2倍になる期間は7.2年と近似されます。

複利金利とは

100万円 → 101万円

1%（年1回の利払い）

0.9975%（半年複利）

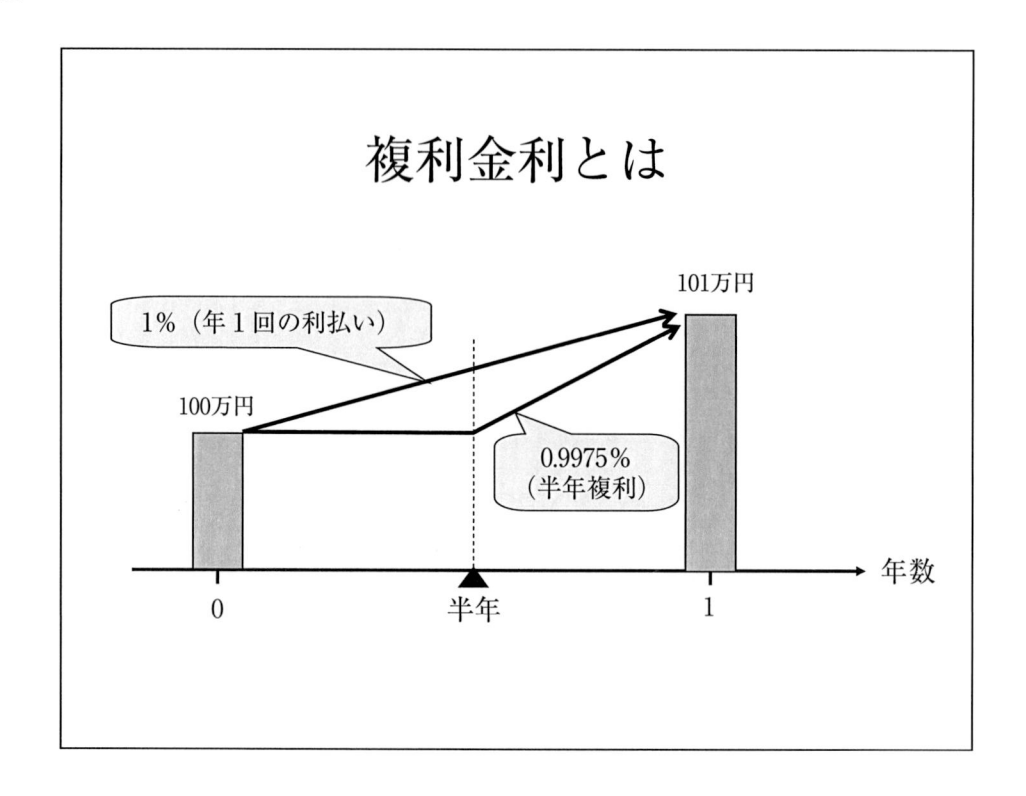

0 — 半年 — 1　年数

　金利は一般に年率表示されますが，利息が半年ごとに支払われれば，金利が1％とすると，半年で半分（1% /2 = 0.5%）の利息となり，

$$100万円 \times \left(1+\frac{0.01}{2}\right) \times \left(1+\frac{0.01}{2}\right) = 101万25円$$

となります。年1回の利息支払いと比較して25円だけ利息が多いことになります。年4回利息が支払われれば，

$$100万円 \times \left(1+\frac{0.01}{4}\right)^4 = 101万38円$$

となります。一方，利息の合計が1年間で1万円（金利1％の年1回払い）と決まっていれば，逆にこれを半年複利の金利で考えると，

$$100万円 \times \left(1+\frac{x}{2}\right) \times \left(1+\frac{x}{2}\right) = 101 = 100 \times (1+0.01) 円$$

より，x = 0.9975％となります。つまり，半年複利金利の0.9975％は1年（複利）金利の1％に相当します。これらの相違は，金利計算上の単なる表記方法によるもので，本質的な相違ではありません（同じ1年で複数の金利が存在しているわけではありません）。

連続複利金利とは（1）

■100円が105円になる貯金を考える。

年4回等，他の状況も考えられる。

ここで，1）年1回，2）年2回，3）年365回（毎日）利息が支払われるという3つの状況を考える。途中で利息が支払われるので，2）と3）は複利で考える。

年1回の場合	年2回の場合	年365回の場合
$100 \times (1 + r_1) = 105$	$100 \times \left(1 + \dfrac{r_2}{2}\right)^2 = 105$	$100 \times \left(1 + \dfrac{r_{365}}{365}\right)^{365} = 105$

100円が105円になることは同じだが，利息の支払回数で，r_1，r_2，r_{365}は異なる（金利の数値は違うが，実質は変わらないということ）。

さらに頻度を上げて，1日を1時間，1分，1秒としていくと連続的に利息を支払うという概念が考えられる。この金利を連続複利金利という。

　ここで，100円が105円になる貯金を考えます。もちろん，利息は年何回支払われるかはいろいろ考えられますが，ここでは，1）年1回，2）年2回，3）年365回（毎日）利息が支払われるという3つの状況を考えることにします。1）は期末に1回だけ利息が支払われますが，2）と3）は途中で利息が支払われるので複利で考える必要があります。まず1）の年1回の場合ですが，$100 \times (1 + r_1) = 105$となる$r_1$がこの投資の金利となります（計算すると5％です）。2）の年2回の場合は，

$$100 \times \left(1 + \frac{r_2}{2}\right)^2 = 105$$

となるr_2がこの投資の金利となります（計算すると4.94％です）。3）の年365回の場合は，

$$100 \times \left(1 + \frac{r_2}{2}\right)^2 = 105$$

となるr_{365}がこの投資の金利となります（計算すると4.88％です）。100円が105円になることは同じですが，利息の支払回数が1回，2回，365回と異なると対応する金利，r_1，r_2，r_{365}も異なってきます。さらに頻度を上げて，1日を1時間，1分，1秒としていくと連続的に利息を支払うということも概念上，考えられます。この金利を連続複利金利といいます。連続的に利息がつくということは現実的なことではなく，仮想の世界ですが，複雑な計算をしたりするときに便利なため，よく使われます。

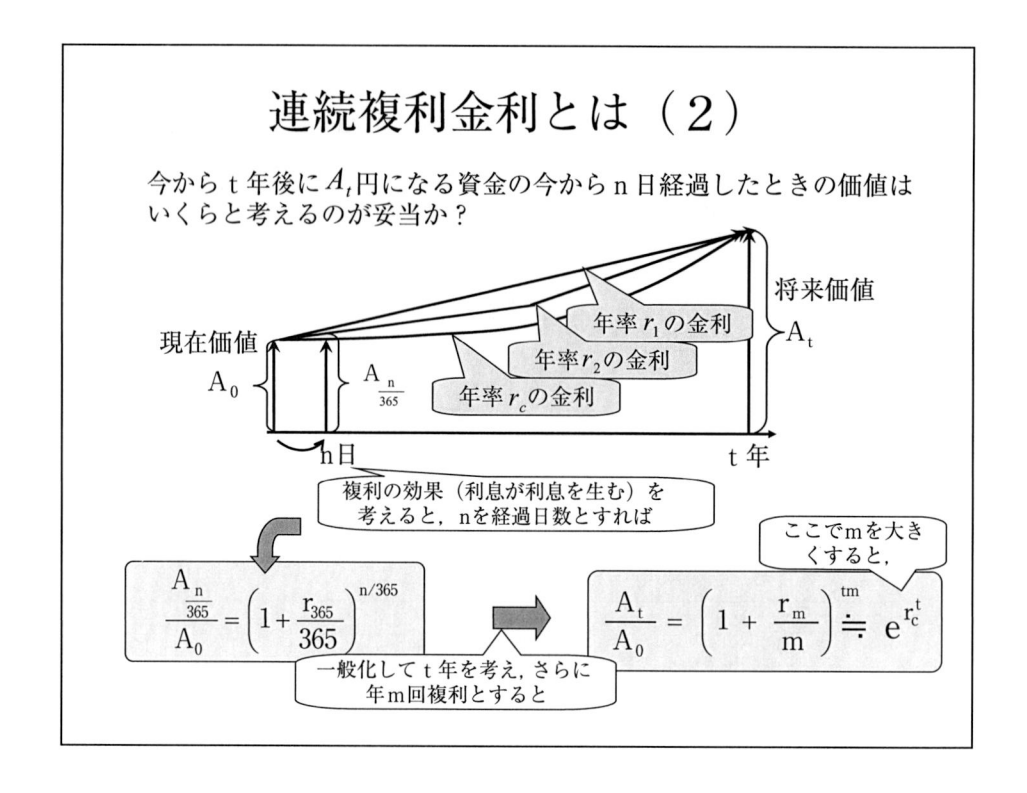

連続複利金利とは（２）

今から t 年後に A_t 円になる資金の今から n 日経過したときの価値はいくらと考えるのが妥当か？

現在価値 A_0、$A_{\frac{n}{365}}$、年率 r_c の金利、年率 r_2 の金利、年率 r_1 の金利、将来価値 A_t

h日　t年

複利の効果（利息が利息を生む）を考えると，nを経過日数とすれば

$$\frac{A_{\frac{n}{365}}}{A_0} = \left(1 + \frac{r_{365}}{365}\right)^{n/365}$$

一般化して t 年を考え，さらに年 m 回複利とすると

ここでmを大きくすると，

$$\frac{A_t}{A_0} = \left(1 + \frac{r_m}{m}\right)^{tm} \fallingdotseq e^{r_c t}$$

　もう少し，連続複利金利について解説します。まず，今から t 年後に A_t 円になる資金は，今から n 日経過した時点での価値はいくらと考えるのが妥当でしょうか？　複利の効果（利息が利息を生む）を考えると，n を経過日数とすれば

$$\frac{A_{\frac{n}{365}}}{A_0} = \left(1 + \frac{r_{365}}{365}\right)^{\frac{n}{365}}$$

となります。一般化して t 年を考え，さらに年 m 回複利とします。ここで m の値を大きくしていく（利息を支払う回数を増やしていく）と

$$\frac{A_t}{A_0} = \left(1 + \frac{r_m}{m}\right)^{tm}$$

となります。ここで，e は「ネーピアの e 」と呼ばれる特別な値です。具体的には e ＝ 2.7182・・・・という数値で割り切れないため，記号を使って表すのが一般的です。

連続複利の考え方

	年5％の金利で考えると 100万円は1年後いくらになるか	100万円が1年後に105万円に なった場合の金利はいくらか
①年1回	$100万円 \times (1+0.05)$ $= 105万円$	$100万円 \times (1+r) = 105万円$ $r = \dfrac{105}{100} - 1 = 0.05$
②半年複利	$100万円 \times (1+\dfrac{0.05}{2})^2$ $= 105.0625万円$	$100万円 \times (1+\dfrac{r}{2})^2 = 105万円$ $r = \left[\sqrt{\dfrac{105}{100}} - 1\right] \times 2 = 0.04939$
③1カ月複利	$100万円 \times (1+\dfrac{0.05}{12})^{12}$ $= 105.1162万円$	$100万円 \times (1+\dfrac{r}{12})^{12} = 105万円$ $r = \left[\sqrt[12]{\dfrac{105}{100}} - 1\right] \times 12 = 0.04889$
④1日複利	$100万円 \times (1+\dfrac{0.05}{365})^{365}$ $= 105.1263万円$	$100万円 \times (1+\dfrac{r}{365})^{365} = 105万円$ $r = \left[\sqrt[365]{\dfrac{105}{100}} - 1\right] \times 365 = 0.048793$
⑤連続複利	$100万円 \times e^{0.05}$ $= 105.1271万円$	$100万円 \times e^r = 105万円$ $r = \ln \dfrac{105}{100} = 0.048790$

　連続複利の表現に慣れるために，年5％の金利（利息は①の年1回から⑤の連続まで）で考えた場合の100万円が1年後いくらになるかを確認してみます。年1回ですと105万円，年2回の半年複利ですと105.06万円，年12回の1カ月複利ですと105.116万円になります。さらに利息を支払う回数を増やして年365回の1日複利ですと105.126万円，連続複利ですと105.127万円となり，1日複利と連続複利ではほぼ同じになることが確認できます。

　次に，100万円が1年後に105万円になった場合の金利（利息は前の例と同様で，①の年1回から⑤の連続まで）はいくらになるかを確認してみます。年1回ですと5％，年2回の半年複利ですと4.939％，年12回の1カ月複利ですと4.889％になります。さらに利息を支払う回数を増やして年365回の1日複利ですと4.879％，連続複利ですと4.879％となり，1日複利と連続複利でもほぼ同じになることが確認できます。1日複利と連続複利はほぼ同じ結果であることが確認できました。

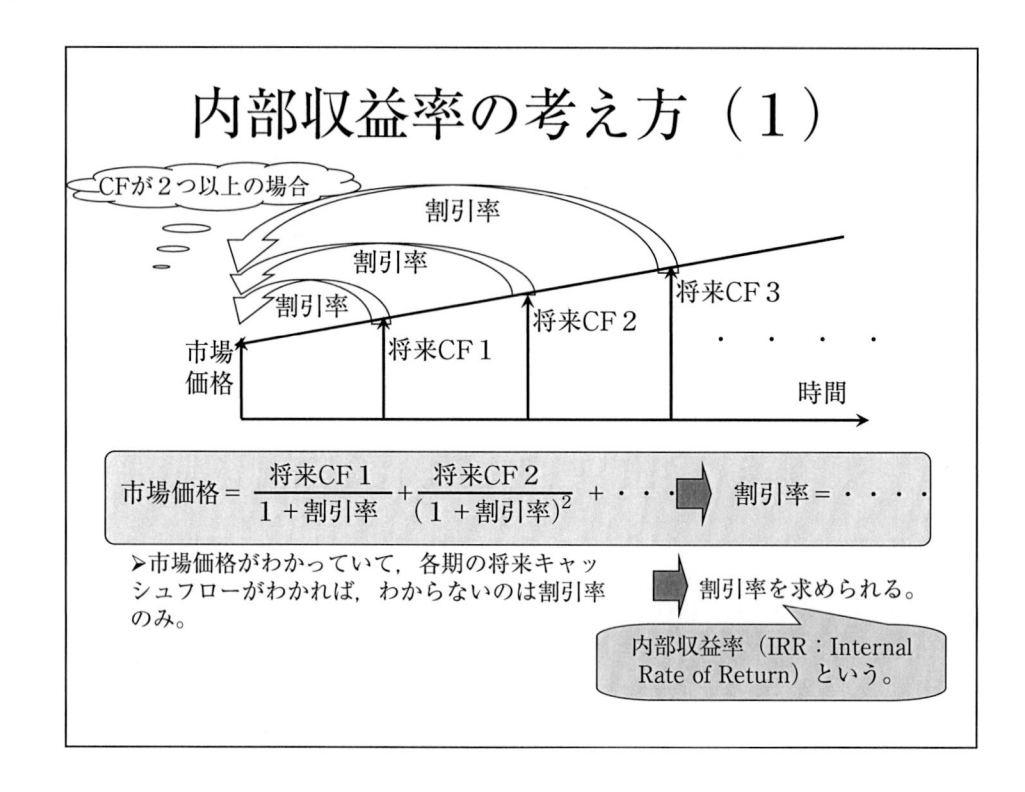

内部収益率の考え方（1）

CFが2つ以上の場合

市場価格 = 将来CF1, 将来CF2, 将来CF3 ...（各期の将来キャッシュフローに割引率を適用）

$$市場価格 = \frac{将来CF1}{1+割引率} + \frac{将来CF2}{(1+割引率)^2} + \cdots \Rightarrow 割引率 = \cdots$$

> 市場価格がわかっていて，各期の将来キャッシュフローがわかれば，わからないのは割引率のみ。

⇒ 割引率を求められる。

内部収益率（IRR：Internal Rate of Return）という。

　将来キャッシュフローが1つ発生する資産を考えます。この資産は，現在，市場についている市場価格と将来キャッシュフローを使い，割引率を計算することで投資収益率を求めることができます（将来価値と現在価値の関係から求められます）。

　将来キャッシュフローが複数回発生する資産については，各キャッシュフローの現在価値の総和が現在価値（市場価値）と等しくなるような割引率を求めればよいことになります。上記の式で，右辺の割引率の値を0から少しずつ大きくしていくと，左辺の値と等しくなる割引率が求められます。

内部収益率の考え方（2）

現在価値と将来価値の関係

$$現在価値 = \frac{将来価値}{1+割引率} \quad (1)$$

将来価値と現在価値がわかっていれば

$$期待収益率 = \frac{将来価値}{現在価値} - 1 \quad (2)$$

将来価値を将来CF、現在価値を市場価格に置き換えると

$$期待収益率 = \frac{将来CF}{市場価格} - 1 \quad (3)$$

CFが1つの場合：将来CF（将来価値）と市場価格（現在価値）がわかれば、この投資に対する収益率が求められる

　もう少し内部収益率の考え方を確認しますと、まず現在（理論）価値と将来価値の関係から（1）式が成立します。ここで、将来価値と現在価値がわかっていれば、最も単純な投資のパターンですから、（2）式から期待収益率が得られます。この（2）式は、（1）式を変形することで導出できます（割引率がこの投資の期待収益率であることがわかります）。ここで、将来価値を将来CF、現在価値を市場価格に置き換えると、（3）式が得られます。将来CF（将来価値）と市場価格（現在価値）がわかれば、この投資に対する収益率が求められることになります（これは将来キャッシュフローが1つの場合です）。

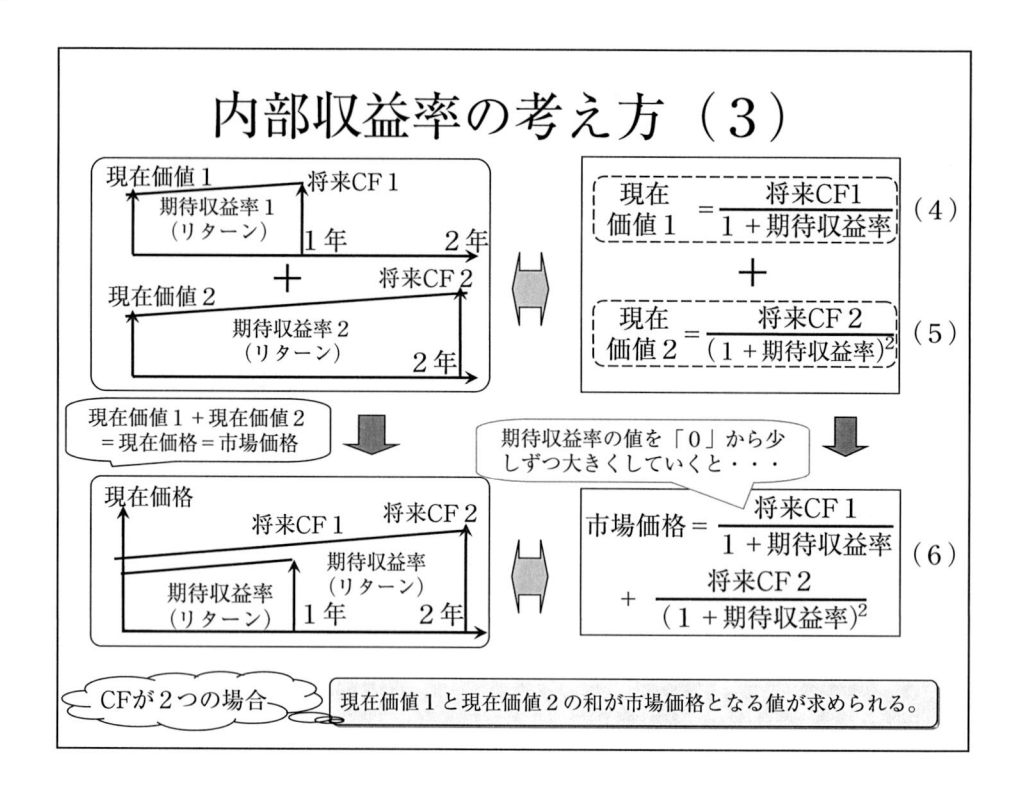

内部収益率の考え方（3）

$$現在価値1 = \frac{将来CF1}{1+期待収益率} \quad (4)$$

$$＋$$

$$現在価値2 = \frac{将来CF2}{(1+期待収益率)^2} \quad (5)$$

現在価値1＋現在価値2＝現在価格＝市場価格

期待収益率の値を「0」から少しずつ大きくしていくと・・・

$$市場価格 = \frac{将来CF1}{1+期待収益率} + \frac{将来CF2}{(1+期待収益率)^2} \quad (6)$$

CFが2つの場合：現在価値1と現在価値2の和が市場価格となる値が求められる。

　将来キャッシュフローが2つの場合はどうでしょうか。この場合は，上の図のように2つの将来キャッシュフローを，1つひとつ別々に考えれば良いことになります。1年目に発生するキャッシュフロー1は現在価値と将来価値の関係から（4）式，2年目に発生するキャッシュフロー2は現在価値と将来価値の関係から（5）式が成立し，現在価値1と現在価値2の和がこの資産の現在価値となるので，これを市場価格に置き換えると（6）式となります。この式の右辺で期待収益率の値を「0」から少しずつ大きくしていくと，左辺と右辺が等しくなるような期待収益率（割引率）が求まります。この値が，将来キャッシュフローが2つの場合の内部収益率です。将来キャッシュフローが3つ以上でも同じことがいえます。

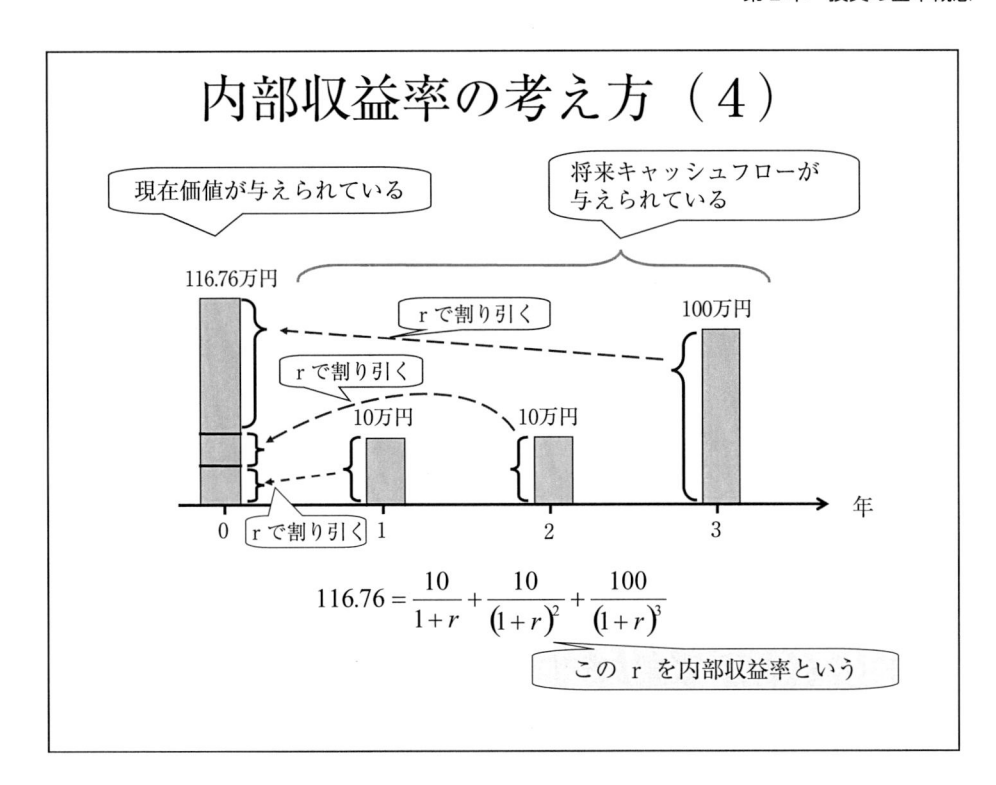

内部収益率の考え方（4）

```
                将来キャッシュフローが
  現在価値が与えられている    与えられている

 116.76万円
              r で割り引く      100万円
         r で割り引く
            10万円    10万円

    0  r で割り引く 1      2        3    年
```

$$116.76 = \frac{10}{1+r} + \frac{10}{(1+r)^2} + \frac{100}{(1+r)^3}$$

この r を内部収益率という

上図の割引率は投資の収益率を表し、投資成果の尺度となります。たとえば、1年目に10万円、2年目に10万円、3年目に100万円のキャッシュフローを生む資産の現在価値が116.76万円であるとします。割引率をrとすると、

$$\frac{10}{1+r} + \frac{10}{(1+r)^2} + \frac{100}{(1+r)^3} = 116.76 万円$$

の関係が成り立ち、(EXCEL等のスプレッドシートを使って) rが求められます (r = 0.01)。この割引率のことを内部収益率 (IRR: Internal Rate of Return) といいます。

内部収益率の解釈

以下のキャッシュフローが得られる投資の収益率 r を求めることを考える。

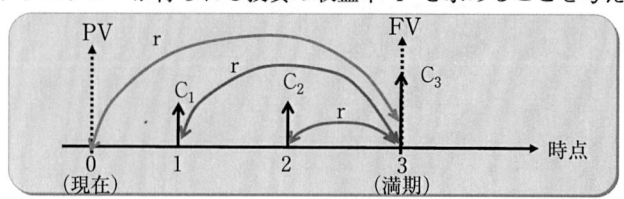

各期のキャッシュフローを投資収益率 r で投資したとすると、満期での総額（FV）は、

$$FV = C_1(1+r)^2 + C_2(1+r) + C_3 \qquad (7)$$

この両辺を $(1+r)^3$ で割ると

$$PV = \frac{FV}{(1+r)^3} = \frac{C_1(1+r)^2}{(1+r)^3} + \frac{C_2(1+r)}{(1+r)^3} + \frac{C_3}{(1+r)^3}$$

$$= \frac{C_1}{1+r} + \frac{C_2}{(1+r)^2} + \frac{C_3}{(1+r)^3} \qquad (8)$$

この式は、各期のキャッシュフローを投資収益率 r で投資した場合の関係式であるが、（8）式を見ると、r は内部収益率とも解釈できる。

　ここで内部収益率の意味を考えます。以下の3つのキャッシュフローから得られる投資の収益率 r を求めることを考えます。1期目のキャッシュフローを C_1、2期目のキャッシュフローを C_2、3期目のキャッシュフローを C_3、各期のキャッシュフローを投資収益率 r で投資したとすると、満期での総額 FV は（7）式から計算できます。この FV を変形すると、（8）式のように表すことができます。この式の r は、PV を"この将来キャッシュフローを生む資産"の市場価格とした場合の内部収益率と同じ式となり、当初の定義から、投資の収益率と割引率が同じものであると解釈できます。

算術平均と幾何平均（1）

$$\underset{\text{算術平均}}{\frac{x_1 + x_2 + x_3}{3}} \geqq \underset{\text{幾何平均}}{\sqrt[3]{x_1 \cdot x_2 \cdot x_3}}$$

（データが3つの場合）

資産の増減に適用すると・・・

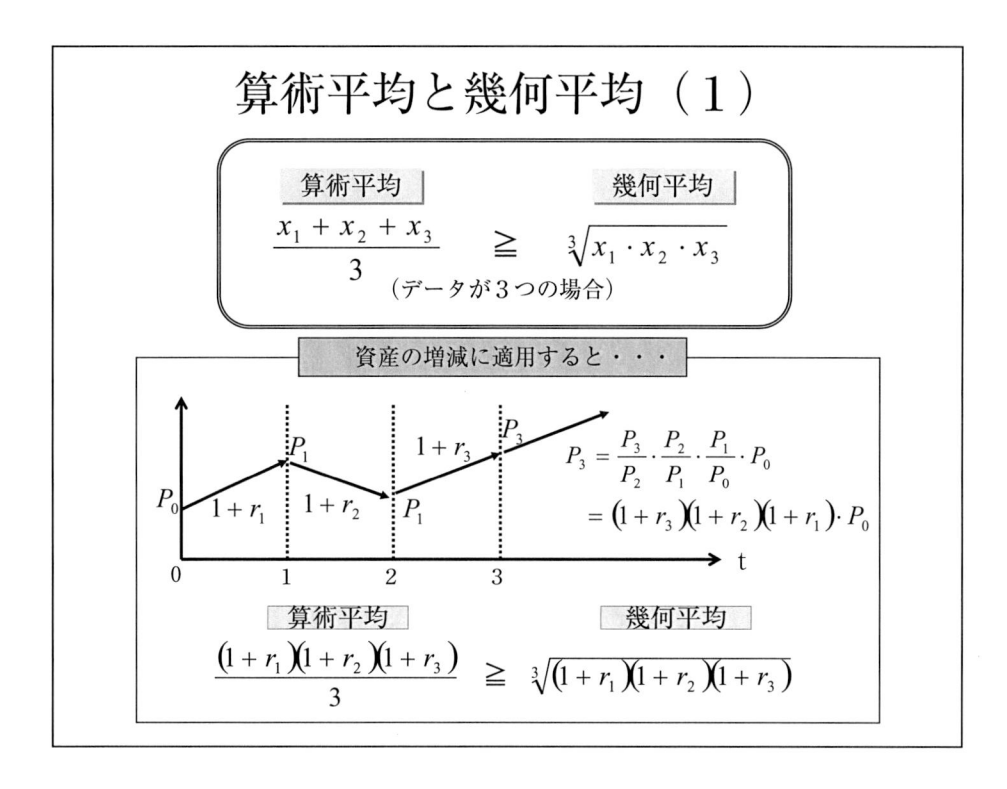

$$P_3 = \frac{P_3}{P_2} \cdot \frac{P_2}{P_1} \cdot \frac{P_1}{P_0} \cdot P_0 = (1 + r_3)(1 + r_2)(1 + r_1) \cdot P_0$$

$$\underset{\text{算術平均}}{\frac{(1 + r_1)(1 + r_2)(1 + r_3)}{3}} \geqq \underset{\text{幾何平均}}{\sqrt[3]{(1 + r_1)(1 + r_2)(1 + r_3)}}$$

　ここで，投資収益率の算出方法として，算術平均収益率と幾何平均収益率について考えます。複数の投資期間（たとえば1カ月単位で考えて3期，すなわち3カ月）を考えた場合，各期間の投資収益率の平均値の算出方法として，2つの代表的な考え方があります。1つ目は最も単純で簡単に計算できる方法で，算術平均（あるいは単純平均）と呼ばれる方法です。これは，対象データ数をnとすると，全データの和を取り，これをデータの数で割ったものです（上の例ではx_1，x_2，x_3の3つのデータ）。もう1つの代表的な計算の方法は，幾何平均と呼ばれる方法です。これは，対象データ（上の例ではx_1，x_2，x_3）の積を取ってさらにこれのm乗根を取ったものです。資産の収益率で考えると，上の図のように，$x_1 = 1 + r_1$，$x_2 = 1 + r_2$，$x_3 = 1 + r_3$と置いて考えることができます。

　ここで，算術平均と幾何平均には大小関係が常に成立し，＝が成り立つのは$r_1 = r_2 = r_3$のときということになります。そして資産の増減を正確に記述するためには，上の図（下）にあるように幾何平均で表す必要があります。幾何平均を使わないで算術平均を使って計算すると，最終価格を正しく計算できません（だからといって，算術平均は使えないということではありません。使う目的により，両者は使い分けが必要となります）。

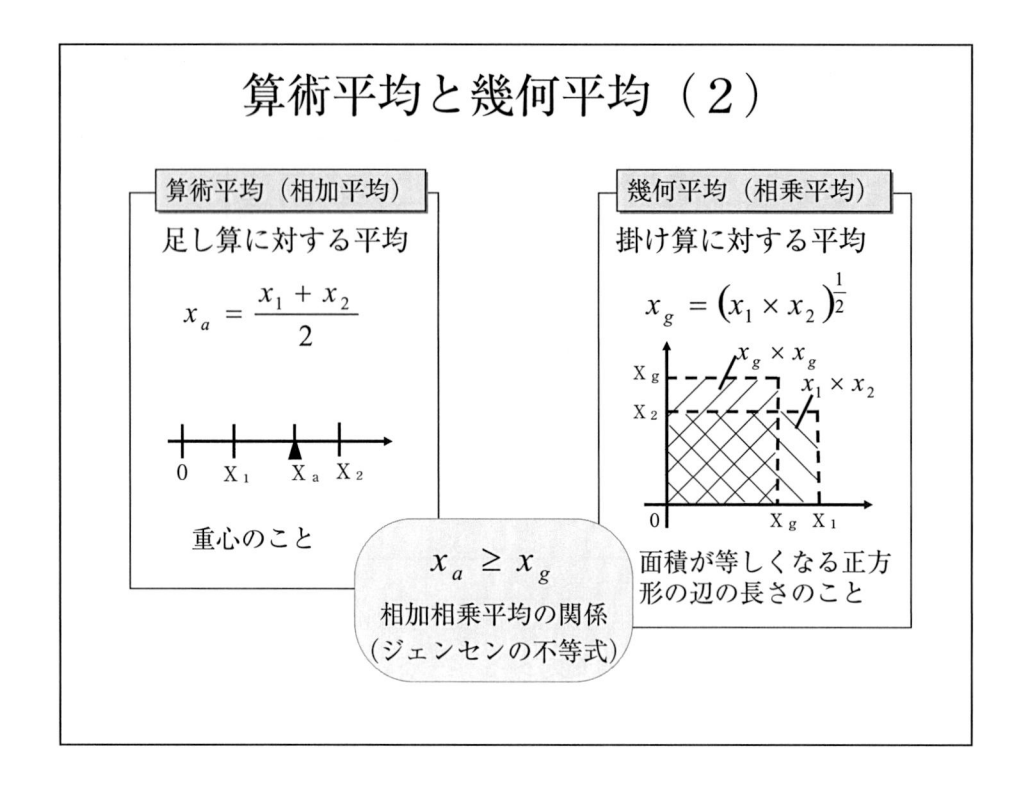

算術平均と幾何平均（2）

算術平均（相加平均）
足し算に対する平均
$$x_a = \frac{x_1 + x_2}{2}$$

重心のこと

幾何平均（相乗平均）
掛け算に対する平均
$$x_g = (x_1 \times x_2)^{\frac{1}{2}}$$

面積が等しくなる正方形の辺の長さのこと

$$x_a \geq x_g$$
相加相乗平均の関係
（ジェンセンの不等式）

　直感的にわかりにくい幾何平均について，詳しく見てみます。一般に算術平均は「足し算に対する平均」であり，相加平均ともいわれます。重心を計算していることになります。一方，幾何平均は「掛け算に対する平均」であり，相乗平均ともいわれます。データが2つであれば，面積が等しくなる正方形の辺の長さを表しています。データが3つであれば，体積が等しくなる正四面体の辺の長さを表しています。

　相加平均が相乗平均以上となる関係は，「相加相乗平均の関係」（ジェンセンの不等式）といわれています。

金額加重収益率と時間加重収益率（１）

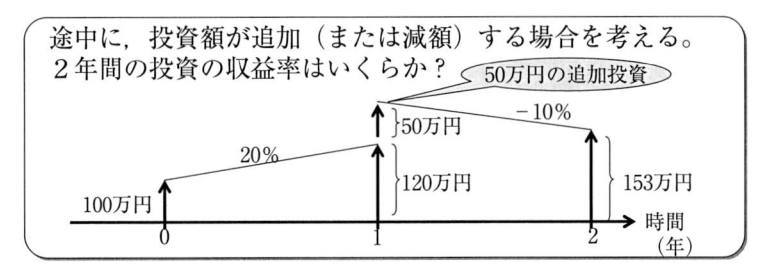

途中に，投資額が追加（または減額）する場合を考える。
２年間の投資の収益率はいくらか？

（図：時間 0 で 100万円投資、20%で増加し 1 年後に 120万円、そこに 50万円の追加投資を行い合計で出発、−10% で 2 年後に 153万円）

２つの考え方がある。（金額加重平均と時間加重平均）

１）金額加重収益率

収益率を r_g とすると，期初に投資した100万円は $100(1+r_g)^2$ 円，1年目に投資した50万円は $50(1+r_g)$ 円となる。2年目に153万円となるので

$$100(1+r_g)^2 + 50(1+r_g) = 153 \text{ 万円} \quad (9)$$

となり，これを解くと $r_g = 12\%$ となる。

投資特有の収益率計算方法として，金額加重収益率と時間加重収益率があります。考え方と具体的な計算方法は以下の通りです。投資の途中で，投資額が追加（または減額）される場合を考えます。上の図の場合，２年間の投資の収益率はいくらになるでしょうか？　金額加重平均と時間加重平均という２つの考え方があります。

まず，金額加重収益率ですが，収益率を r_g とすると，期初に投資した100万円は，２年後には $100(1+r_g)$ 万円となります。１年経過した後に投資された50万円は１年後に $50(1+r_g)$ 万円となります。２年目末には合計で153万円になるので，（9）式が成り立ちます。この式は r_g の２次式ですので，これを解いて，$r_g = 12\%$ となります。これが金額加重収益率です。

金額加重収益率と時間加重収益率（2）

2）時間加重収益率

収益率を r_t とすると，期初に投資した100万円は1年後に120万円，すなわち20％，1年目に資金追加して170万円になった資金が1年後に153万円，すなわち－10％となったので，

$$\frac{120}{100} \cdot \frac{153}{120+50} = 1.20 \times 0.90 = 1.08 \qquad (10)$$

$(1+r_t)^2 = 1.08$ なので

$r_t = \sqrt{1.08} - 1 = 3.9\%$ となる。 $\qquad (11)$

> 一般に時間加重収益率は，途中の追加（あるいは減額）資金の大小に影響されない収益率尺度であり，金額加重収益率は，影響される収益率の尺度である。

　次に，時間加重収益率を考えます。この収益率を r_t とします。まず，期初に投資した100万円は1年後に120万円，すなわち20％，1年目に資金追加して170万円になった資金が1年後に153万円，すなわち－10％となったので，(10) 式が成り立ちます。投資収益率を r_t としたので，(11) 式が成り立ちます。これを解くと r_t ＝ 3.9％となります。これが時間加重収益率です。

　一般に時間加重収益率は，途中の追加（あるいは減額）資金の大小に影響されない収益率尺度であり，金額加重収益率は，影響される収益率の尺度です。

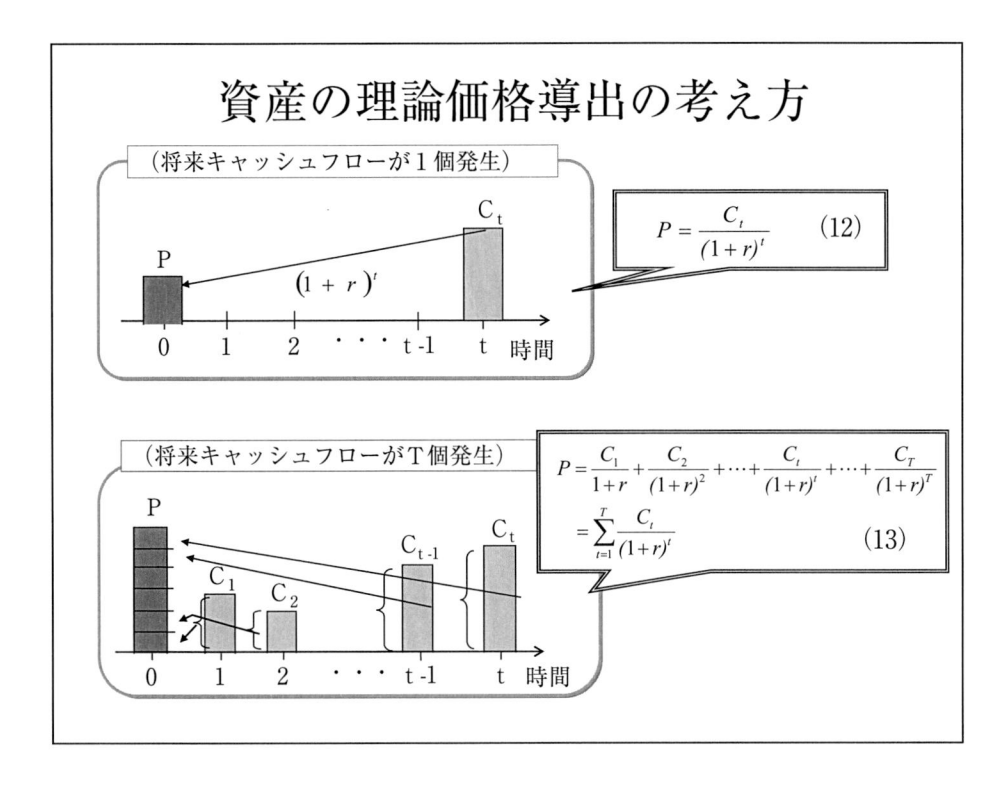

資産の理論価格導出の考え方

（将来キャッシュフローが1個発生）

$$P = \frac{C_t}{(1+r)^t} \quad (12)$$

（将来キャッシュフローがT個発生）

$$P = \frac{C_1}{1+r} + \frac{C_2}{(1+r)^2} + \cdots + \frac{C_t}{(1+r)^t} + \cdots + \frac{C_T}{(1+r)^T}$$

$$= \sum_{t=1}^{T} \frac{C_t}{(1+r)^t} \quad (13)$$

　資産とはそれを所有することによって，将来，キャッシュフローを受け取ることができるものと定義しました。将来キャッシュフローが1回得られる資産の現在価値（P円）は，t年後にC_t円の将来キャッシュフローが得られれば，(12)式で求められます。ここで，rは割引率（年率）を表しています。この公式は，すべての資産価格算出の基本式となるものです。

　次に，将来キャッシュフローが複数回発生する資産の価格を考えます。これは，前述の式を繰返し適用して各将来キャッシュフローの現在価値を求め，それらを合計すればよいことになります。この方法は，割引キャッシュフロー法と呼ばれ，将来キャッシュフローが複数回発生する資産の理論価格算出の基本式となるものです。なお，ここでは，割引率が期間の長さに関係なく一定としています。

永久に一定のCFを受け入れる資産（永久債）

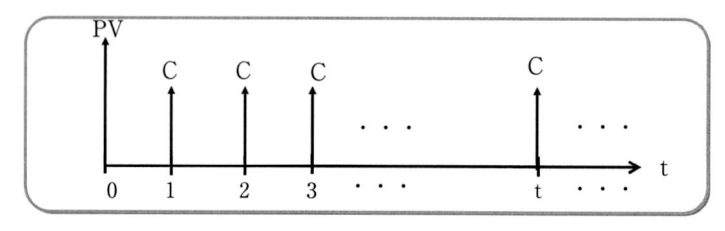

[図：時点0から時点t以降までキャッシュフローCが永久に続く時系列図]

両辺に $\frac{1}{1+r}$ をかける

$$PV = \frac{C}{1+r} + \frac{C}{(1+r)^2} + \frac{C}{(1+r)^3} + \cdots \quad (14)$$

$$-\Big)\ \frac{1}{1+r}PV = \frac{C}{(1+r)^2} + \frac{C}{(1+r)^3} + \cdots$$

$$\left(1 - \frac{1}{1+r}\right)PV = \frac{C}{1+r} \quad (15)$$

したがって，

$$PV = \frac{C}{r} \quad (16)$$

　次に，代表的なキャッシュフローのパターンをもった３つの金融資産の理論価格について考えます。はじめに，毎年一定のクーポン（キャッシュフロー）を永久に受け取ることができる債券の理論価格を考えます。この債券は永久債（Perpetuity）と呼ばれています。永久債の現在価値は割引率をr（一定），毎年支払われるクーポンをC（一定）とすると，(14)式となります。この両辺に$\frac{1}{1+r}$を掛けて，(14)式から引くと，(15)式が得られます。左辺を整理して，変形すると(16)式が得られます。この式は，クーポンを割引率で割ったものとなります。また，この永久債の価格がわかっていれば，

$$\text{割引率}(r) = \frac{\text{クーポン}(C)}{\text{現在価値}(PV)}$$

から，割引率を算出することができます。

特定の期間，毎年一定のキャッシュフローを受け取る商品（年金型商品）

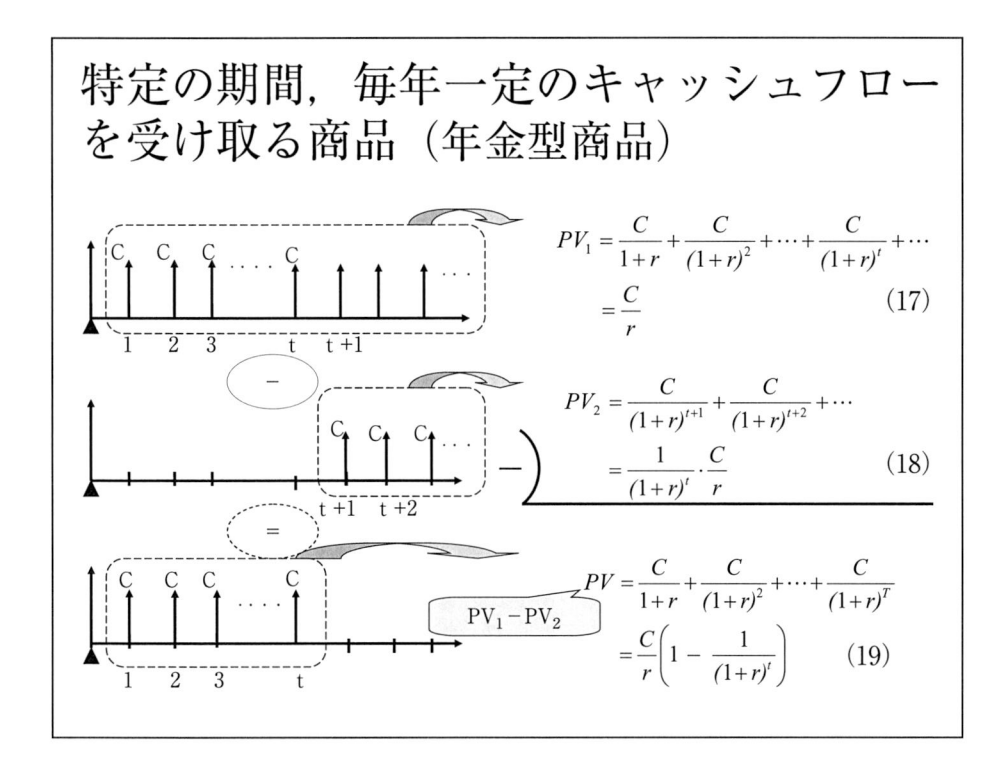

$$PV_1 = \frac{C}{1+r} + \frac{C}{(1+r)^2} + \cdots + \frac{C}{(1+r)^t} + \cdots$$
$$= \frac{C}{r} \qquad (17)$$

$$PV_2 = \frac{C}{(1+r)^{t+1}} + \frac{C}{(1+r)^{t+2}} + \cdots$$
$$= \frac{1}{(1+r)^t} \cdot \frac{C}{r} \qquad (18)$$

$$PV = \frac{C}{1+r} + \frac{C}{(1+r)^2} + \cdots + \frac{C}{(1+r)^T}$$
$$= \frac{C}{r}\left(1 - \frac{1}{(1+r)^t}\right) \qquad (19)$$

$PV_1 - PV_2$

　特定の期間，毎年一定のキャッシュフローを受け取ることができる資産を年金型商品（Annuity）と呼びます。この資産の現在価値は，上の図にあるように2つのキャッシュフロー（1つは1期目から永久に一定額キャッシュフローが支払われるもので，もう1つはt＋1期目から永久に一定額キャッシュフローが支払われるもの）を考えます。両者のキャッシュフローを引くことで，1期目からt期目までの一定額キャッシュフローが複製されます。このキャッシュフローが年金型商品のもつキャッシュフローになります。したがって，はじめの2つのキャッシュフローをもつ資産の価値が計算できれば，この年金型商品の価格も算出することができます。

　具体的には，1つ目のキャッシュフローをもつ資産の価値PV_1は（17）式で表され，2つ目のキャッシュフローをもつ資産の価値PV_2は（18）式で表されます。（17）式から（18）式を引くことで（19）式が得られます。（19）式が，特定の期間，毎年一定のキャッシュフローを受け取ることができる年金型商品の価格となります。

　この式は，年金型商品を，2つの永久債の差として考えることにより導くことができます。

永久に定率成長するキャッシュフローの評価

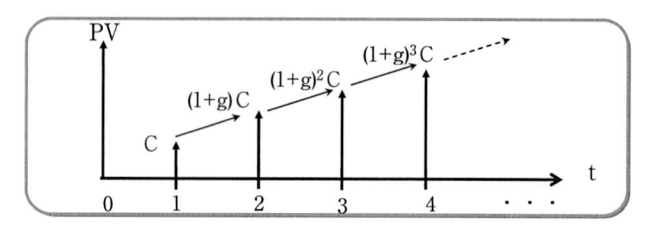

$$PV = \frac{C}{1+r} + \frac{(1+g)C}{(1+r)^2} + \frac{(1+g)^2 C}{(1+r)^3} + \cdots \quad (20)$$

両辺に $\frac{1+g}{1+r}$ をかける

$$-\Big)\ \frac{1+g}{1+r} \cdot PV = \frac{(1+g)C}{(1+r)^2} + \frac{(1+g)^2 C}{(1+r)^3} + \cdots \quad (21)$$

$$\left(1 - \frac{1+g}{1+r}\right) PV = \frac{C}{1+r} \quad (22)$$

したがって， $PV = \dfrac{C}{r-g} \quad (23)$

　3番目に，将来キャッシュフローが一定の成長率で成長する資産の現在価値を考えます。この資産の価値は将来キャッシュフローを現在価値に割り引いたものの総和となるので，(20) 式で表すことができます。ただし，割引率 r と成長率 g は一定で r ＞ g とします（r ＞ g の条件がないと資産の価値が無限大になってしまいます）。

　ここで (20) 式の両辺に $\dfrac{1+g}{1+r}$ を掛けると (21) 式が得られます。(20) 式から (21) 式を引くと，(22) 式が得られます。左辺を整理して変形すると (23) 式が得られます。ここで，現在価格 PV，1期目の配当 C，配当成長率 g がわかっていると，割引率は

$$r = \frac{C}{PV} + g$$

と表すことができます。

現在価値と正味現在価値

現在価値 (Present Value; PV)

将来のキャッシュフローを現在時点での価値に換算したもの

$$PV = \frac{CF_1}{1+r} + \frac{CF_2}{(1+r)^2} + \frac{CF_3}{(1+r)^3} + \cdots + \frac{CF_T}{(1+r)^T} \quad (24)$$

正味現在価値 (Net Present Value; NPV)

ある投資の価値を現在時点での価値に換算したもの

$$NPV = CF_0 + \frac{CF_1}{1+r} + \frac{CF_2}{(1+r)^2} + \frac{CF_3}{(1+r)^3} + \cdots + \frac{CF_T}{(1+r)^T} \quad (25)$$

　ここで，投資判断の尺度として重要な，正味現在価値を解説します。これまで，将来キャッシュフローを現在価値に換算してその総和を取ったものが現在価値（PV：Present Value）あるいは 理論価値であるとしました（(24)式を参照）。これに対して，ある投資を行おうとする際に，その投資の価値を現時点での価値に換算したものを正味現在価値（NPV：Net Present Value）といいます。これは(25)式で表されます。投資であれば，通常は期初に支払い（CF_0）すなわち，マイナスのキャッシュフローが発生し，その後，投資の成果が得られるということが一般的です。このNPVは，単独での投資判断（この値がプラスであること）に使うこともできますし，2つ以上の投資の選択基準（この値がプラスで大きい方）にも使うことができます。IRRと同様，有益な尺度です。

2.3節　投資の基本概念（3）

ポイント
1. 共分散と相関係数とは何か
2. 経済時系列データの特徴
3. 投資家のリスクに対する3つの選好
4. 投資家の効用関数とは
5. 効用関数とリスク選好の関係

―本節の概要―

　2.3節「投資の基本概念（3）」では，投資を考えるうえで基本となる概念のうち，①2変数間の共分散と相関係数とは何か，どう計算するのか，②経済時系列データの特徴とは何か，③投資家のリスクに対する3つの選好とは何か，合理的な投資家のリスク選好とは，④投資家の効用関数とはどう定義されるか，⑤効用関数とリスク選好の関係とは，という5つのテーマを中心に解説を行います。これらの概念の中でも，分散効果を考えるうえで重要な役割を果たす共分散（相関係数）や，次章の投資理論の基礎を理解するうえで基本となる投資家のリスク選好，効用関数について詳しく解説します。

ポートフォリオとは何か

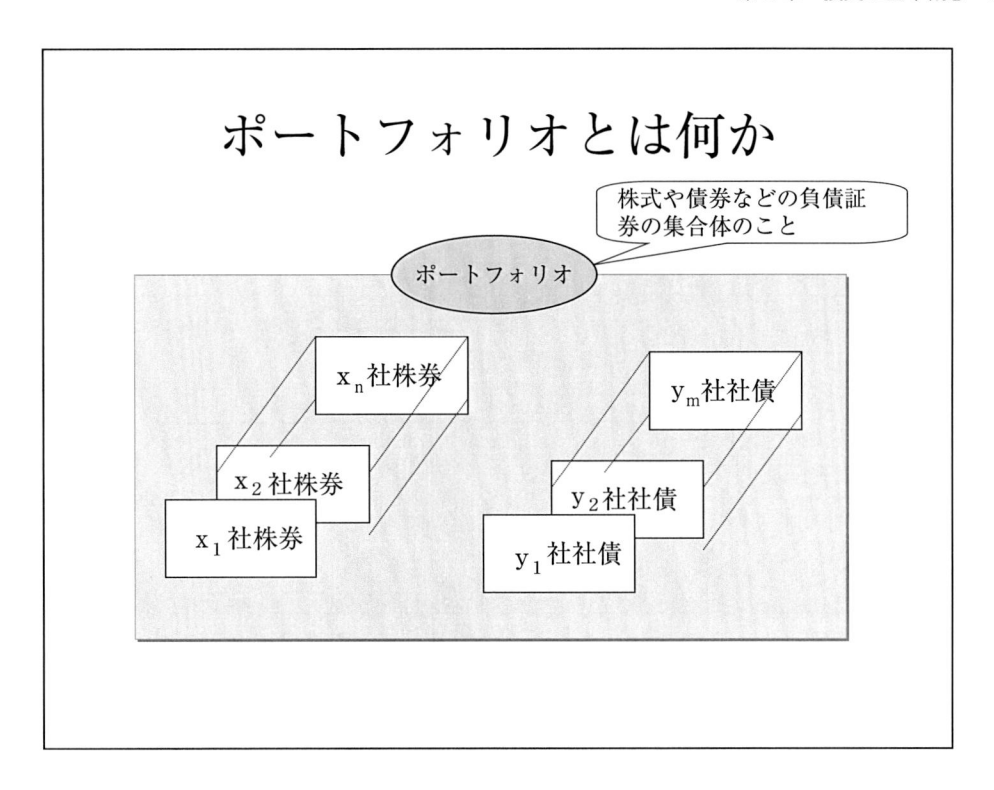

```
                    株式や債券などの負債証
                    券の集合体のこと
        ポートフォリオ

    xₙ社株券              yₘ社社債

  x₂社株券            y₂社社債
 x₁社株券          y₁社社債
```

　株式や債券などのいろいろな有価証券の集合体のことをポートフォリオと呼んでいます。すなわち，「複数の有価証券が組み合わされたもの」です。もともとは，米国のウォールストリートの証券マン達が株式や債券などの有価証券を入れていた洒落た革製の鞄のことを指していましたが，次第に，鞄の中に入っている有価証券の集合体を指すようになりました。なお，複数の証券を組み合わせて保有するだけでなく，空売り（もっていない証券を借りてきて売却すること）したものが含まれていてもポートフォリオと呼ばれます。

共分散とは？

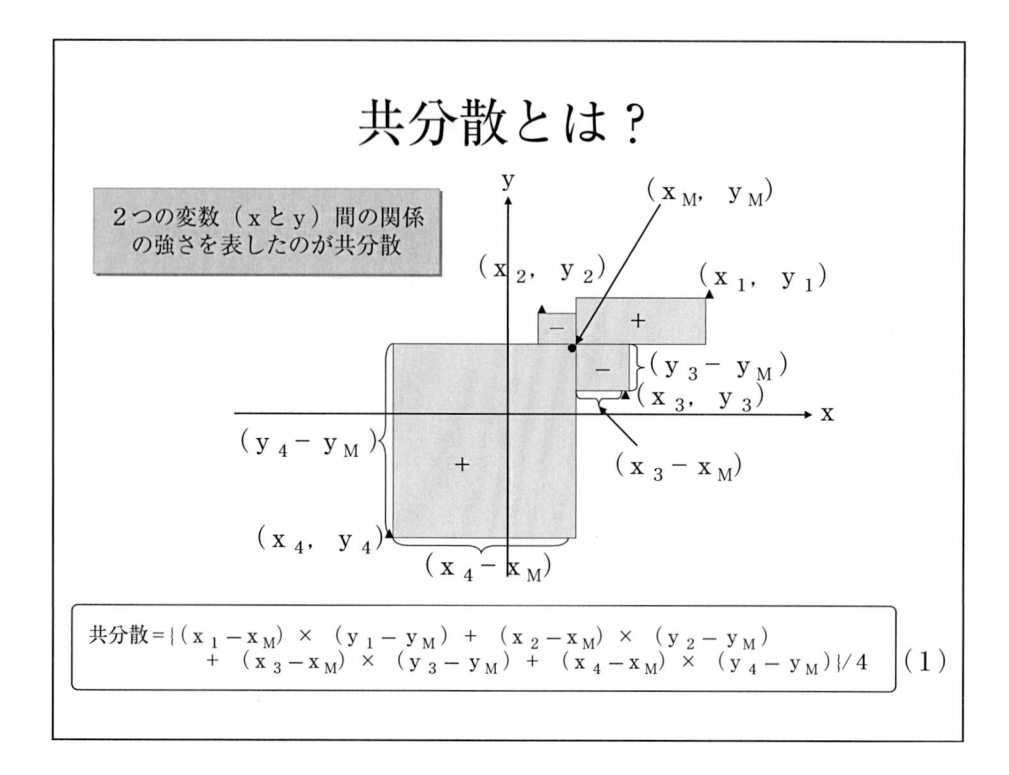

2つの変数（xとy）間の関係の強さを表したのが共分散

$$共分散 = \{(x_1 - x_M) \times (y_1 - y_M) + (x_2 - x_M) \times (y_2 - y_M) \\ + (x_3 - x_M) \times (y_3 - y_M) + (x_4 - x_M) \times (y_4 - y_M)\}/4 \quad (1)$$

　複数の資産を組み合わせて全体で見た価格変動（リスク）を小さくしようと考えたとき，組み合わせの基準となるものが「共分散」という統計学の考え方です。この共分散は，2つの資産間の収益率の関係の強さを表したものです。すなわち，ある資産の収益率が平均収益率を基準として見てプラス（マイナス）のとき，もう一方の資産の収益率が平均収益率を基準として見てプラス（マイナス）であれば，同じ動きをする資産と考えられ，組み合せたときの分散効果は小さいと考えられます。

　一方，ある資産の収益率が平均収益率を基準として見てプラス（マイナス）のとき，もう一方の資産の収益率が平均収益率を基準として見てマイナス（プラス）であれば，逆の動きをする資産と考えられ，組み合せたときの分散効果は大きいと考えられます。ですから，分散投資の効果を高めるためには，共分散の値がマイナスとなる資産の組み合わせが効果的ということになります。

相関係数

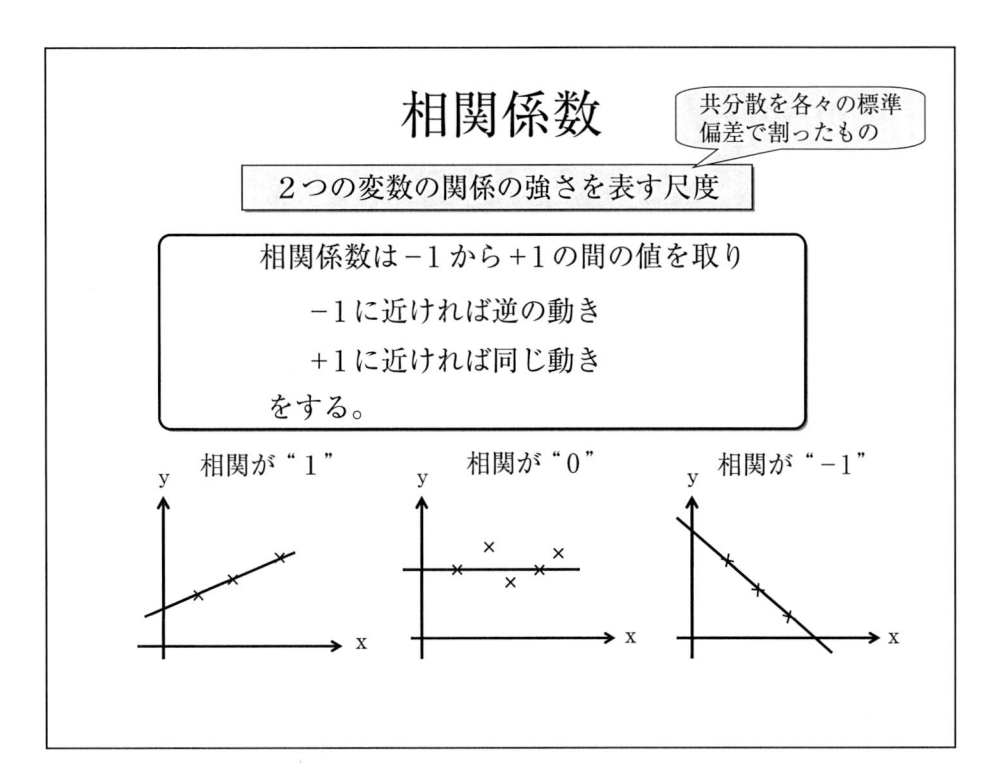

> 共分散を各々の標準偏差で割ったもの

2つの変数の関係の強さを表す尺度

相関係数は−1から+1の間の値を取り
−1に近ければ逆の動き
+1に近ければ同じ動き
をする。

相関が"1"　　相関が"0"　　相関が"−1"

　2つの資産の収益率の間の関係の強さを測るためには，相関係数と呼ばれる尺度が利用されますが，これは，共分散の値を求め，各々の資産の収益率の標準偏差で割ることにより得られます。相関係数を使う利点は，取り得る値がプラス1とマイナス1の間になり，プラス1に近ければ，同じ方向に動きやすく，マイナス1に近ければ，逆方向に動きやすいことを表しており，変動の大きさに依存しない点です。

　2変数間の関係の強さを表す尺度として，前述の共分散がありますが，共分散を多変数の標準偏差で割ることで，相関係数が得られます。

相関係数（共分散）の推定方法

過去データを使った推計法が一般的（ただし，直近のデータの影響度を大きくするような工夫がされている場合もある）。

年月	A社株式	B社株式	A社平均からの乖離	B社平均からの乖離
2000. 1	10.4	6.7	2.8	3.4
2000. 2	−8.3	−2.8	−13.9	−6.4
2000. 3	1.2	−3.4	−4.4	−6.7
2000. 4	−0.8	0.3	−6.4	−3.0
⋮	⋮	⋮	⋮	⋮
2008. 9	4.5	2.2	−1.1	−1.1
平均	5.6	3.3		

共分散（相関係数）を計算

　相関係数，あるいは共分散を推定する場合，一般的には過去のデータを使います。たとえば，2つの株式の相関係数，あるいは共分散を計算しようとすると，過去の株式収益率から算出します。ただし，投資を考えているのであれば，過去ではなく，将来の相関係数を知りたいはずです。しかし，将来の相関係数を知る適切な方法がないので過去のデータを便宜的に使います。この場合，直近のデータの影響度を大きくするような工夫をすることもあります。

　具体的な計算方法としては，たとえば，過去の月次収益率のデータ使い，各々の平均からの乖離を計算し，同時点での両者の乖離の積を取り，これをデータ期間の数で割ることで共分散は計算されます。

　相関係数は，各々の過去の月次収益率から標準偏差を計算して，上で計算した共分散をこの標準偏差で割ることで計算できます。

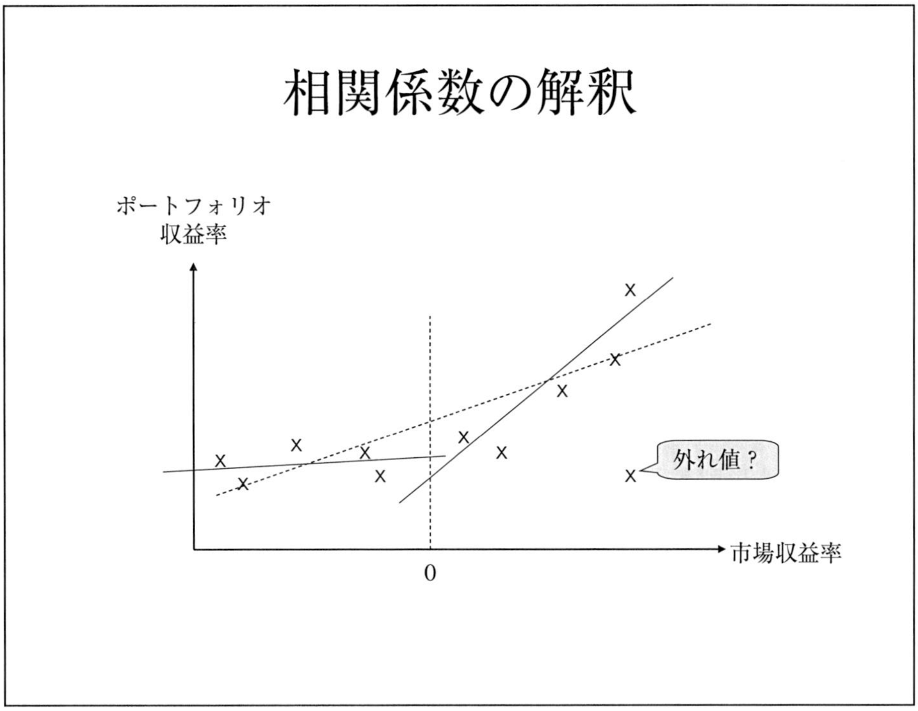
相関係数の解釈
ポートフォリオ
収益率
外れ値？
市場収益率
0

相関係数は，いろいろな場面で使われます。簡単に算出できる反面，数値の解釈には注意が必要です。相関係数を解釈するうえでの留意点について，３点ほど確認しておきたいと思います。まず，第一に，外れ値がないか，その外れ値が相関係数の値に大きな影響を与えていないかを確認することです（1つの外れ値が，相関係数の値に大きな影響を与えることは良くあることです）。第二に，比較している２つの変数が線形関係にあることを確認することです。上の図のようにある水準で戦略を変えている場合など，相関係数を計算すると誤った解釈をしてしまうことがあります。第三に，対象データの扱い方があります。データの分割，あるいは結合を変えると，相関係数の値が大きく変化することがあります。意味のある分割かどうかが重要となります。なお，相関係数は，単に２つの変数が結果として同じ方向に動いたかどかを計算しているに過ぎません。決して両者の因果関係を示しているものではないということに注意する必要があります。

いずれにしても，相関係数の値だけを見ていると，誤った判断をしてしまうことが往々にしてあるということです。まず，散布図を見ることが，相関係数を解釈する第一歩です。

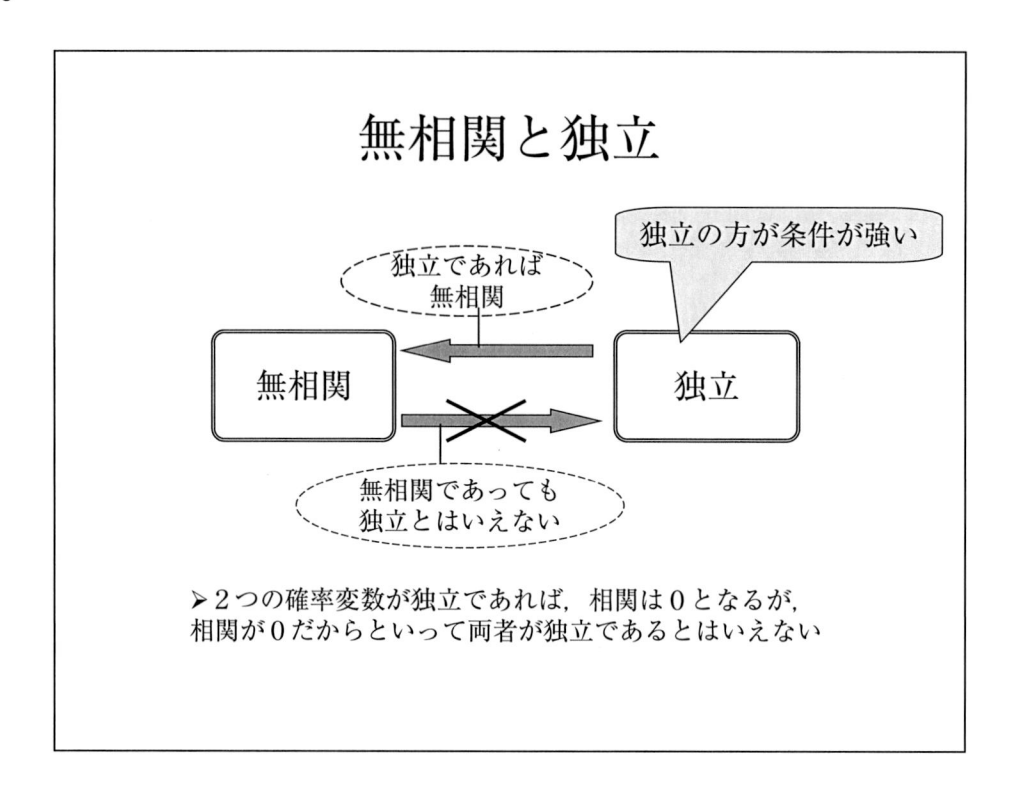

無相関と独立

- 独立であれば無相関
- 独立の方が条件が強い
- 無相関であっても独立とはいえない

➢ 2つの確率変数が独立であれば、相関は0となるが、相関が0だからといって両者が独立であるとはいえない

　ここで、相関がない（相関係数が0）、すなわち「無相関」と「独立」という2つの言葉の関係を確認します。2つの確率変数があり、両者が独立（相互に影響を与えることなく動く）であれば、相関係数は0となり、無相関であるということがいえます。しかし、相関係数が0だからといって両者が独立であるとはいえません。「独立であれば無相関」は成り立ちますが、その逆は成り立たないということです。「独立」は「無相関」よりも条件が強いということになります。両者は同じことと解釈してしまいがちですが、両者に違いがあり、独立という関係は無相関という関係よりも強いということになります。

系列相関とは

過去の自分自身の動きと何らかの関係があること

過去上がると将来上がる → 正の系列相関という

過去上がると将来下がる → 負の系列相関という

（過去）現在（将来）

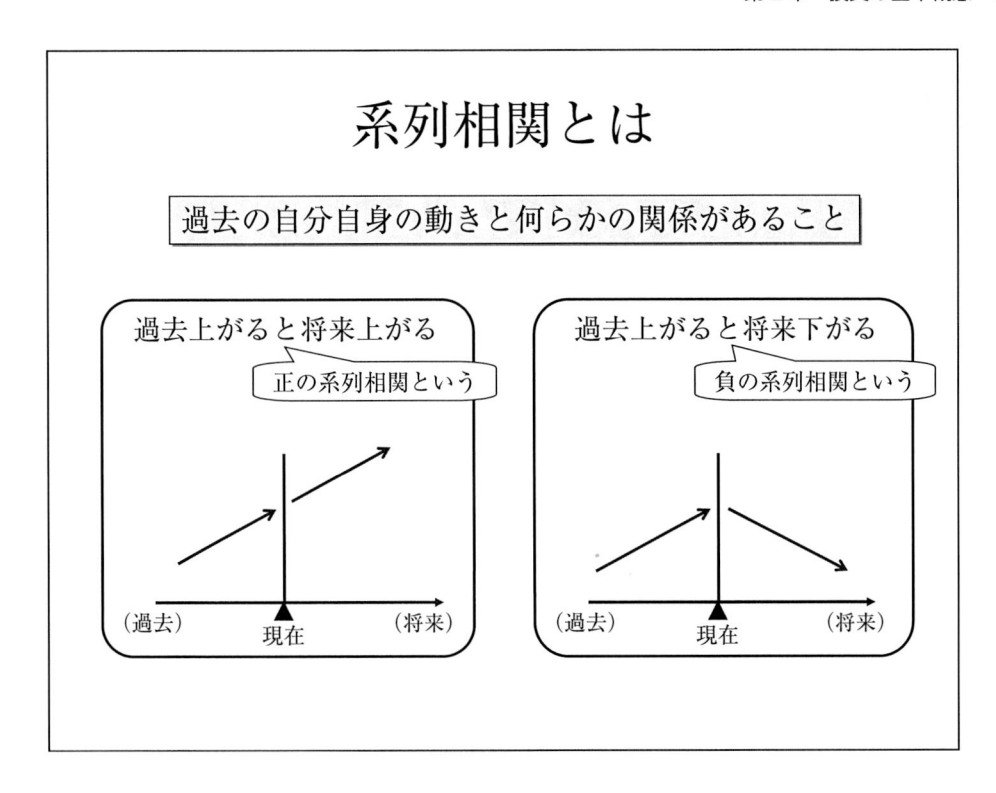

　リスク資産の価格（あるいは，価格変化率）の動きを見ていると，過去の動きとその後（将来）の動きに何らかの関係がある場合があります（関係がなければランダムな動きということになります）。たとえば，過去の価格が上昇（下降）すると，次の期には，さらに価格が上昇（下降）する傾向があることを正の系列相関があると言います。また，過去に価格が上昇（下降）すると，次の期には，価格が逆に下降（上昇）する傾向があることを負の系列相関があるといいます。

　正でも負でも価格に系列相関があることが事前にわかれば，これを利用して，投資戦略に活用できる可能性があります。

定常性（Stationarity）とは

定常性の3つの条件

① Y_tの平均値が一定である。（tによらない）
$$E(Y_t) = \mu \qquad (2)$$

② Y_tの分散が一定である。（tによらない）
$$Var(Y_t) = E[\{Y_t - E(Y_t)\}^2] = \sigma^2 = \gamma(0) \qquad (3)$$

③ 自己共分散が時点の差のみに依存している。（tによらない）
$$Cov(Y_t, Y_{t-k}) = \gamma(k) \qquad (4)$$

> 系列相関があることは，自己相関が"0"でないことを意味します。

> 自分自身の過去との関係の強さ，すなわち，同一過程の異時点間の共分散は，特に自己共分散と呼ばれる。

　時間の経過と共に得られるデータを時系列データといいますが，この時系列データを扱う場合に，データの定常性が成立するかどうかは重要なことです。ここでいう定常性とは，以下の3つの条件が満たされていると成立します。その条件とは，第一に時系列データ（Y_tとする）の平均値が一定，すなわち，時間が経過しても平均は同じであること，数式で書けば（2）式の関係が成立すること，第二にY_tの分散が一定，すなわち，時間が経過しても分散は同じであること，数式で書けば（3）式の関係が成立すること，第三に，自己共分散（自分自身の過去との関係の強さ，すなわち，異時点間の共分散を特に自己共分散と呼びます）が時点の差のみに依存，すなわち，時間が経過しても時間の差のみに依存し，時間の経過には依存しないこと，数式で表せば（4）式の関係が成立することです。

分散の不均一性

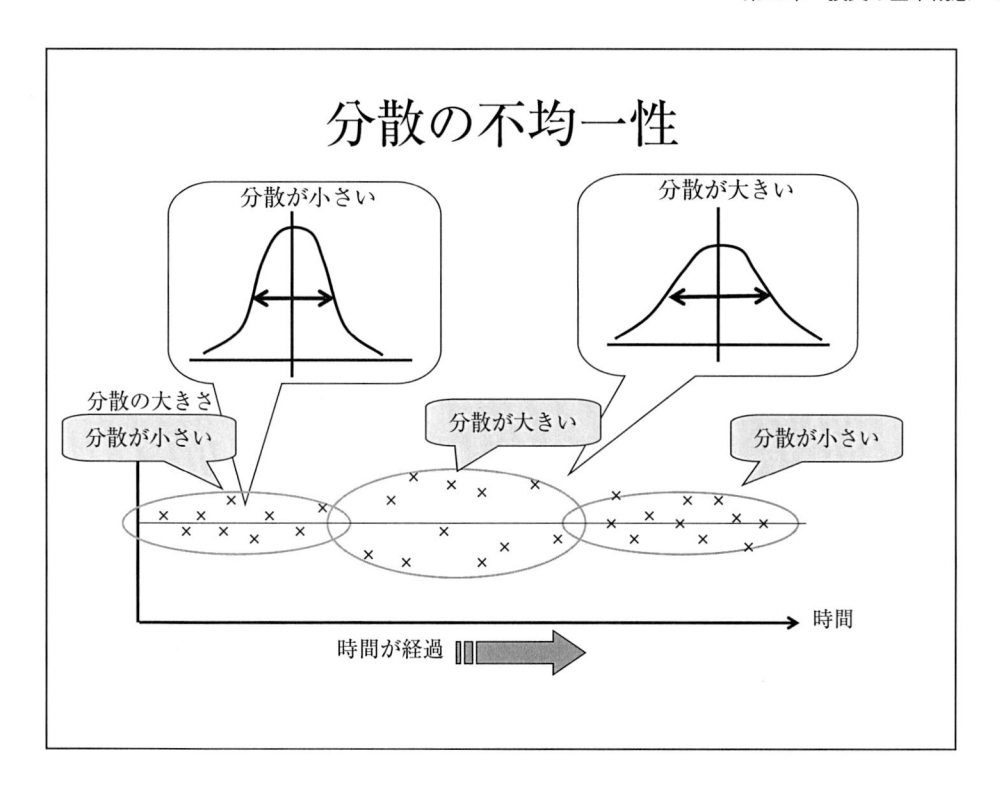

資産価格の変化や，為替の変動を見ていると，その時々の経済状態などにより，変動が大きくなったり，小さくなることがあります。変動の大きさなので，分散を表していますが，このように分散の大きさが，時間の経過とともに小さな状態から，大きな状態に変わり，また，あるタイミングで分散が大きな状態から，小さな状態に変わり，分散の大きさが時間の経過とともに変化することを"分散の不均一性"といいます。いろいろな分析を行う際，分散が一定でない（分散の不均一性が存在）場合には特別な注意が必要となります。

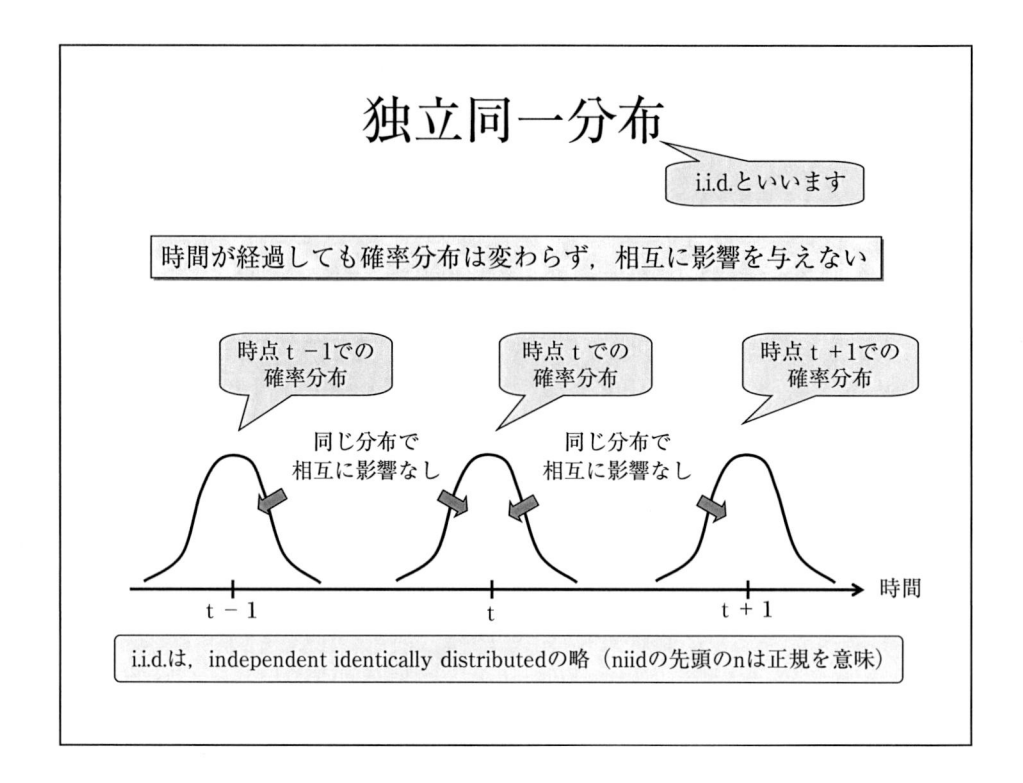

独立同一分布

i.i.d.といいます

時間が経過しても確率分布は変わらず，相互に影響を与えない

時点 t−1での確率分布

時点 t での確率分布

時点 t+1での確率分布

同じ分布で相互に影響なし

同じ分布で相互に影響なし

t−1　　t　　t+1　時間

i.i.d.は，independent identically distributedの略（niidの先頭のnは正規を意味）

　リスクのある資産の価格変化を時間の経過とともに見ていると，その平均値が変化したり，散らばりが大きくなったり，小さくなったりすることなどがあります。逆に，このような複雑な状況が起こらず，時間が経過しても，変化がないものもあります。対象としているリスクのある資産の価格変化は，将来どうなるかわからないという意味で確率的な動きをする変数（確率変数）です。時間が経過しても，この確率変数の分布（確率分布）が変わらず，相互に影響を与えないことを，独立同一分布（i. i. d.：independent identically distributed）といいます。

3つタイプの投資家

リスク愛好的	期待できる収益率が同程度であれば，リスクの大きい方を選択する投資家
リスク中立的	期待できる収益率が同程度であれば，リスクの大きさは気にしない投資家
リスク回避的	期待できる収益率が同程度であれば，リスクの小さい方を選択する投資家

　資本市場に参加している投資家は，いろいろな投資家がいます。価格変動（すなわちリスク）を極端に嫌う投資家もいれば，積極的に大きな価格変動を伴う資産を好む投資家も存在します。

　この価格変動の大きさ，すなわち，リスクを嫌う投資家は，「リスク回避的投資家」と呼ばれています。この投資家は，収益率が同じ2つの資産が存在したとき，リスクの小さい資産に投資しようとします。

　また，リスクの存在に無関心な投資家も存在し，「リスク中立的投資家」と呼ばれています。この投資家は，収益率が同じ2つの資産が存在したとき，リスクの大きさの大小は気にしない投資家です。

　最後に，積極的にリスクを好む投資家も存在し，「リスク愛好的投資家」と呼ばれています。この投資家は，収益率が同じ2つの資産が存在したとき，リスクの大きい方に投資しようとする投資家です。

　理論的な展開を考えるときは，合理的な投資家はリスク回避的であると考えます。

投資家の効用

不確実な世界で期待値を最大化するという 一見合理的な行動が必ずしも投資家が最適と考える行動と一致しない場合がある

「コイン投げ」のギャンブルを考える　　◇スイスのNicolas Bernoulli（1713）

「St.Petersburg's Paradox」

コインを投げて，表が出たら賞金がもらえ，裏が出るまで何回も続けられる

このゲームの期待値は？

参加者はせいぜい？ドルしか払おうとしないことを発見

◇スイスのDaniel Bernoulli（1738）

賞金の増加額と受け取り手の満足度は比例的に増えるわけではない

受け取り手が感じる満足度を効用（Utility）と呼んで，効用関数を定義

　投資を考えた場合，不確実な世界で期待値を最大化するという 一見合理的な行動が必ずしも投資家が最適と考える行動と一致しない場合があります。Nicolas Bernoulli（1713）は，「コインを投げて，表が出たら賞金がもらえ，裏が出るまで何回も続けられる」というコイン投げのギャンブルで，参加者がこのギャンブルの期待値未満の額しか，ギャンブルの参加費として払おうとしないこと，すなわち，賞金の増加額と受け取り手の満足度は比例的に増えるわけではないことを発見しました。これを「St.Petersburg's Paradox」といいます。Daniel Bernoulli（1738）は，受け取り手が感じる満足度を効用（Utility）と呼んで，効用関数を定義しました。

フォン＝ノイマン・モルゲンシュテルンの効用関数

投資家は収益や富の絶対値を最大化するように行動するよりも，収益や富が得られる際の満足度を最大化するように行動する

↓

"Theory of Games and Economic Behavior"（1944）
（数学者Von Neumann,J，経済学者の O.Mongenstern）

↓

富がわずかでも増加すれば，投資家の効用も増加する

→ 右上がりのグラフ

↓

w：保有する富の大きさ
u(w)：投資家の効用関数　$\dfrac{du(w)}{dw} > 0$

→ 投資家の満足度を示す関数

　投資家は，収益や富の絶対値を最大化するように行動するよりも，収益や富が得られる際に得られる満足度を最大化するように行動すると考えられます。この考え方をまとめたのが，数学者の Von Neumann, J と経済学者の O.Mongenstern です。彼らは，"Theory of Games and Economic Behavior"（1944）の中で，この考え方をまとめました。

　彼らの考え方は，富が僅かでも増加すれば，投資家の効用も増加するというもので，縦軸を投資家の効用，横軸を投資家の富の大きさとすると，右上がりのグラフになるというものでした。この投資家の富の関数である効用（すなわち効用関数）は，投資家のリスク選好のタイプにより，形状が変ると考えることができます。

期待効用

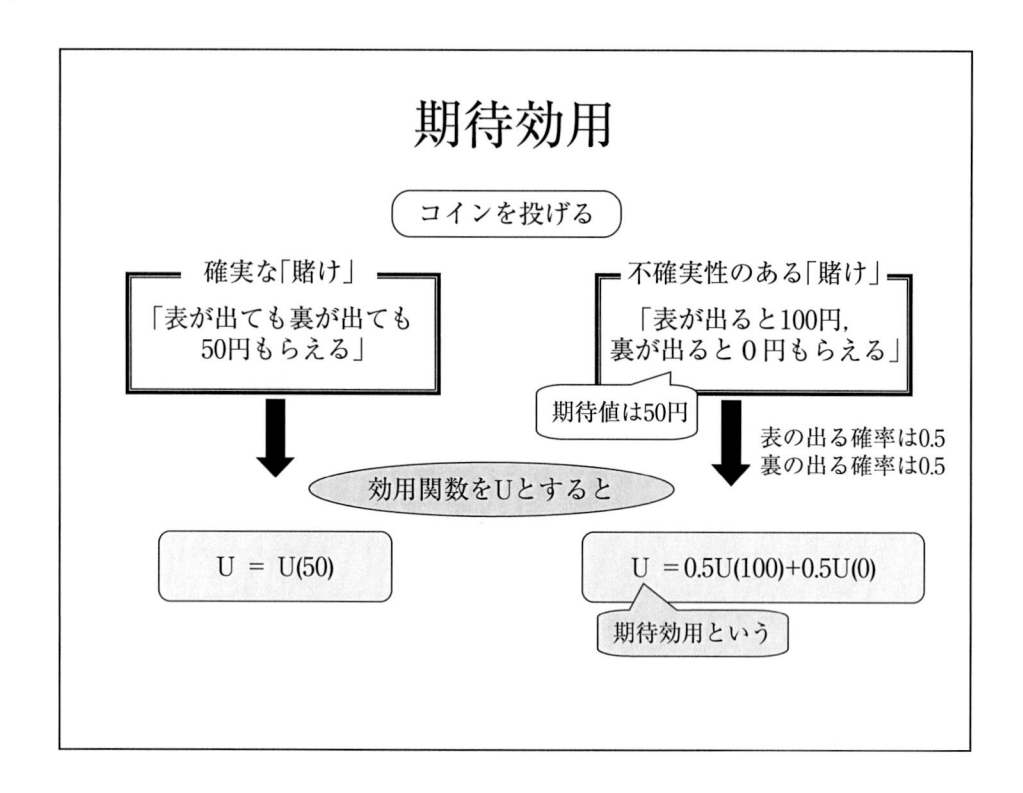

```
コインを投げる
```

確実な「賭け」：「表が出ても裏が出ても50円もらえる」

不確実性のある「賭け」：「表が出ると100円、裏が出ると0円もらえる」

期待値は50円

表の出る確率は0.5
裏の出る確率は0.5

効用関数をUとすると

$U = U(50)$

$U = 0.5U(100) + 0.5U(0)$

期待効用という

　投資家の満足度を表す効用を考えるとき、将来の不確実な状況を想定する必要がある場合、効用にも不確実性を考慮する必要があります。たとえば、表が出る確率も、裏が出る確率も0.5のコインを投げる「賭け」があるとします。1つは確実な賭けで、表が出ても裏が出ても50円もらえる賭けです。もう1つは不確実性のある賭けで、表が出れば100円、裏が出れば0円もらえる賭けです。この時、不確実性のある賭けの期待値は0.5×100円＋0.5×0円＝50円となり、不確実性のない賭けでもらえる金額と同じです。しかし、投資家の効用関数をUとすると、不確実性のない賭けの効用はU（50）であるのに対して、不確実性のある賭けの効用にも不確実性があり効用Uの期待値で表され、この例の場合、0.5×U（100）＋0.5×U（0）となります。

無差別曲線

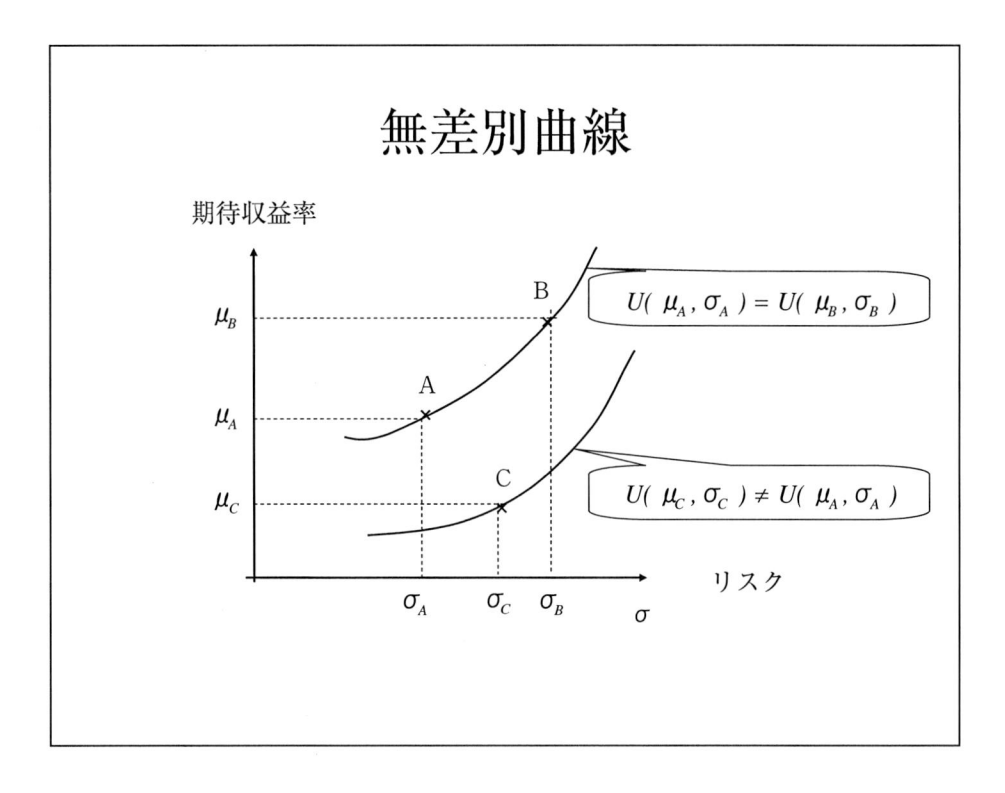

$U(\mu_A, \sigma_A) = U(\mu_B, \sigma_B)$

$U(\mu_C, \sigma_C) \neq U(\mu_A, \sigma_A)$

　投資家の効用が期待収益率とリスクの2つの要因によって決まるとすると，期待収益率・リスク平面上に取ったある点Aについて，これと同じ効用をもった期待収益率とリスクの組合せがいくつも存在すると考えることができます。この組み合わせの点を結んだ曲線（あるいは直線）は，効用が同じという意味で，無差別曲線と呼ばれています。図の点Aと点Bは，期待収益率とリスクの値が異なりますが，効用という意味では同じです。また，点Cは，点Aや点Bとは，効用の値が小さくなるので異なる無差別曲線をもつと考えられます。

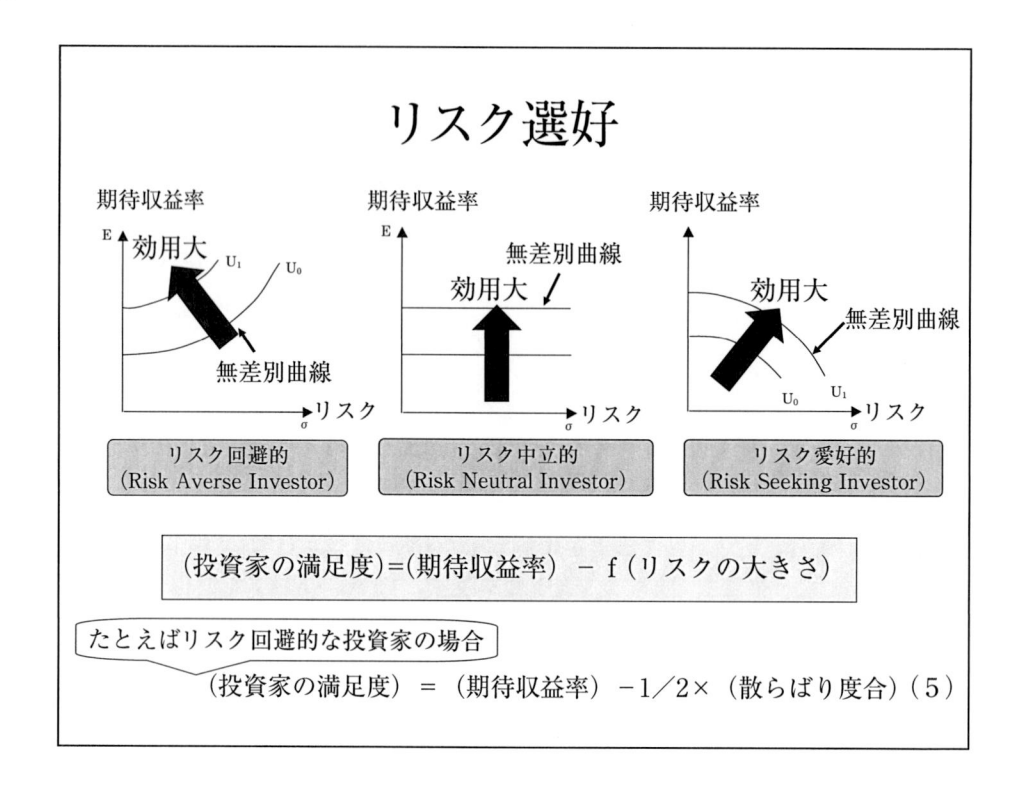

リスク選好

リスク回避的 (Risk Averse Investor)	リスク中立的 (Risk Neutral Investor)	リスク愛好的 (Risk Seeking Investor)

(投資家の満足度)=(期待収益率) − f (リスクの大きさ)

たとえばリスク回避的な投資家の場合

(投資家の満足度) = (期待収益率) − 1/2 × (散らばり度合) (5)

　ここで，期待収益率とリスクからなる平面上で，3つのタイプの投資家を考えます。リスク回避的な投資家は，無差別曲線が下に凸の右上がりの曲線となり，この無差別曲線は左上にあるものの方が効用が大きくなります。リスク中立的な投資家は，無差別曲線が横軸と並行な直線となり，この無差別曲線は上にあるものの方が効用が大きくなります。リスク愛好的な投資家は，無差別曲線が上に凸の右下がりの曲線となり，この無差別曲線は右上にあるものの方が効用が大きくなります。

　合理的な投資家であれば，リスク回避的なので，投資家の満足度は（5）式にあるように，期待収益率に比例し，リスクの大きさ（散らばり度合）がリスクペナルティーとして賦課されることを示唆しています。

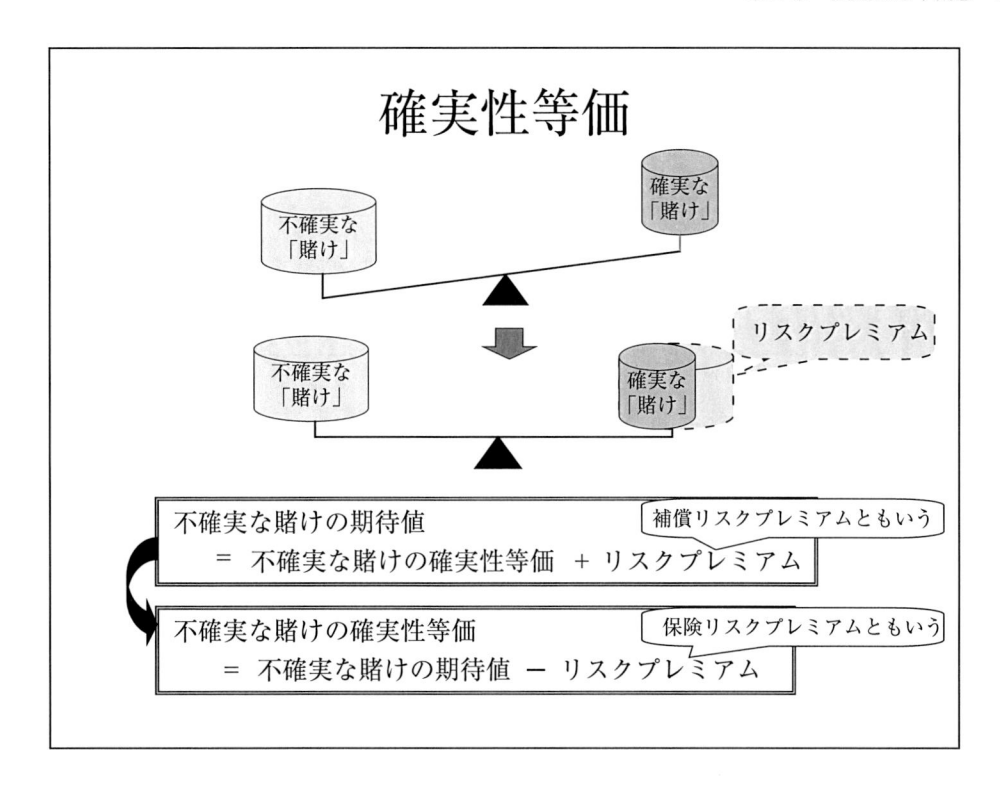

確実性等価

```
不確実な賭け   確実な「賭け」
        ▲

不確実な賭け   確実な「賭け」   リスクプレミアム
        ▲
```

不確実な賭けの期待値
　＝ 不確実な賭けの確実性等価 ＋ リスクプレミアム　　補償リスクプレミアムともいう

不確実な賭けの確実性等価
　＝ 不確実な賭けの期待値 － リスクプレミアム　　保険リスクプレミアムともいう

　「不確実な賭け」の期待値と同じ金額をもらえる「確実な賭け（確実なので，実態は賭けではありませんが）」があるとすると，「不確実な賭け」と「確実な賭け」を比べた場合，投資家がリスク回避的であれば，「不確実な賭け」を避けて，「確実な賭け」を選択します。このとき，「不確実な賭け」に対する期待効用と同じ効用をもつ「確実な賭け」が存在し，この金額を「確実性等価」といいます。不確実性，すなわちリスクの対価としてのプレミアムを差し引くことにより，「確実な賭け」は「不確実な賭け」と同じ満足度（効用）にすることができます。

　ここで，「不確実な賭け」からリスクプレミアムを引くことで，「確実性等価」とする場合，このリスクプレミアムは保険リスクプレミアムと呼ばれ，「確実性等価」，すなわち「確実な賭け」（すなわち確実性等価）にリスクプレミアムを足すことで，「不確実な賭け」に対する期待効用とする場合，このリスクプレミアムは補償リスクプレミアムと呼ばれます。

効用関数とは（１）

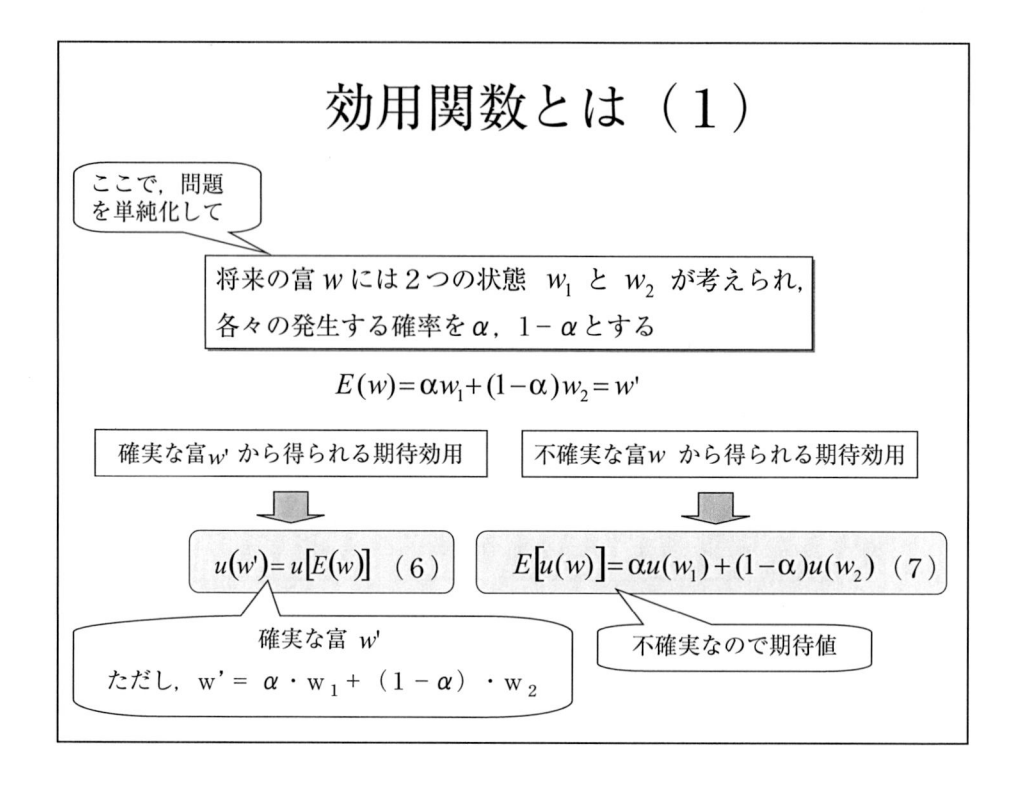

ここで、問題を単純化して

将来の富 w には２つの状態 w_1 と w_2 が考えられ、各々の発生する確率を α, $1-\alpha$ とする

$$E(w) = \alpha w_1 + (1-\alpha) w_2 = w'$$

確実な富 w' から得られる期待効用

不確実な富 w から得られる期待効用

$$u(w') = u[E(w)] \quad (6)$$

$$E[u(w)] = \alpha u(w_1) + (1-\alpha) u(w_2) \quad (7)$$

確実な富 w'
ただし、$w' = \alpha \cdot w_1 + (1-\alpha) \cdot w_2$

不確実なので期待値

　ここで、問題を単純化して、将来の富 w の状態が２つ（w_1, w_2）しか存在しないとし、各々の発生確率を α と $1-\alpha$ とします。このとき、投資家の効用関数を U とすると、不確実な富 w から得られる効用は、(7) 式から得られます。
　一方、w の期待値である w'（不確実性がない富の大きさ）から得られる効用は、(6) 式から得られます。この両者の効用の大きさを比較することによって、投資家のリスクに対する効用を分類することができます。

効用関数とは（2）

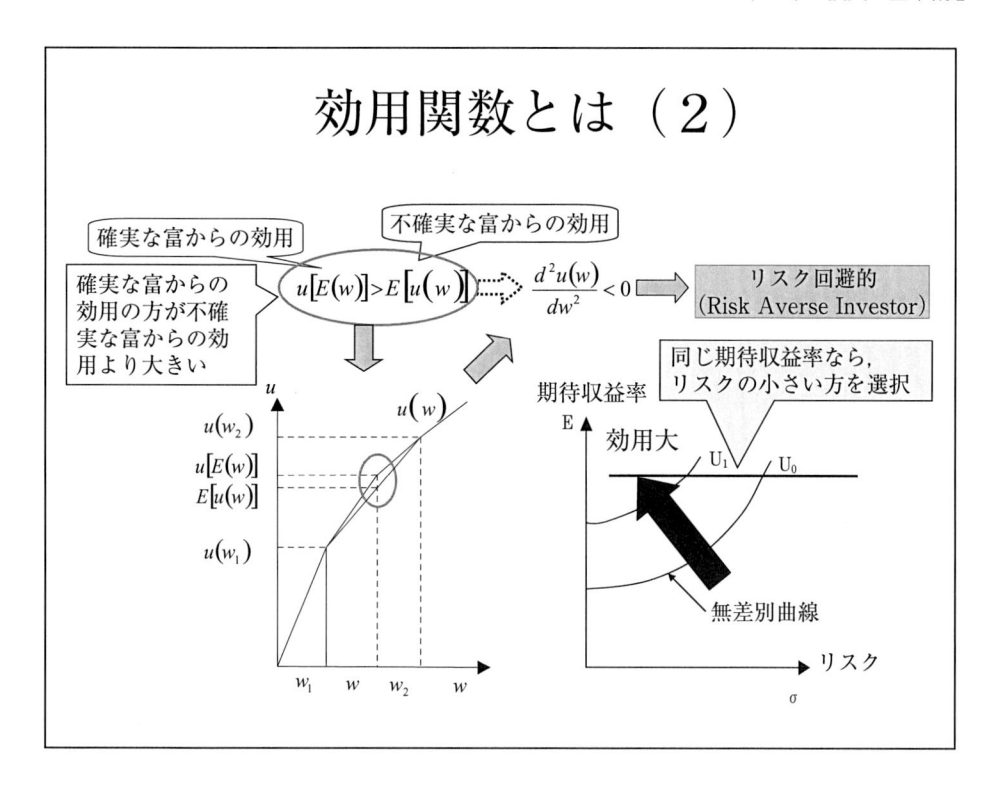

図中:
- 確実な富からの効用の方が不確実な富からの効用より大きい
- 確実な富からの効用： $u[E(w)]$
- 不確実な富からの効用： $E[u(w)]$
- $u[E(w)] > E[u(w)]$
- $\dfrac{d^2 u(w)}{dw^2} < 0$
- リスク回避的（Risk Averse Investor）
- 同じ期待収益率なら、リスクの小さい方を選択
- 効用大 U_1 U_0
- 無差別曲線
- 縦軸: u、横軸: w、w_1, w, w_2、$u(w_1), u[E(w)], E[u(w)], u(w_2), u(w)$
- 縦軸: 期待収益率 E、横軸: リスク σ

　投資家が，不確実な富からの効用よりも，確実な富からの効用の方が大きい場合，効用関数は，上に凸の関数となります。この上に凸の関数は，富の増加に比例して，効用も増加しますが，その増加の割合は，富の増加とともに低下します。すなわち，富が少ないときの富の増加に対する効用の増加よりも，富が大きくなった時の富の増加に対する効用の増加は小さくなります。上に凸の効用関数をもった投資家は，リスク回避的ということになります。このとき，無差別曲線は，下に凸の右上がりの曲線となり，期待リターン・リスク平面上の左上方向の無差別曲線の効用が右下方向に位置する無差別曲線の効用よりも大きいことになります。

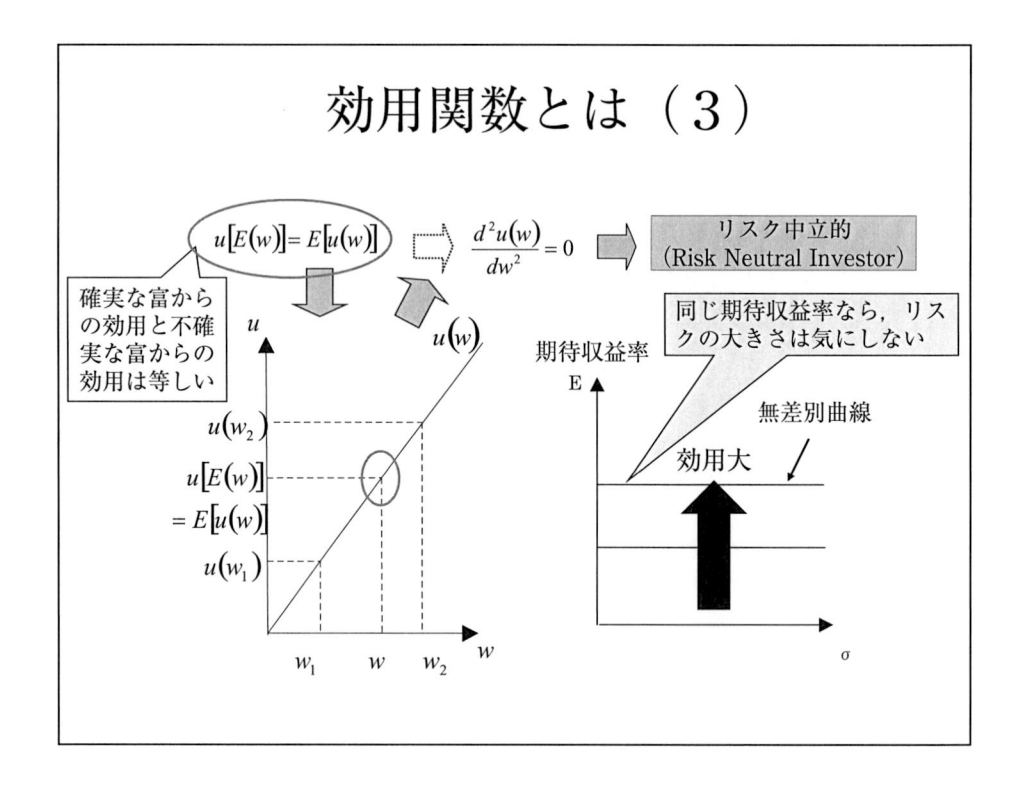

効用関数とは（3）

確実な富からの効用と不確実な富からの効用は等しい

$$u[E(w)] = E[u(w)]$$

$$\frac{d^2 u(w)}{dw^2} = 0$$

リスク中立的（Risk Neutral Investor）

同じ期待収益率なら，リスクの大きさは気にしない

効用大　無差別曲線

　投資家が，不確実な富からの効用と確実な富からの効用の両者を同じと考えた場合，効用関数は，右上がりの直線となります。この直線は，富の増加に比例して，効用も線形的に増加します。すなわち，富が少ないときの富の増加に対する効用の増加と，富が大きくなったときの富の増加に対する効用の増加は同じになります。右上がりの直線の効用関数をもった投資家は，リスク中立的ということになります。このとき，無差別曲線は，横軸に並行な直線となり，期待リターン・リスク平面上の上に位置する無差別曲線の効用が下に位置する無差別曲線の効用よりも大きいことになります。

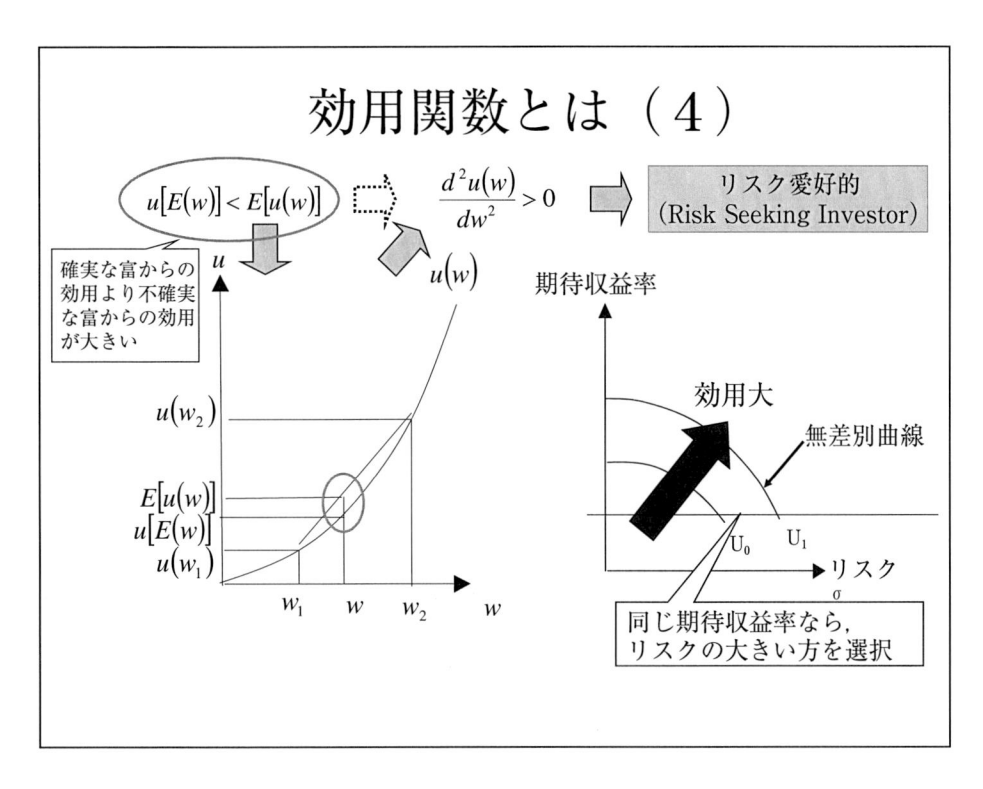

効用関数とは（4）

$$u[E(w)] < E[u(w)]$$

$$\frac{d^2u(w)}{dw^2} > 0$$

リスク愛好的
(Risk Seeking Investor)

確実な富からの効用より不確実な富からの効用が大きい

同じ期待収益率なら，リスクの大きい方を選択

投資家が，不確実な富からの効用の方が，確実な富からの効用よりも大きい場合，効用関数は，下に凸の関数となります。この下に凸の関数は，富の増加に比例して，効用も増加しますが，その増加の割合は，富の増加とともに増大します。すなわち，富が少ないときの富の増加に対する効用の増加よりも，富が大きくなったときの富の増加に対する効用の増加のほうが大きくなります。下に凸の効用関数をもった投資家は，リスク愛好的ということになります。このとき，無差別曲線は，上に凸の右下がりの曲線となり，期待リターン・リスク平面上の右上方向の無差別曲線の効用が左下の無差別曲線の効用よりも大きいことになります。

第 3 章
ファイナンスの基礎理論

3.1節　ファイナンスの基礎理論（1）：平均分散アプローチを中心に

3.1節　ファイナンスの基礎理論（1）

ポイント
1. 平均分散アプローチとは
2. 期待収益率，リスク，共分散
3. 2証券の組み合わせ
4. 3証券以上の組み合わせ
5. 無リスク資産の導入

―本節の概要―

　3.1節「ファイナンスの基礎理論（1）」では，1990年にノーベル経済学賞を受賞したハリー・マーコビッツが1952年に示した平均・分散アプローチを中心に解説します。この平均・分散アプローチを実際に使いこなすために重要な入力パラメータである期待収益率，リスク（分散），共分散（相関係数）について，まず解説します。次に資産の組合せ（ポートフォリオ）について考えます。ここでは，最も簡単な2資産について組み合わせの考え方を確認し，次に，3資産，4資産と資産を増やした場合について考えていきます。この平均・分散アプローチはファイナンス理論の基本となる考え方ですので，詳しく解説します。

マーコビッツ出現以前の考え方と問題点

実務家の多くは，相場観や投資家心理に着目した運用を行っていたが・・・

理論的には，John Burr Williams（1938）の配当割引モデルが基本

単独の証券に対する期待リターン（価格がいくらになるか）が焦点

問題点
① 経験則としての分散投資（たとえば財産3分法）の有効性
② 投資の損失の可能性
が考慮されていない

ハリー・マーコビッツの考え方が示されるまでの考え方は，個々の証券の収益率，すなわち，株価がどれくらい上昇するかということばかりに焦点が当てられていました。投資家は，自身の相場観や他の投資家がどう考えているか（美人投票）を推測して価格が上がると想定される証券を購入したり，ベンジャミン・グレアムに代表されるような本質的価値に着目して投資対象を選択する方法が主流でした。あるいは，ジョン・バー・ウイリアムズの配当割引モデルを使って理論株価を求めようとする方法も考えられていましたが，いずれにしても，単独の証券に着目した将来への資産価格上昇が焦点となっていました。一方で，将来の価格変動が不確実で，上がることもあれば，下がることもある資産の不確実性をどう扱うかについての，定量的な方法論は示されていませんでした。さらに，古くからいわれていた財産3分法や「1つの籠にすべての卵を入れるな」といった，複数の証券に投資することの有効性を示し，これを生かす方法論も示されていませんでした。

マーコビッツの考え方

高い収益率が期待できる個々の証券を個別に追求するのではなく，投資家の保有する証券全体に着目し，全体を1つのリスク資産（ポートフォリオ）として考えることで，リスクと収益率の効率的な組合せを選択すれば良いと考えた。

⬇

マーコビッツの考え方のポイント

①リスクという概念を定式化したこと
②資産（銘柄）間の連動性の大きさに着目したこと　　共分散（相関）の大きさで評価

⬇

保有資産全体に着目し，全体を1つのリスク資産（ポートフォリオ）として考える

　マーコビッツは，高い収益率が期待できる個々の証券を個別に追求するのではなく，投資家の保有する証券全体に着目し，全体を1つのリスク資産，すなわちポートフォリオとして考えることで，リスクと収益率の効率的な組み合わせを選択すれば良いと考えました。彼の考え方のポイントは，①リスクという概念を定式化したこと②資産（銘柄）間の連動性の大きさに着目したことの2点です。ここで，資産間の連動性の大きさは，共分散，あるいは相関係数の大きさで評価するのが一般的です。保有資産全体に着目し，全体を1つのリスク資産，すなわちポートフォリオとして考えることが重要であると考えました。

> まず，リスクの定量化を考える

リスクの定式化

> 以前は，リスクという考え方を定量化できなかった。

マーコビッツは，リスクを 収益率の変動の大きさ，すなわち統計学でいう収益率分布の分散（あるいは標準偏差）と考えた。

⬇

上記のようにリスクを定義すると，リスクの大きさを定量的に把握することができ，投資対象の選択についても定量的な方法で行うことが可能となった。

この考え方は，1952年にハリー・マーコビッツが考え出したもの。

　まず，ポイントの1つ目のリスクの定量化について考えます。マーコビッツの出現以前は，リスクという概念が明確になっていませんでした。そのため，定量的に表すこともできませんでした。そこで，マーコビッツは，リスクを「収益率の変動の大きさ」，すなわち統計学でいう収益率の分布の分散（あるいは標準偏差）と考えればよいということを思いつきました。このようにリスクを定義すると，リスクの大きさを定量的に把握することができ，投資対象の選択についても定量的な方法で行うことが可能となりました。この考え方は，1952年にハリー・マーコビッツが博士論文の中でまとめ，発表したものです。

「期待収益率」と「リスク」（1）

- リスク資産の将来の収益率（期待収益率）は不確実。
- 将来の収益率（期待収益率）は確率変数。
- 確率変数の特徴は、確率分布で表すことができる。
  （リスク資産の多くは、正規分布している）
- 正規分布は、「平均」と「分散」で（一意に）表される。
  「平均」＝「期待値」＝「期待収益率」　←「分布の真ん中」
  「分散」＝「リスク」、または「標準偏差」＝「リスク」
  　　　　　　　　　　　　　　　　　　　←「分布の広がり具合」

　もう少し、「期待収益率」と「リスク」について、詳しく考えてみます。リスク資産の将来の収益率（期待収益率）は不確実です。したがって、将来の収益率（期待収益率）は確率変数と考えられます。確率変数の特徴は、確率分布で表すことができます（リスク資産の多くは、正規分布しています）。正規分布は、「平均」と「分散」という２つのパラメータで一意に決定されます。一般に、「平均」は「期待値」のことで、「期待収益率」のことです。分布図からわかるように、「分布の中心」のことです。「分散」は「リスク」を表し、この値が大きければリスクが大きい、すなわち、分布の散らばり（「分布の広がり具合」）が大きいことを表します。なお、「分散」の平方根を取ると「標準偏差」となり、この「標準偏差」を「リスク」とすることもあります（一般的には、期待収益率の単位を％とすると、分散は％の二乗となります。標準偏差の単位は％となり、期待収益率と同じ単位となるのでリスクを表すときは標準偏差を使うことが一般的です）。

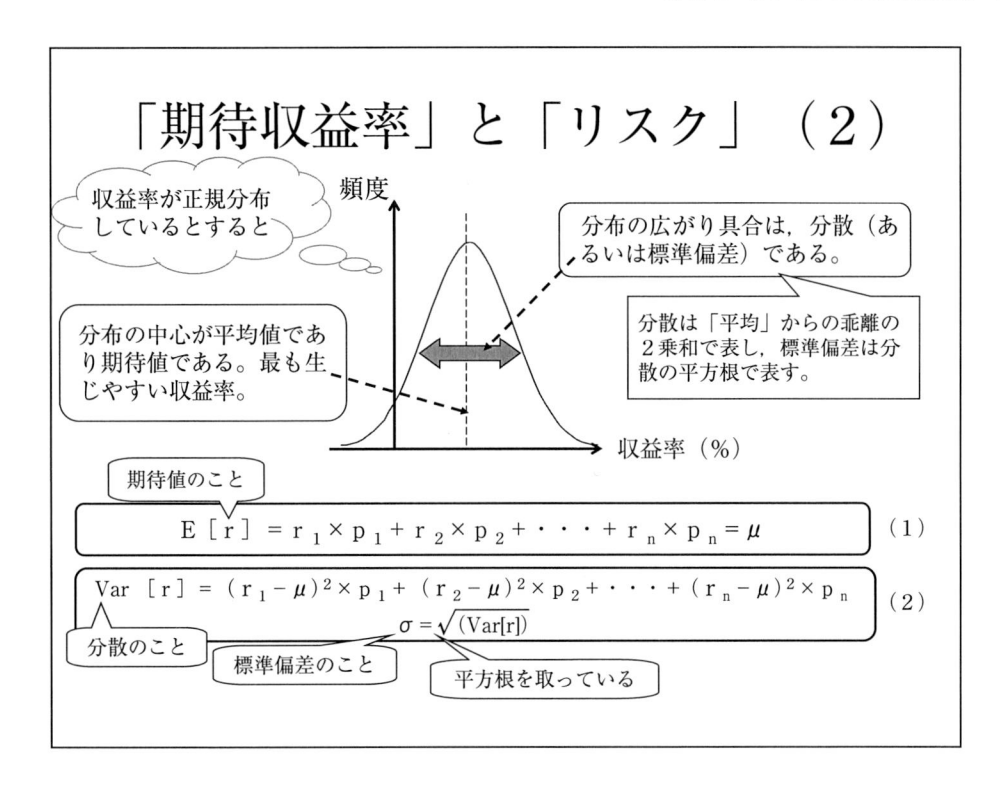

「期待収益率」と「リスク」（2）

収益率が正規分布しているとすると

分布の中心が平均値であり期待値である。最も生じやすい収益率。

分布の広がり具合は，分散（あるいは標準偏差）である。

分散は「平均」からの乖離の2乗和で表し，標準偏差は分散の平方根で表す。

期待値のこと

$$E[r] = r_1 \times p_1 + r_2 \times p_2 + \cdots + r_n \times p_n = \mu \quad (1)$$

$$\mathrm{Var}[r] = (r_1-\mu)^2 \times p_1 + (r_2-\mu)^2 \times p_2 + \cdots + (r_n-\mu)^2 \times p_n \quad (2)$$

$$\sigma = \sqrt{(\mathrm{Var}[r])}$$

分散のこと　　標準偏差のこと　　平方根を取っている

　ある証券の期待収益率が正規分布しているとすると，分布の中心が平均値であり期待値となります。一方，分布の広がり具合は，標準偏差（あるいは分散）で表されます。分散は「平均」からの乖離の2乗和で表し，標準偏差は分散の平方根で表わされます。したがって，この期待値（平均値）がこの証券の最も生じやすい収益率ということになります。この期待値から離れれば離れるほど，その収益率の発生する可能性（すなわち確率）が小さくなります。この証券の収益率（r_i）がn個の値を取る可能性があり，各々のリターンの発生する可能性（確率）がp_iであるとすると，この証券の期待値（期待収益率）は，(1)式のように表されます。また，この証券の収益率の分散は，取りうる収益率の平均からの乖離の二乗に確率を掛けた総和となります。すなわち，(2)式のように表されます。標準偏差は分散の平方根を取ったものとなります。

2資産の組み合わせ

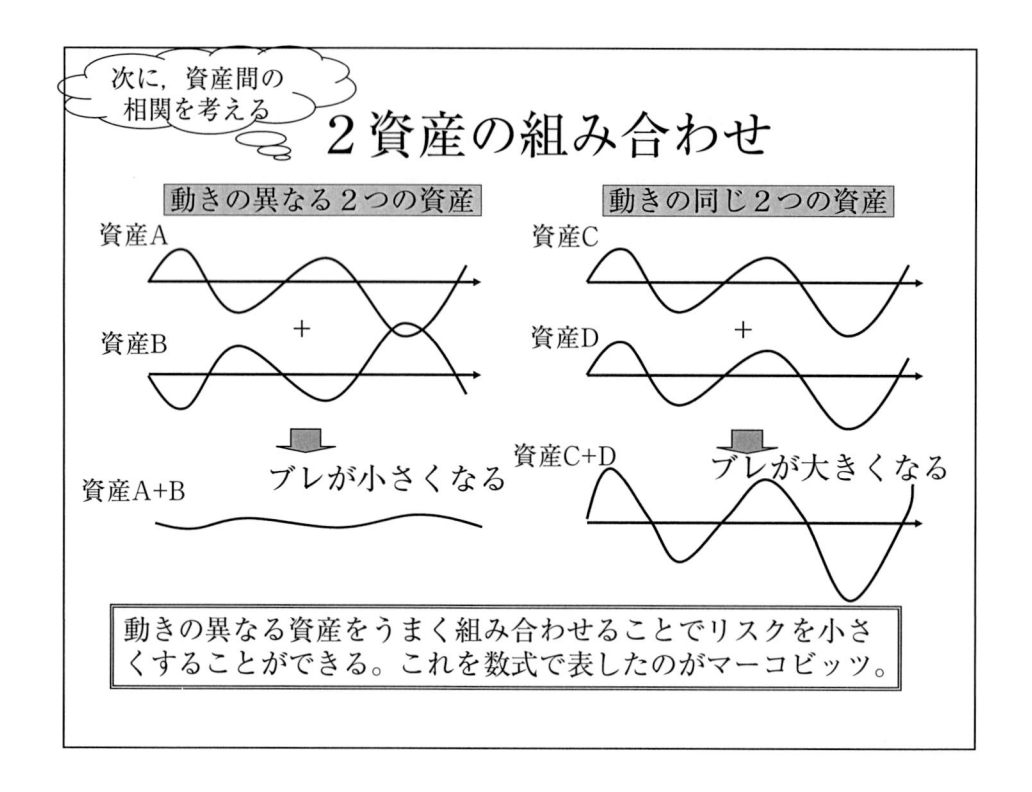

次に，資産間の相関を考える

動きの異なる2つの資産

資産A
資産B
＋
資産A+B　ブレが小さくなる

動きの同じ2つの資産

資産C
資産D
＋
資産C+D　ブレが大きくなる

動きの異なる資産をうまく組み合わせることでリスクを小さくすることができる。これを数式で表したのがマーコビッツ。

　次に，資産間の相関（あるいは共分散）について考えてみます。動きの異なる2つの資産をうまく組み合わせると，変動の幅を小さくすることができます。たとえば，資産Aの価格が上昇したとき，資産Bの価格が下がるとすれば，資産AとBを同じ額だけ保有すると，両方の動きが打ち消し合って変動が小さくなります。また，同じような動きをする2つの資産を組み合わせると，変動の幅は大きくなります。たとえば，資産Cの価格が上昇したとき，資産Dの価格も上昇し，資産Cの価格が下落したとき，資産Dの価格も下落するとすれば，資産CとDを同じ額だけ保有すると，両方の動きが合算されて変動が大きくなります。すなわち，動きの異なる資産をうまく組み合わせることでリスクを小さくすることができます。マーコビッツは，この資産間の「動きの連動性」の程度を表す尺度として，統計で使われている「共分散」あるいは「相関係数（相関）」を使いました。

2資産の場合の考え方

期待収益率
$$E(r_P) = x_A E(r_A) + x_B E(r_B) \quad (3)$$

リスク
$$\begin{aligned}
Var(r_P) &= E[(r_P - \bar{r}_P)^2] \\
&= x_A^2 E[(r_A - \bar{r}_A)^2] + 2x_A x_B E[(r_A - \bar{r}_A)(r_B - \bar{r}_B)] + x_B^2 E[(r_B - \bar{r}_B)^2] \\
&= x_A^2 \cdot \sigma_A^2 + 2x_A \cdot x_B \sigma_{AB} + x_B^2 \sigma_B^2 \quad (4) \\
&= x_A^2 \cdot \sigma_A^2 + 2x_A \cdot (1 - x_A) \cdot \sigma_{AB} + (1 - x_A)^2 \sigma_B^2
\end{aligned}$$

2資産の期待収益率，リスク，共分散（相関）が与えられると，資産配分比率を変化させることで，2資産ポートフォリオの収益率とリスクの値が変化する。

　ここで，数式を使って，資産が2つの場合のポートフォリオの期待収益率とリスクがどう計算されるかを示します。まず，期待収益率ですが，これは2つの確率変数を保有比率で重み付けしたものの線形和の形で表されます（式(3)参照）。次に，リスクですが，ポートフォリオの分散をまず計算する必要があります。ポートフォリオの期待収益率も確率変数（もととなる資産の収益率が確率変数ですから，これらの線形和も確率変数になります）になりますから，分散を計算するためにポートフォリオの収益率から平均値（期待値）を引いた残差の二乗に期待値を取ったものが，ポートフォリオのリスクとなります。これを計算すると，ポートフォリオを構成する資産の収益率の分散に保有比率の2乗を掛けたものと2つの資産の収益率の共分散（2つの資産の収益率の標準偏差を掛ければ相関係数）に保有比率を掛けたものの和から計算することができます（式(4)を参照）。

　この式に従って，共分散（相関係数）が変化すると，ポートフォリオの分散，すなわちリスクが変化することがわかります。また，資産の配分比率を変化させてもポートフォリオのリスクが変化することがわかります。これは，資産の数を増やしていっても同じことがいえます。

２つの資産の組み合わせ

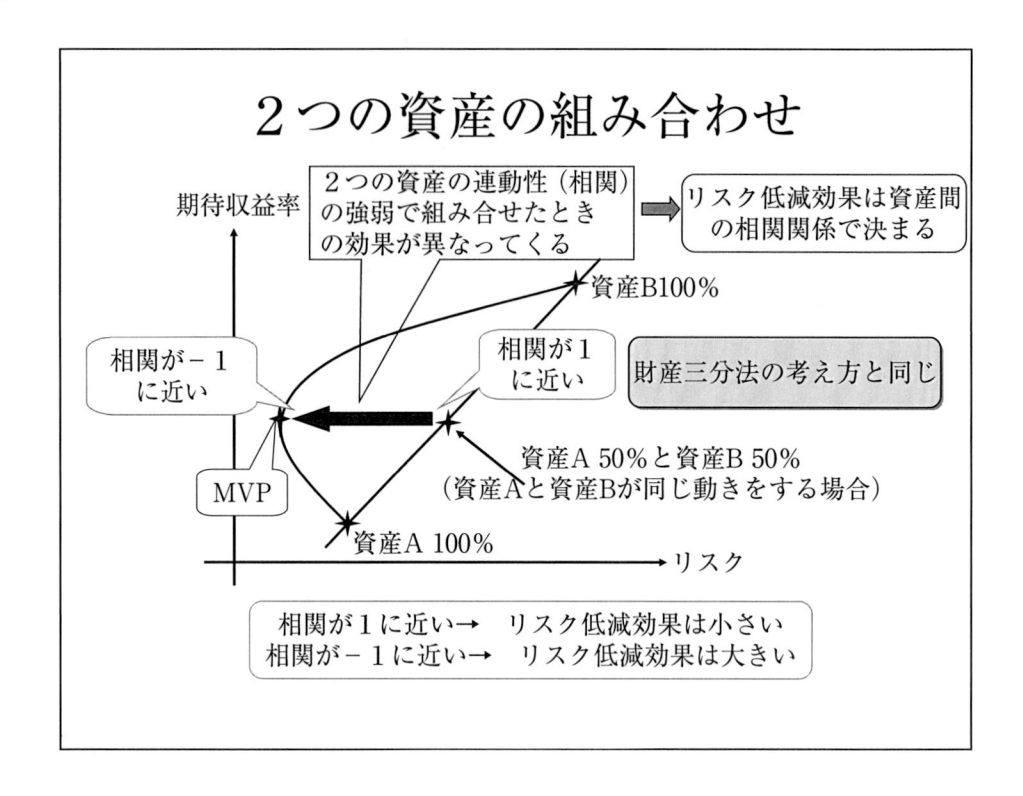

- 期待収益率（縦軸）
- リスク（横軸）
- ２つの資産の連動性（相関）の強弱で組み合せたときの効果が異なってくる
- リスク低減効果は資産間の相関関係で決まる
- 資産B100％
- 相関が－1に近い
- 相関が1に近い
- 財産三分法の考え方と同じ
- MVP
- 資産A 50％と資産B 50％（資産Aと資産Bが同じ動きをする場合）
- 資産A 100％
- 相関が1に近い→　リスク低減効果は小さい
- 相関が－1に近い→　リスク低減効果は大きい

　実際に，リスクと期待収益率の関係を図に表してみましょう。縦軸を期待収益率，横軸をリスク（標準偏差が使われます）にすることが一般的になっています。２つの資産ＡとＢの期待収益率，リスクそして相関係数（あるいは共分散）の３つのパラメータが与えられると，ポートフォリオＰの期待収益率とリスクが計算できます（リスク資産ＡとＢの保有比率が決まっていること，すなわち，x_Aとx_Bが決まっていることが前提です）。ここで，リスク資産ＡとＢの保有比率を変化させていくと，縦軸方向に向かって凸な双曲線が描けます。相関係数の値を変えると，違った曲線が描けます。相関係数が１に近ければ，リスク資産Ａとリスク資産Ｂを表す点を結んだほぼ直線に近い線が描けます。相関係数が－１に近ければ，縦軸に接する（リスクがゼロ）くらいの極端な双曲線になります。１つの相関係数が与えられると，双曲線が１本引けますが，この双曲線の中のリスクが一番小さいポートフォリオを最小分散ポートフォリオ（MVP：Minimum Variance Portfolio）と呼びます。

3資産への拡張

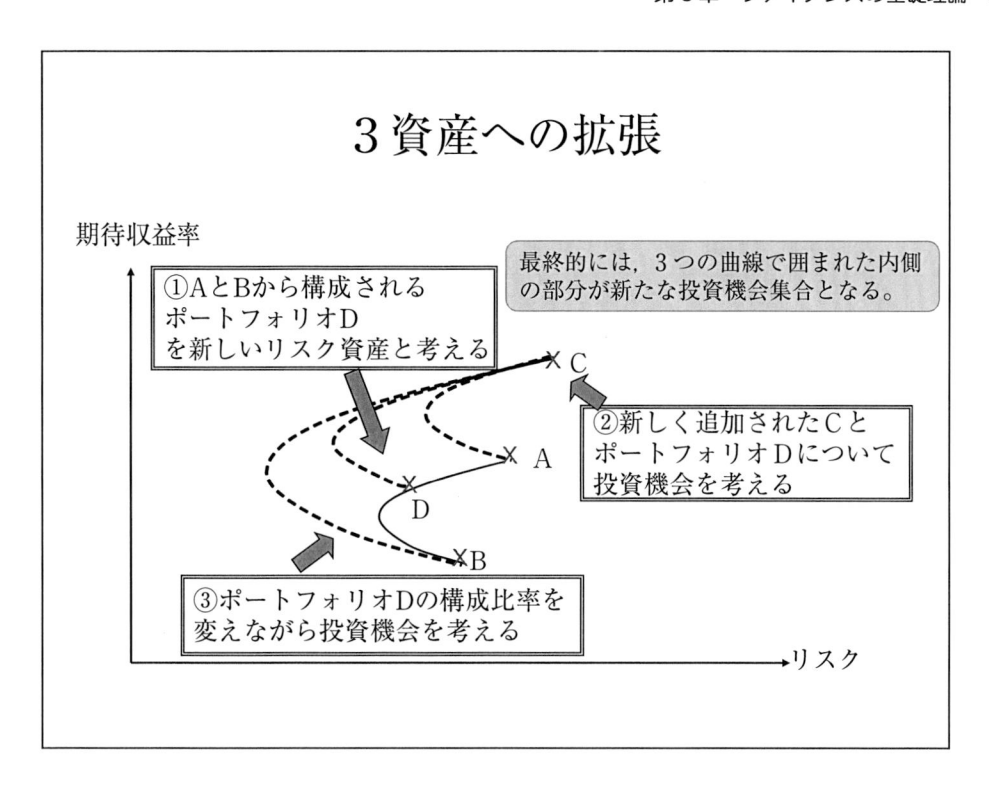

期待収益率

①AとBから構成される
ポートフォリオD
を新しいリスク資産と考える

最終的には，3つの曲線で囲まれた内側
の部分が新たな投資機会集合となる。

②新しく追加されたCと
ポートフォリオDについて
投資機会を考える

③ポートフォリオDの構成比率を
変えながら投資機会を考える

リスク

　これまでは，リスク資産を2つに限定して議論してきました。リスク資産が3つの場合にどうなるかについて考えて見ましょう。資産が2つの場合は2つの点を結ぶ双曲線でした。ここで，新たにCというリスク，期待収益率をもった資産を考えます。すると，すでに描いていたA社とB社から構成される双曲線上の点Dと点Cを組み合わせることで，新たな双曲線を描くことができます。AとBから構成される点DをAとBの比率を変えることにより，点Aから点Bまで少しずつ動かしてみると，点Aと点B，点Bと点C，点Cと点Aを各々結ぶ3つの曲線の内側の部分が，A，B，Cという3つの資産を組み合わせて構築できるポートフォリオとなります。

N資産への拡張

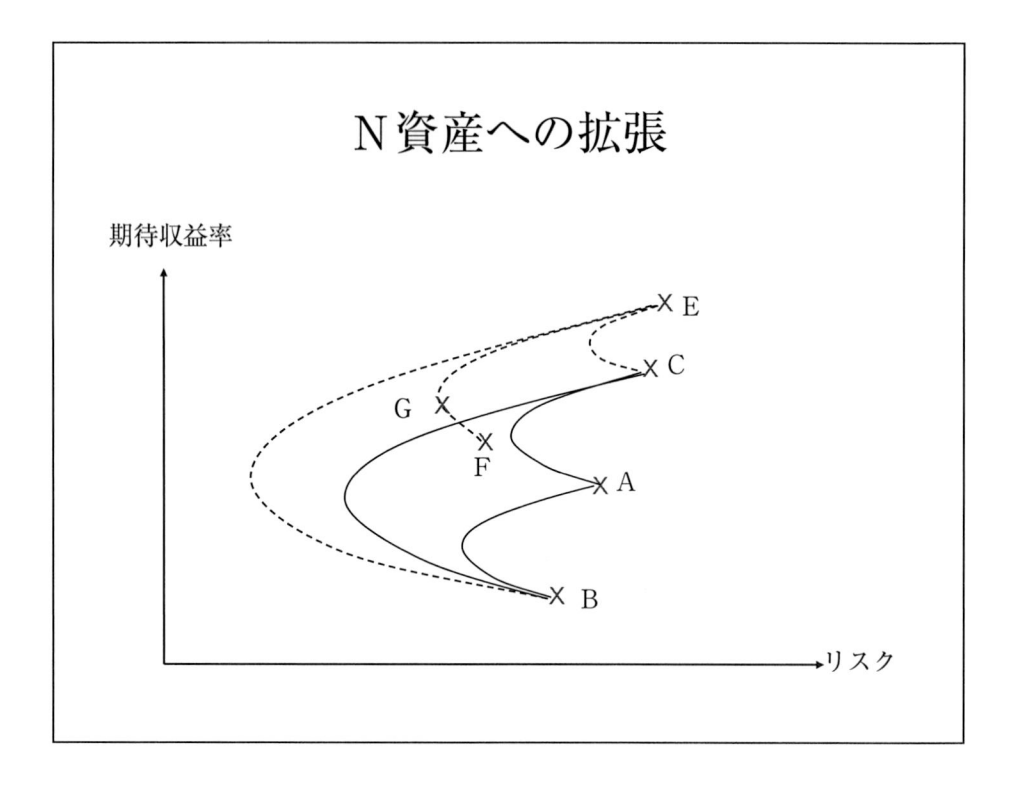

（期待収益率－リスク図。A, B, C, E, F, G の各点がプロットされている）

　資産の数を4つ、5つと増やしても、これまでの考え方を援用して、投資可能なポートフォリオ群を特定することができます。3つの資産にさらに1つの資産を加えると新たな投資機会が4つ資産の組み合わせで実現できます。4つの点と曲線で囲まれるリスクと期待収益率の組み合わせが実現できる4つの資産の組み合わせが存在します。これを、5資産、6資産、そしてN資産へと資産の数を増やしても、同様のことがいえます。上の図の例では、前述のA、B、Cの3資産で構築可能なポートフォリオ群に新しく4つ目の資産Eを加えると、3資産の場合と同様に、4資産で構成されるポートフォリオGを構築することができます。5資産以上になった場合も同様に考えることができます。

N資産への拡張

$$E(r_p) = x_1 E(r_1) + \cdots + x_n E(r_n) \quad (5)$$

$$\sigma_p^2 = E[(r_p - \bar{r}_p)^2] = \sum_{i=1}^{n} x_i^2 \sigma_i^2 + \sum_{i=1}^{n}\sum_{\substack{j=1\\i\neq j}}^{n} x_i \cdot x_j \cdot \sigma_{i,j} \quad (6)$$

$$Max \left[E(r_p)\right] = \sum_{i=1}^{n} x_i \cdot \bar{r}_i \quad (7)$$

$$Subject\ to\ \ \sigma_p^2 = \sum_{i=1}^{n} x_i^2 \sigma_i^2 + \sum_{i=1}^{n}\sum_{\substack{j=1\\i\neq j}}^{n} x_i \cdot x_j \cdot \sigma_{i,j} \quad (8)$$

　N個の資産から構成されるポートフォリオの期待収益率とリスクを計算する式を（5）式，（6）式に示します。複雑で長い式になっていますが，2資産から構成されるポートフォリオの期待収益率とリスクを計算する式と形は同じです。数が多いだけです。まず，期待収益率ですが，N個の資産の各々の期待収益率に保有比率を掛け合わせ，合計したものがこのポートフォリオの期待収益率です。リスクは，2つの部分から構成されます。1つは，各リスク資産がもっているリスク（分散）に保有比率の二乗を掛け合わせ，合計したものです。もう1つは，資産間の共分散（相関係数と両資産の標準偏差を掛けることで計算することができます）で計算される部分で，全部の組み合わせの共分散と各々の保有比率を掛け合わせることで計算されます。各リスク資産の期待収益率，リスク，共分散（あるいは相関係数）が入手でき，ポートフォリオの保有比率がわかれば，N資産のポートフォリオのリスクが計算できることになります。

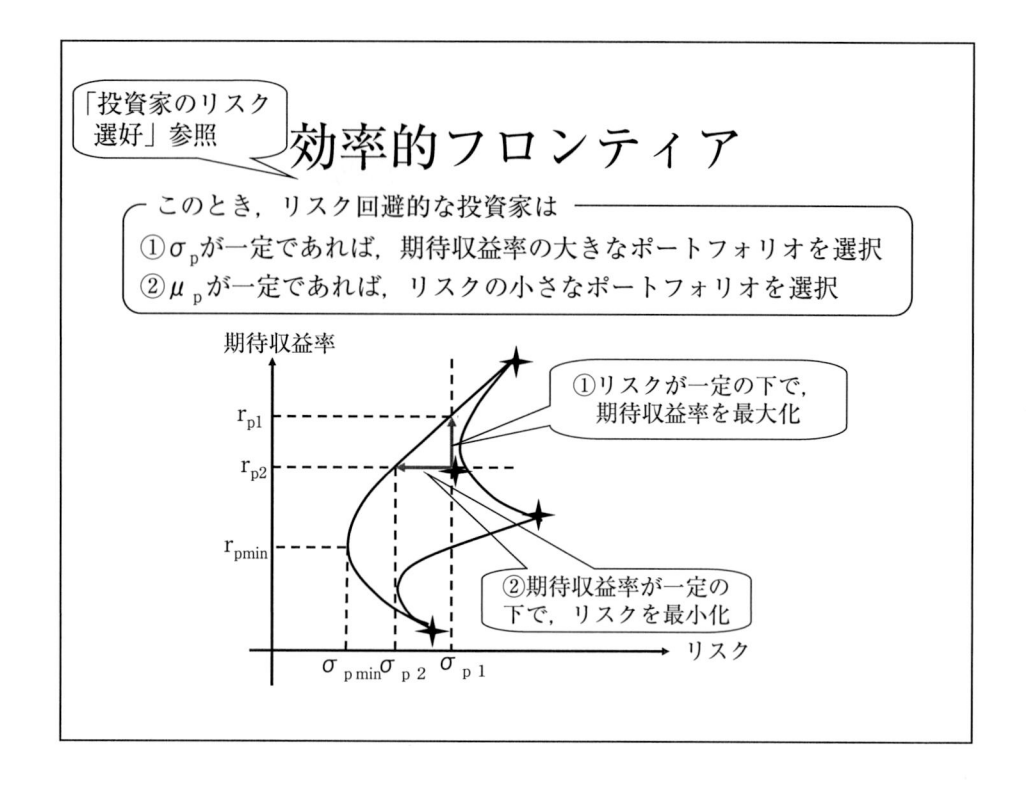

効率的フロンティア

「投資家のリスク選好」参照

このとき，リスク回避的な投資家は
① σ_p が一定であれば，期待収益率の大きなポートフォリオを選択
② μ_p が一定であれば，リスクの小さなポートフォリオを選択

① リスクが一定の下で，期待収益率を最大化

② 期待収益率が一定の下で，リスクを最小化

（図：期待収益率を縦軸，リスクを横軸とし，r_{p1}，r_{p2}，r_{pmin}，σ_{pmin}，σ_{p2}，σ_{p1} を示す双曲線）

　実際に効率的フロンティアを計算する過程を上の図を使って説明します。ここで，「投資可能なポートフォリオ群の集まり」，すなわち「投資機会集合」が得られたとします。双曲線で囲まれた内側の部分が投資機会集合となりますが，ここで，あるリスク水準について考えます。このとき，このリスク水準を満たす投資機会集合が複数存在した場合，リスク回避的な投資家であれば，期待収益率が最大のポートフォリオを選択するはずです。リスクが同じであれば，期待収益率が大きいポートフォリオを選ぶということですから，自然な選択ということになります。この点は，リスク－期待収益率平面上で，同じリスク水準で期待収益率が最大のもの，すなわち，一番上の点を選択することになります。結果として，最も左上にある双曲線上の点がリスク，収益率という基準で見て，効率的な組み合わせということになります。求められた効率的なポートフォリオの投資機会集合を効率的フロンティアといいます。また，期待収益率が同じであれば，リスクが最も小さいポートフォリオを選択することになり，最も左側にある双曲線上の点が選択されることになります。ただし，この場合，最小分散ポートフォリオよりも下に位置するポートフォリオも選択されてしまいますが，これらの点はリスク，収益率で見て効率的でないため，最小分散ポートフォリオよりも上にある投資機会集合が効率的フロンティアということになります。

マーコビッツの業績

「1つのバスケットにすべての卵を盛るな」,「財産三分法」といった分散投資の重要性は古くから認識されていた。ただし,定性的な話に止まっていた。

⬇

期待収益率とリスク,そして相関係数によって投資対象の特性を分析

⬇

複数の組み合わせに基づいて最も好ましいポートフォリオを選択する方法を定式化 ← 投資対象の集合

⬇

マーコビッツが示したこれらの方法は,ポートフォリオ選択理論と呼ばれ,現代投資理論（MPT：Modern Portfolio Theory）の基礎となった。

　ここで,マーコビッツの業績をまとめると,次のようになります。マーコビッツの平均分散アプローチの考え方が示されるまでは,「1つのバスケットにすべての卵を盛るな」,「財産三分法」といった分散投資の重要性は古くから認識されていたものの,定性的な話に止まっていました。マーコビッツは,期待収益率とリスク,そして相関係数によって投資対象の資産特性を表し,複数の組み合わせに基づいて最も好ましいポートフォリオを選択する方法を定式化しました。この方法は,平均・分散アプローチ（MVアプローチ）と呼ばれています。なお,選択されたリスク,収益率で見て効率的な投資機会集合を効率的フロンティアと呼びます。マーコビッツが示したこれらの方法は,ポートフォリオ選択理論と呼ばれ,現代投資理論（MPT：Modern Portfolio Theory）の基礎となったといわれています。

マーコビッツのアプローチの問題点（１）

> マーコビッツの業績は大きかったが，問題点も存在

（１）大きな２次計画法を解く必要があった
　　　（当時としては，簡単なことではなかった）

（２）入力パラメータの数が多い
　　　（期待収益率，リスク，相関係数）

> 特に，相関が大変

⇓

マーコビッツ（MV）アプローチの２つの問題点

> さらに期待効用関数を特定しなければならなかった

　マーコビッツのこの業績は，非常に大きなものでしたが，問題点もいくつか存在します。まず第一に，当時としては，大きな２投資次計画法といわれる複雑な最適化問題を解かなければいけないという問題がありました。現在のように計算機の能力が高ければ，それほど大きな問題にはなりませんでしたが，今から50年近く前では，この問題を解くためには，時間もコストもかかりました。第二に，入力しなければならない（推定しなければならない）パラメータの数が非常に大きくなるという問題です。平均・分散アプローチでは，平均（期待収益率）と分散（リスク），そして共分散（あるいは相関係数）という３つのパラメータがわかれば良かったのですが，これは対象資産の数に依存して，パラメータの数が加速度的に増えることになります。このことについては，次にもう少し詳しく説明します。これらの問題に加えて，算出された効率的フロンティアの集合の中から適切なものを選択しなければならなくなります。このとき，投資家の期待効用関数がわかっていれば，この期待効用関数と効率的フロンティアの接点がその投資家にとっての最適なポートフォリオになりますが，この期待効用関数の特定をすることは簡単なことではなく，この問題についても，後で詳しく説明します。

マーコビッツのアプローチの問題点（2）

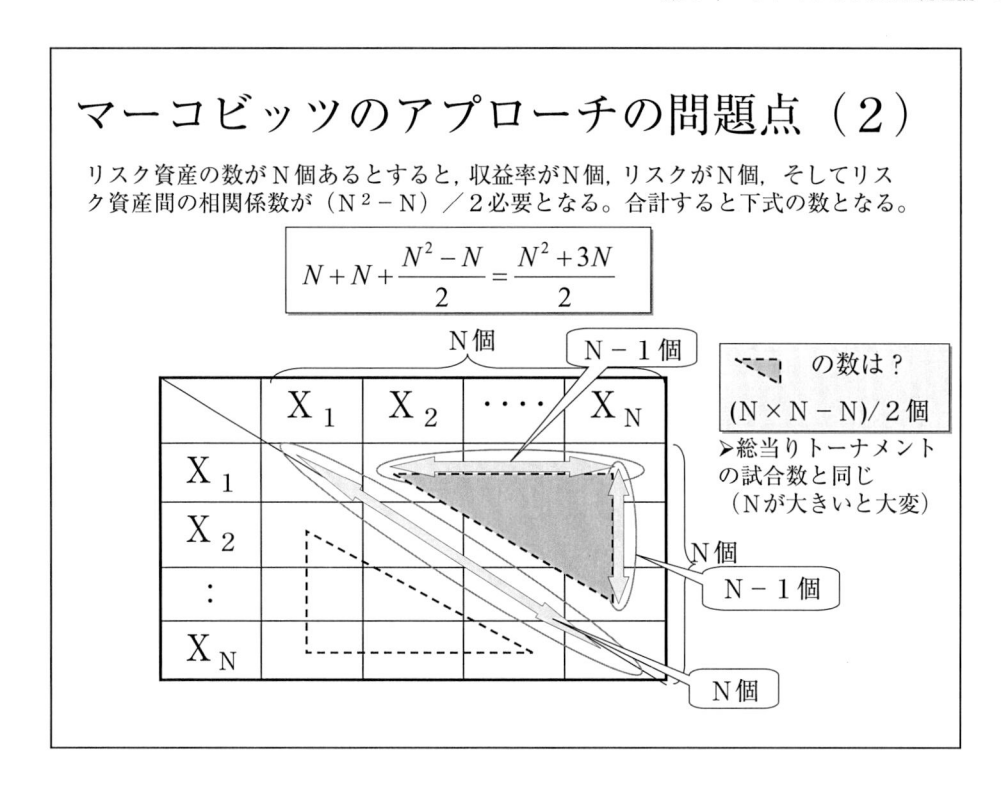

リスク資産の数がN個あるとすると，収益率がN個，リスクがN個，そしてリスク資産間の相関係数が（N^2-N）／2必要となる。合計すると下式の数となる。

$$N + N + \frac{N^2 - N}{2} = \frac{N^2 + 3N}{2}$$

の数は？
($N \times N - N$)/2個
≻総当りトーナメントの試合数と同じ
（Nが大きいと大変）

　ここで，2つ目の問題の入力しなければならない（推定しなければならない）パラメータの数が非常に大きくなるという問題について考えて見ます。対象資産の数をN個とすると，期待収益率の数がN個，リスクの数がN個，そして，相関の数が上図にあるように（N^2-N）／2個になります。この相関の数は，Nチームの総当りにトーナメントの試合数と同じとなります。これらを合計したものが，必要な入力パラメータのとなります。Nの数が10以下であれば，これらのパラメータを推定し，入力することは可能ですが，株式市場のように1,000銘柄を越えるような対象ですと非現実的となります（N＝1,000とすると，入力パラメータの数は50万個を超えることになります）。

マーコビッツのアプローチの問題点（３）

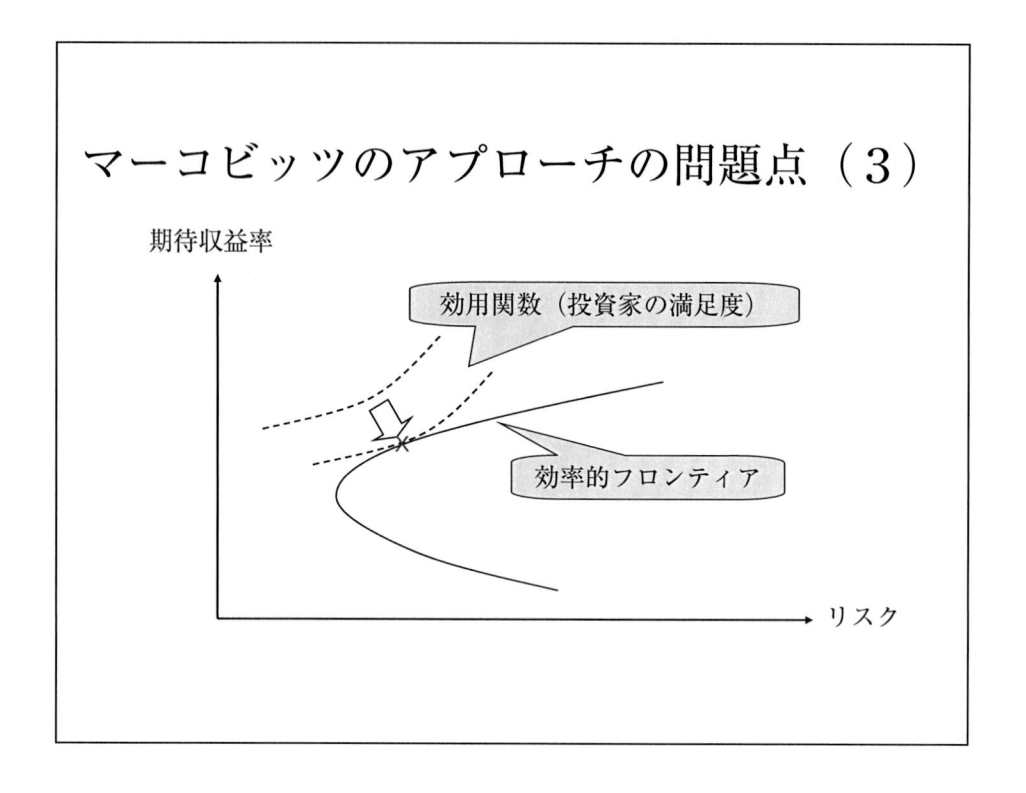

（図：横軸「リスク」、縦軸「期待収益率」。効率的フロンティアと効用関数（投資家の満足度）の接点を示す）

　さらに，マーコビッツのアプローチから計算された効率的フロンティアから，個々の投資家のもつべきポートフォリオを選択しなければなりませんが，このためには，投資家の効用関数を特定しなければなりません。しかし，この効用関数を特定することは簡単なことではありません。リスクと期待収益率の2つから投資家の満足度を表すことができれば（効用関数を決めることができれば），効率的フロンティアと接する点が，その投資家のもつべきポートフォリオということになります。この効用関数を特定するために，いろいろな手法が考えられています。

MVアプローチ利用上の実務的問題点

> MVアプローチは，最適資産配分比率を示してくれるという意味で，大きな意義をもっているが，実務的な利用を考えるといくつかの問題点がある。

① 期待リターンの値が変わると，資産配分比率が大きく変わる。特に，期待リターンの大きさの順番が入れ替わると，大幅に資産配分比率が変わる。
② 最適資産配分比率に偏りが大きく，特定の資産の保有比率が高くなる傾向がある。
③ 3つの入力パラメータ（期待収益率，リスク，相関）の推定自体が非常に難しい。
④ 1期間モデルであるため，投資期間内で発生する制約条件などが考慮できない。

MVアプローチは，分散効果を考慮した最適資産配分の定量的な方法論を示したという意味で，大きな意義のあるものでしたが，実際の投資を考えた場合，実務的課題が存在します。その主なものを列挙すると，

① 期待収益率の値が変わると，資産配分比率が大きく変わる。特に，期待収益率の大きさの順番が入れ替わると，大幅に資産配分比率が変わる。
② 最適資産配分比率に偏りが大きく，特定の資産の保有比率が高くなる傾向がある。
③ 3つの入力パラメータ（期待収益率，リスク，相関）の推定自体が非常に難しい。
④ 1期間モデルであるため，投資期間内で発生する制約条件などが考慮できない（たとえば，簿価制約など）。

などがあります。

こういった問題があるため，マーコビッツのアプローチにはパラメータの入力方法も含めてその後いろいろな工夫がなされ，いくつかの分野で活用されています。

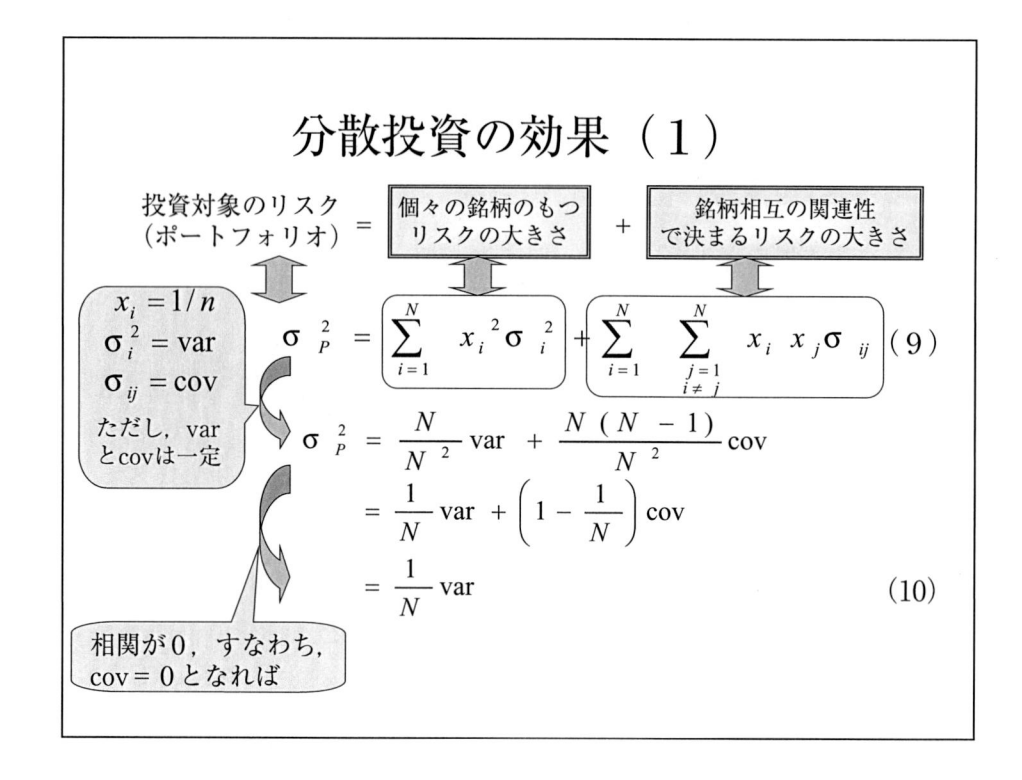

分散投資の効果（1）

投資対象のリスク（ポートフォリオ） = 個々の銘柄のもつリスクの大きさ + 銘柄相互の関連性で決まるリスクの大きさ

$x_i = 1/n$
$\sigma_i^2 = \mathrm{var}$
$\sigma_{ij} = \mathrm{cov}$
ただし，varとcovは一定

$$\sigma_P^2 = \sum_{i=1}^{N} x_i^2 \sigma_i^2 + \sum_{i=1}^{N} \sum_{\substack{j=1 \\ i \neq j}}^{N} x_i x_j \sigma_{ij} \quad (9)$$

$$\sigma_P^2 = \frac{N}{N^2} \mathrm{var} + \frac{N(N-1)}{N^2} \mathrm{cov}$$

$$= \frac{1}{N} \mathrm{var} + \left(1 - \frac{1}{N}\right) \mathrm{cov}$$

相関が0，すなわち，cov = 0 となれば

$$= \frac{1}{N} \mathrm{var} \quad (10)$$

　ここで，N個の資産からなるポートフォリオを考えます。ここで，各資産の保有比率と分散が同じ（保有比率＝1/N，$\sigma_i = \sigma$）で，相関がない（$\rho = 0$）場合を考えます。すると，このポートフォリオの分散は，(10)式となり，相関がなければcovの項は0となります。したがって，動きの異なる対象に広く分散して投資をすると，リスクが低減されることになります。特に，無相関の資産を数多く集めることができれば，リスクを非常に小さくすることも可能です（保険の原理）。

分散投資の効果（2）

$$\sigma_P^2 = \frac{N}{N^2}\text{var} + \frac{N(N-1)}{N^2}\text{cov} \quad (11)$$

$$= \frac{1}{N}\text{var} + \left(1 - \frac{1}{N}\right)\text{cov}$$

$$= \text{cov}$$

Nを大きくしていく，すなわち分散投資をすると

分散投資しても減らせないリスクが残る

　資産の運用を考えた場合，相関がゼロに近い資産の組み合わせを見つけてくることは簡単ではありません。一般には σ_{ij} はプラスの場合がほとんどです。そこで，(9) 式で，各資産の保有比率と分散が同じ（保有比率＝1/N, $\sigma_i = \sigma$）で0＜σ_{ij}＜1とします。ここで，N→∞とすると，(11) 式の第一項は0に近づき，第二項の一部だけが残ります。共分散の項はなくなりませんが，個別資産の分散（個別リスク）を取り除くことができます。すなわち，個別リスクは分散投資をうまく行うことによってなくすことができます。

分散投資の効果（3）

- 非システマティックリスク：分散投資で「0」に近づけられる市場リスクとは関連しないリスク
- システマティックリスク：分散投資しても減らせない市場リスクに関連したリスク
- 分散投資によるリスク低減効果

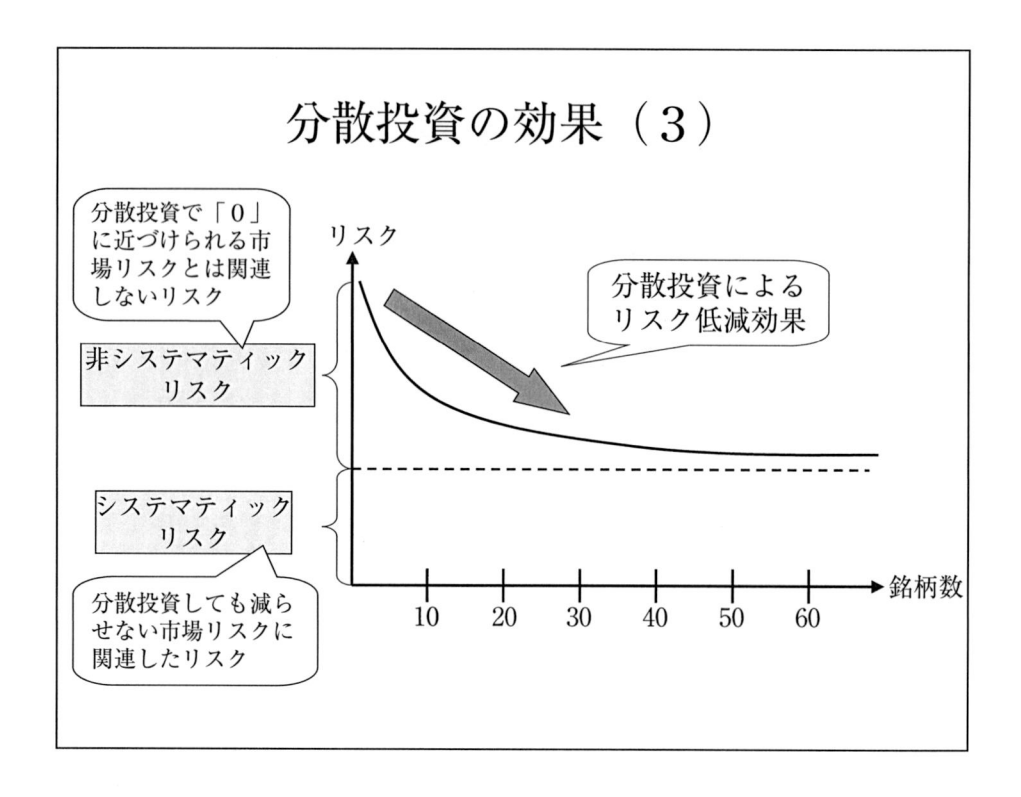

横軸：銘柄数（10, 20, 30, 40, 50, 60）／縦軸：リスク

　この分散投資の効果を図に表したものが上の図です。資産の数が増えるにつれて，リスクが減少していくことがわかります。資産の数が10ぐらいになるまで急激に減少し，30近くになるとリスクの減少が小さくなり，それより資産数が増えてもリスクは減りません。この銘柄数を増やしてもリスクが減らない部分をシステマティックリスク（市場リスク）といい，分散投資でリスクがなくなる部分を非システマティック・リスク（非市場リスク）といいます。これが，分散投資の効果といわれるものです。

3.2節　ファイナンスの基礎理論（2）：資本資産価格評価理論を中心に

3.2節　ファイナンスの基礎理論（2）

ポイント
1. 分離定理
2. 接点ポートフォリオとは
3. CAPMの導出
4. CAPMの前提条件
5. CAPMの拡張

―本節の概要―

　3.2節「ファイナンスの基礎理論（2）」では，ハリー・マーコビッツと同じ年の1990年にノーベル経済学賞を受賞したウィリアム・シャープが，1964年に示した資本資産価格評価モデルを中心に，①分離定理，②接点ポートフォリオとは何か，③CAPMの導出方法，④CAPMの前提条件，⑤CAPMの拡張の5つのテーマについて解説を行います。この理論が示唆する「リスクと期待収益率のトレードオフの関係」は理論だけでなく，実践面を考えるうえで，基本となる考え方です。CAPM導出の考え方を含めて，詳細に解説します。

無リスク資産導入と分離定理（１）

前節で求めた危険回避的な投資家が選択する効率的フロンティアは，リスク資産の組合せを適切に変えることにより描かれる。

この効率的フロンティアは，無リスク資産を加えることにより，次に示すように変化する。

　前節で解説したマーコビッツの平均・分散アプローチを使って，効率的フロンティアを描くことができましたが，ここで，無リスク資産が存在することを仮定します。無リスク資産を平均分散平面上にプロットすると，この点から効率的フロンティア上に下ろした接線を引くことができます。平均と分散の２つの点から考えた場合，リスク回避的な投資家であれば同じリスクの大きさであれば期待収益率の大きいものを，期待収益率が同じであればリスクの小さいものを選択することになります。無リスク資産を通るこの直線とマーコビッツのアプローチに従って描いた曲線（効率的フロンティア）を比較すると，無リスク資産を通るこの直線の方が効率的ということになります。ですから，無リスク資産の存在を仮定すれば，効率的なフロンティアは，無リスク資産を通る新しい直線になるわけです。

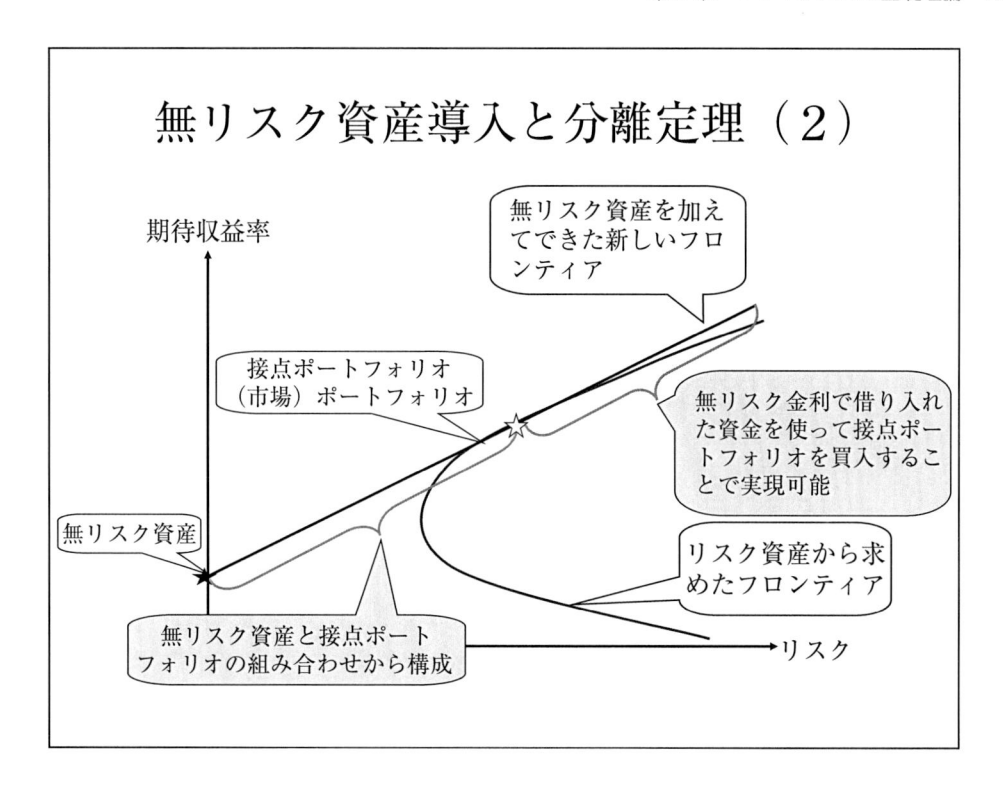

無リスク資産導入と分離定理（2）

（図：期待収益率とリスクの関係図）
- 期待収益率（縦軸）／リスク（横軸）
- 無リスク資産を加えてできた新しいフロンティア
- 接点ポートフォリオ（市場）ポートフォリオ
- 無リスク金利で借り入れた資金を使って接点ポートフォリオを買入することで実現可能
- 無リスク資産
- 無リスク資産と接点ポートフォリオの組み合わせから構成
- リスク資産から求めたフロンティア

　この新しい直線は，マーコビッツが描いた効率的フロンティアと接点を共有することになります。この接点は，接点ポートフォリオと呼ばれていて，以降の理論的な展開で重要な役割を果たすことになります。たとえば，この新しい効率的フロンティア上の点を実現しようとすると，リスク資産としては，必ずこの接点ポートフォリオをもつことになります。無リスク資産と接点ポートフォリオを結ぶ直線上の点は，両者を適切な配分で保有すれば良いことになります（両者の中間点であれば，無リスク資産を50％，接点ポートフォリオを50％もてば良いということになります）。また，この直線上の接点ポートフォリオよりもリスクが高い点では，無リスク資産を借りて，借りた資金でさらに接点ポートフォリオを購入すればよいことになります。もちろん，無リスク資産の借り入れができることが前提となります。

無リスク資産導入と分離定理（３）

ここまでのプロセスは，２段階に分けることが可能である。すなわち，

① 効率的フロンティア上の接点ポートフォリオを求める
② 投資家が求めるリスクに見合う期待収益率をもった接点ポートフォリオと無リスク資産の組み合わせ比率を求める

という２つに分離できる。

このように，「リスク資産の最適組み合わせの決定プロセス」と「投資家のリスク選好に合った無リスク資産と接点ポートフォリオの組み合わせ比率の決定プロセス」を完全に分けて考えることができることを「分離定理」と呼んでいる。

　以上のプロセスを見てみると，最適なポートフォリオを選択する際に，２つの段階に分けて考えることができます。まず，第一段階として，マーコビッツのアプローチで描いた効率的フロンティア上に，無リスク資産を通る接線を描いて，接点ポートフォリオを描くことができるということです。ここでは，投資家固有の要素（たとえば，投資家固有の効用やリスクテイクの大きさ）は入ってきません。第二段階として，投資家が求めるリスクに見合う期待収益率をもった（あるいは，投資家の効用を最大化する）効率的なポートフォリオを実現するために，接点ポートフォリオと無リスク資産の組み合わせ比率を求めることになります。この２つのプロセスは独立していて，別々に考えることができます。

　このように，「リスク資産の最適組み合わせの決定プロセス」と「投資家のリスク選好に合った無リスク資産と接点ポートフォリオの組み合わせ比率の決定プロセス」を完全に分けて考えることができることを「分離定理」と呼んでいます。

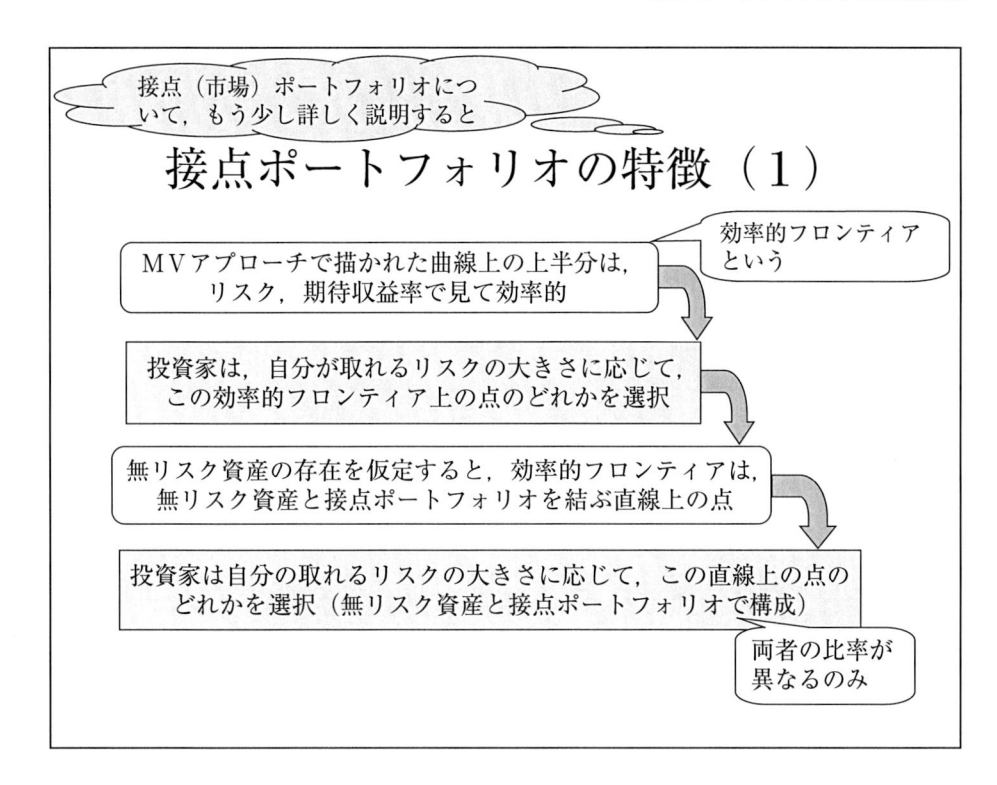

接点ポートフォリオの特徴（1）

> 接点（市場）ポートフォリオについて，もう少し詳しく説明すると

- MVアプローチで描かれた曲線上の上半分は，リスク，期待収益率で見て効率的 　→ 効率的フロンティアという
- 投資家は，自分が取れるリスクの大きさに応じて，この効率的フロンティア上の点のどれかを選択
- 無リスク資産の存在を仮定すると，効率的フロンティアは，無リスク資産と接点ポートフォリオを結ぶ直線上の点
- 投資家は自分の取れるリスクの大きさに応じて，この直線上の点のどれかを選択（無リスク資産と接点ポートフォリオで構成） 　→ 両者の比率が異なるのみ

　次に，接点（市場）ポートフォリオをもう少し詳しく見たいと思います。これまでの作業で，合理的な投資家であれば，無リスク資産と接点ポートフォリオを結んだ直線上の点を選択することがわかりました。そうなると，リスク資産として投資家が保有するものは接点ポートフォリオしかありません。投資家はもちろん自分達の効用や取り得るリスク量から，自分に適したポートフォリオを保有しますが，そのポートフォリオは無リスク資産と接点ポートフォリオのみから構成され，投資家ごとに両者の保有比率のみが異なるということになります。

```
┌─────────────────────────────────────────────────────────────┐
│         "市場ポートフォリオ"を理解す                          │
│         るために単純化した例を考えると                        │
│            接点ポートフォリオの特徴（2）                       │
│  ┌合理的な投資家のみ存在すると想定┐                            │
│  ┌──────────────────────────────────────────────────┐        │
│  │ 投資家は，比率は異なるものの，無リスク資産とリスク資産で構成 │        │
│  │ される接点ポートフォリオをもつことになる                │        │
│  └──────────────────────────────────────────────────┘        │
│                       ▼                                      │
│  ┌──────────────────────────────────────────────────┐        │
│  │ 投資家がもつリスク資産は，接点ポートフォリオのみで，他にリ │        │
│  │ スク資産は存在しないことになる（非合理な投資家が存在すれば別）│      │
│  └──────────────────────────────────────────────────┘        │
│                       ▼                                      │
│  ┌──────────────────────────────────────────────────┐        │
│  │ 結果的に，接点ポートフォリオは（比率で表されているが）市場に│        │
│  │ 存在するすべてのリスク資産を集めたものになる            │        │
│  └──────────────────────────────────────────────────┘        │
│              ┌──────────────────────────┐                    │
│              │ したがって，市場ポートフォ │                    │
│              │ リオと呼ばれる           │                    │
│              └──────────────────────────┘                    │
└─────────────────────────────────────────────────────────────┘
```

　ここで，市場参加者は合理的な投資家で構成されているとすれば，投資家が保有するリスク資産としては，接点ポートフォリオのみということになり，他のリスク資産は存在しないことになります。すなわち，接点ポートフォリオは市場に存在するリスク資産すべてがその価値の比率で構成されたポートフォリオになります。このことから，接点ポートフォリオは市場ポートフォリオとも呼ばれています。市場に存在するすべてのリスク資産から構成されている重要な意味をもったポートフォリオということになります。

CAPMへの発展（1）

マーコビッツのアプローチは，画期的なものではあったのだが・・

前述の通り，実際に使おうとすると問題が生じたり，適用対象に限界

この問題を解決するために，ウイリアム・シャープ等は

　　証券間の関係（相関係数）　　でなく，

　　すべての投資家に共通な市場（接点）
　　ポートフォリオと各証券の間の関係

を記述することを考えた。

（リスク資産すべて → 対象市場全体の動きを示す代表値）

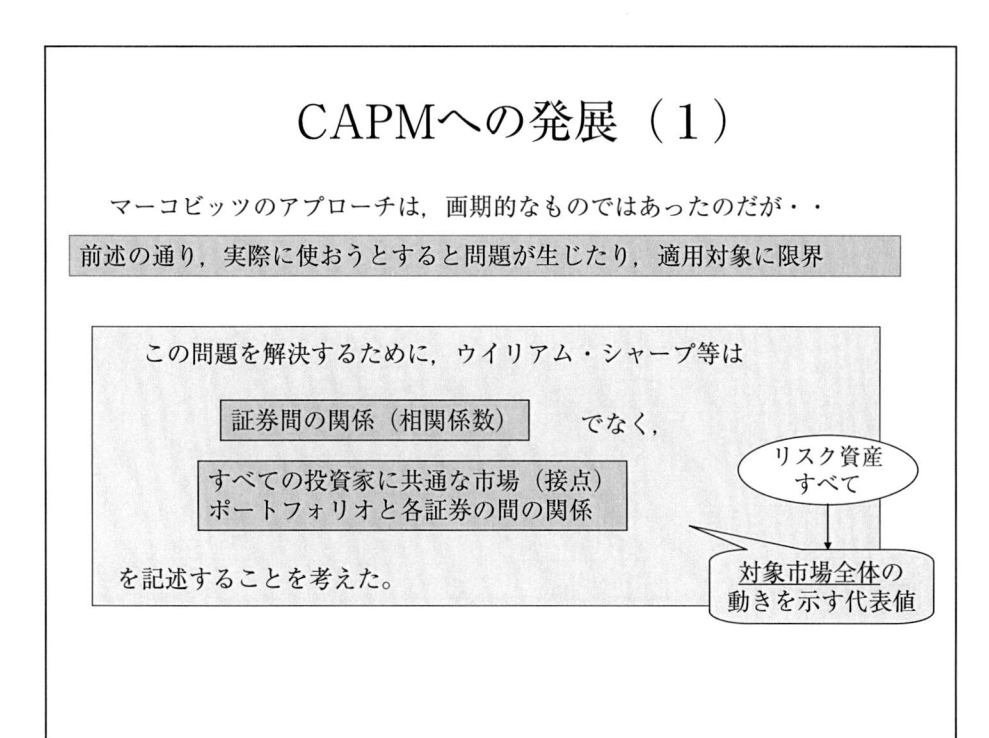

　マーコビッツのアプローチは，画期的なものではあったのですが，前述の通り，実際に使おうとすると問題が生じたり，適用対象に限界がありました。この問題を解決するために，ウイリアム・シャープ等は証券間の関係（相関係数）でなく，すべての投資家に共通な市場（接点）ポートフォリオと各証券の間の関係を記述することを考えました。市場に存在するすべてのリスク資産を代表するものとして，市場ポートフォリオを考えたのです。

CAPMへの発展（2）

マーコビッツのアプローチ … 相関（共分散） Cov(r_3, r_4)

シャープ等のアプローチ … β値、X（市場全体）、接点（市場）ポートフォリオ、β_3

$$\frac{Cov(r_m, r_m)}{\sigma_m^2} = 1 \quad \Leftarrow \quad \frac{Cov(r_m, r_3)}{\sigma_m^2}$$

これがシャープの着想。実用的な理論へと発展していった。

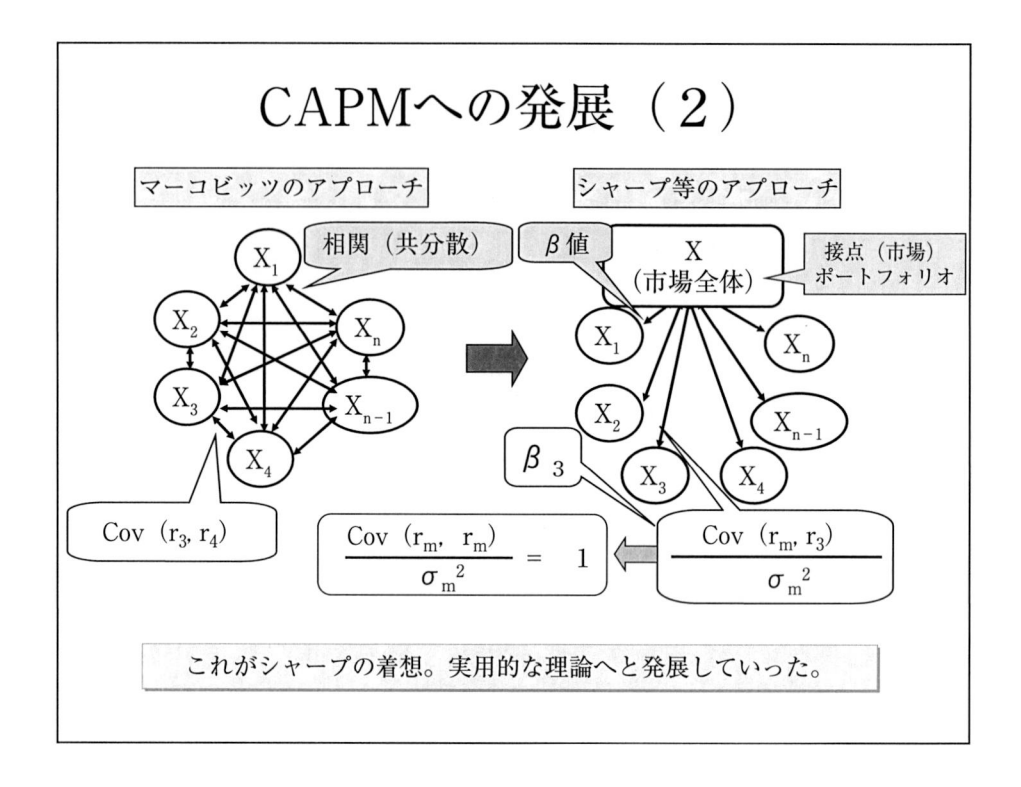

　マーコビッツの考え方を確認すると，X_1 から X_n までの n 個の資産が存在すれば，総当たりで関係の強さを特定する必要がありました。n の数が少なければ問題にはなりませんが，n の数が大きくなると現実問題として，パラメータの推定，入力が不可能となります。そこで，図にあるように，市場全体と個々の証券の間の関係を見ることを考えたのです。これにより，推定，入力しなればならないパラメータの数が大きく減少することになりました。これが，シャープ等の着想であり，実用的な理論へと発展していきました。

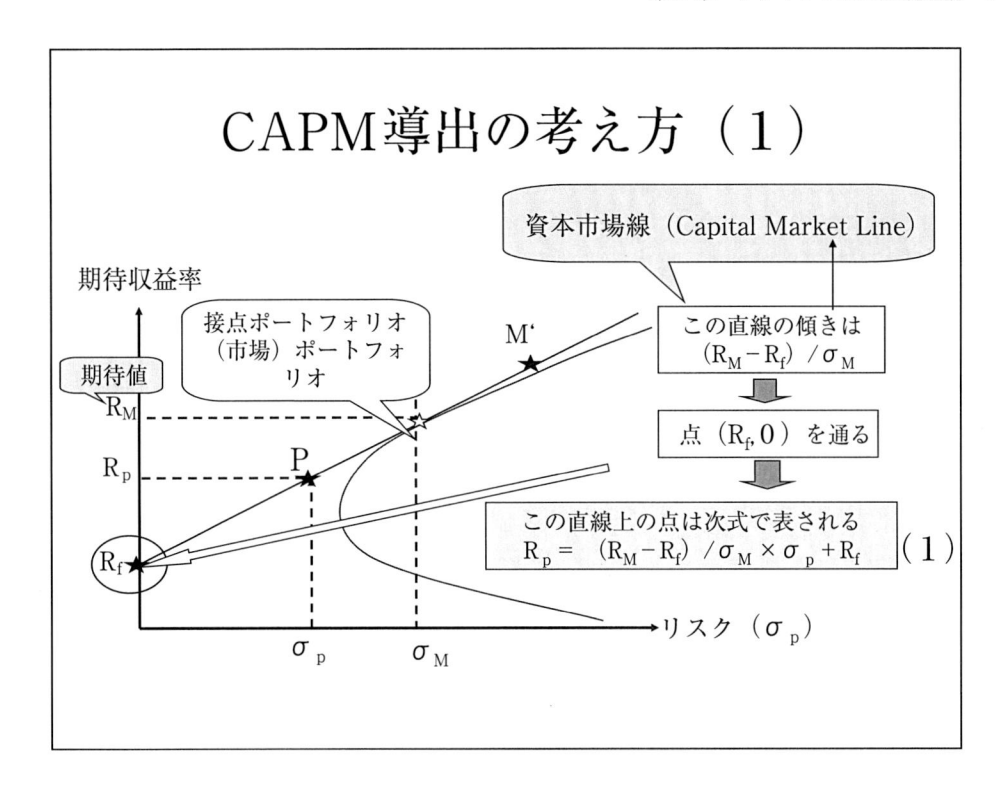

CAPM導出の考え方（1）

図中の要素：
- 期待収益率（縦軸）、リスク（σ_p）（横軸）
- 資本市場線（Capital Market Line）
- 接点ポートフォリオ（市場）ポートフォリオ
- 期待値 R_M、R_p、R_f
- 点 M'、P
- σ_p、σ_M

この直線の傾きは $(R_M - R_f)/\sigma_M$

点 $(R_f, 0)$ を通る

この直線上の点は次式で表される
$$R_p = (R_M - R_f)/\sigma_M \times \sigma_p + R_f \quad (1)$$

　無リスク資産の点から平均分散アプローチにより描かれた効率的フロンティア上に下ろされた接線は資本市場線と呼ばれています。この直線は、リスクと収益率の正の線形関係を示しています。すなわち、高い期待収益率を得たければリスクを高めなければなりません。リスクが小さければ高い期待収益率は期待できないという関係を表しています。（リスクと収益率のトレードオフの関係）この直線を式で表すと、（1）式のようになります。

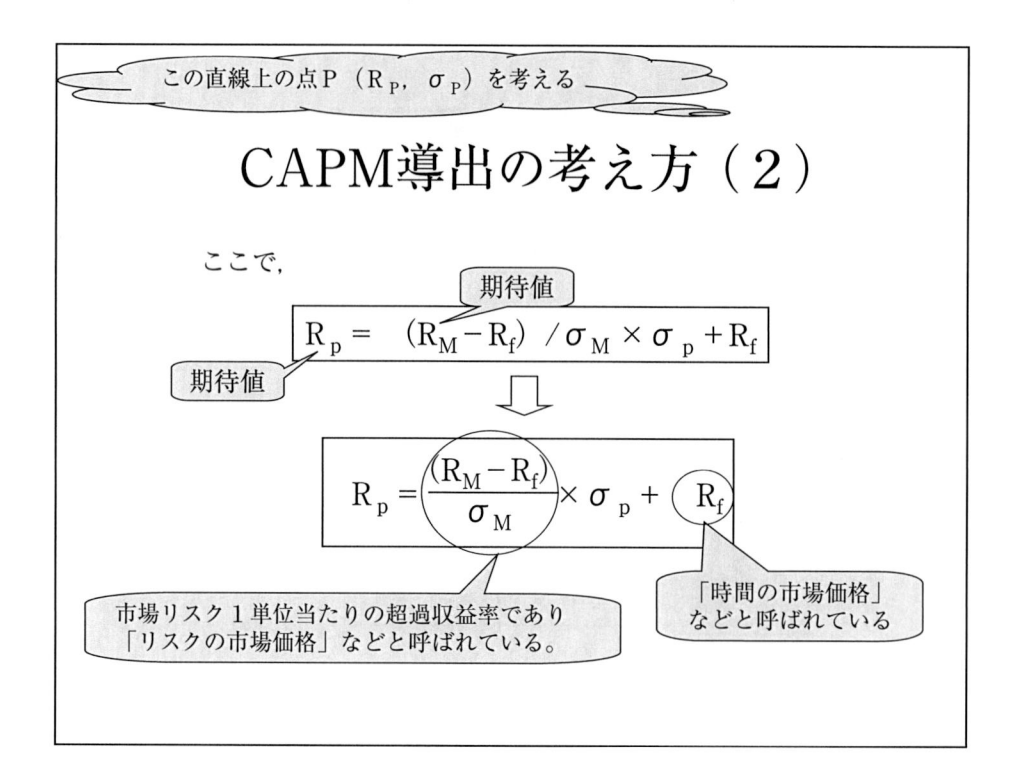

CAPM導出の考え方（2）

この直線上の点P（R_P, σ_P）を考える

ここで，

$$R_p = (R_M - R_f)/\sigma_M \times \sigma_p + R_f$$

（期待値）

$$R_p = \frac{(R_M - R_f)}{\sigma_M} \times \sigma_p + R_f$$

$\dfrac{(R_M - R_f)}{\sigma_M}$：市場リスク1単位当たりの超過収益率であり「リスクの市場価格」などと呼ばれている。

R_f：「時間の市場価格」などと呼ばれている

　この式の第一項目は，直線の傾きとリスクの大きさを掛けたものであり，直線の傾きは，市場リスク1単位当たりの（無リスク収益率に対する）超過収益率を表していて，「リスクの市場価格」と呼ばれています。また，第二項目は無リスクの収益率なので，「時間の市場価格」と呼ばれています。

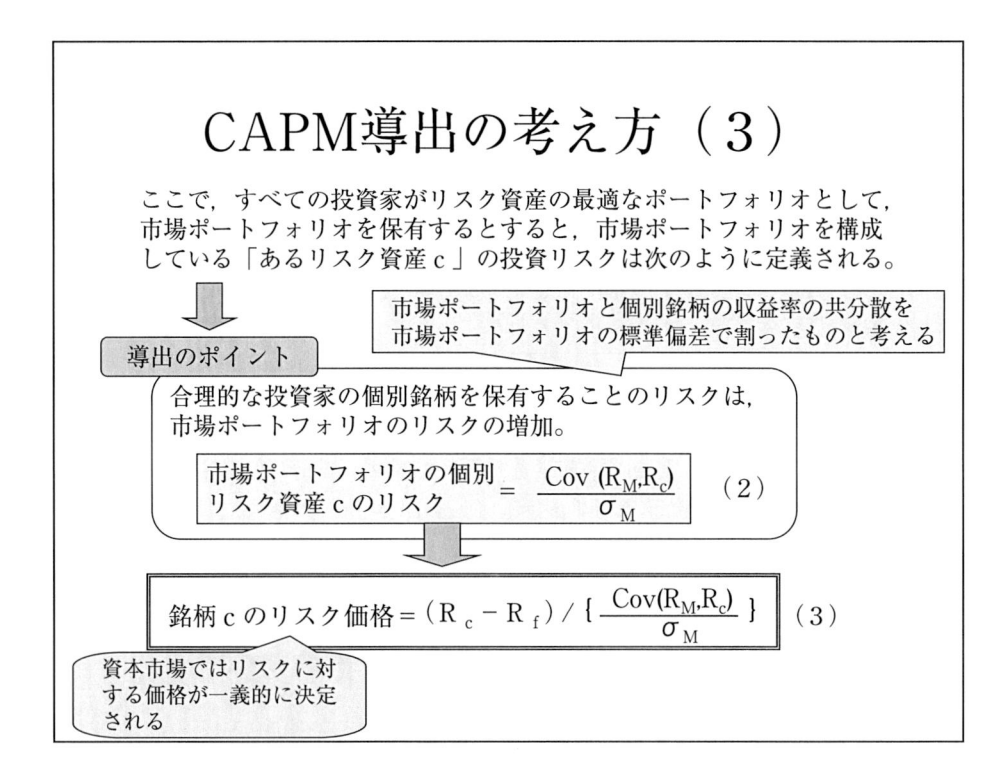

CAPM導出の考え方（3）

ここで，すべての投資家がリスク資産の最適なポートフォリオとして，市場ポートフォリオを保有するとすると，市場ポートフォリオを構成している「あるリスク資産 c」の投資リスクは次のように定義される。

導出のポイント

合理的な投資家の個別銘柄を保有することのリスクは，市場ポートフォリオのリスクの増加。

市場ポートフォリオと個別銘柄の収益率の共分散を市場ポートフォリオの標準偏差で割ったものと考える

$$\text{市場ポートフォリオの個別リスク資産 c のリスク} = \frac{Cov(R_M, R_c)}{\sigma_M} \quad (2)$$

$$\text{銘柄 c のリスク価格} = (R_c - R_f) / \left\{ \frac{Cov(R_M, R_c)}{\sigma_M} \right\} \quad (3)$$

資本市場ではリスクに対する価格が一義的に決定される

　ここで，すべての投資家がリスク資産の最適なポートフォリオとして，市場ポートフォリオを保有するとすると，市場ポートフォリオを構成している「あるリスク資産 c」のリスクを，「合理的な投資家が個別銘柄を保有することのリスクは，市場ポートフォリオのリスクの増加分である」と考えることができます。したがって，個別銘柄 c のリスクとは，市場ポートフォリオと個別銘柄の収益率の共分散を市場ポートフォリオの標準偏差で割ったものと考えることができます。数式で表すと（2）式で表され，銘柄 c のリスク価格は，（3）式で表すことができます。

CAPM導出の考え方（4）

ここで，求めた式を変形する。すなわち，

　　個別銘柄のリスク価格＝リスクの市場価格

（個別銘柄のリスクの価格についても「一物一価の法則」が成立すると考える）

であるので，

$$(R_c - R_f) / \left\{ \frac{Cov(R_M, R_c)}{\sigma_M} \right\} = \frac{R_M - R_f}{\sigma_M} \quad (4)$$

変形して整理すると，

$$R_c = (R_M - R_f) \times \beta_c + R_f \quad \text{ただし，} \beta_c = \frac{Cov(R_M, R_c)}{\sigma_M^2} \quad (5)$$

となり，市場ポートフォリオに対する該当銘柄のリスクの大きさとしてβ値と考えることもできる。

この直線は証券市場線（Security Market Line：SML）と呼ばれる。

　資本市場ではリスクの価格が一義的に決定され，「一物一価の法則」が成立すると考えられるので，「個別銘柄のリスク価格＝リスクの市場価格」が成立します。したがって（4）式が成立し，これを変形して整理すると（5）式が得られます。この式から，βを市場ポートフォリオに対する該当銘柄（この場合はc）のリスクの大きさと考えることができます。

CAPM導出の考え方（5）

期待収益率／リスク（β）の平面図：
- 証券市場線（SML）という
- 市場ポートフォリオ
- 点M'、点C、点Rf
- この直線は次式で表される。
$$R_c = (R_M - R_f) \times \beta_c + R_f$$
ただし，$\beta_c = \dfrac{\mathrm{Cov}(R_M, R_c)}{\sigma_M^2}$

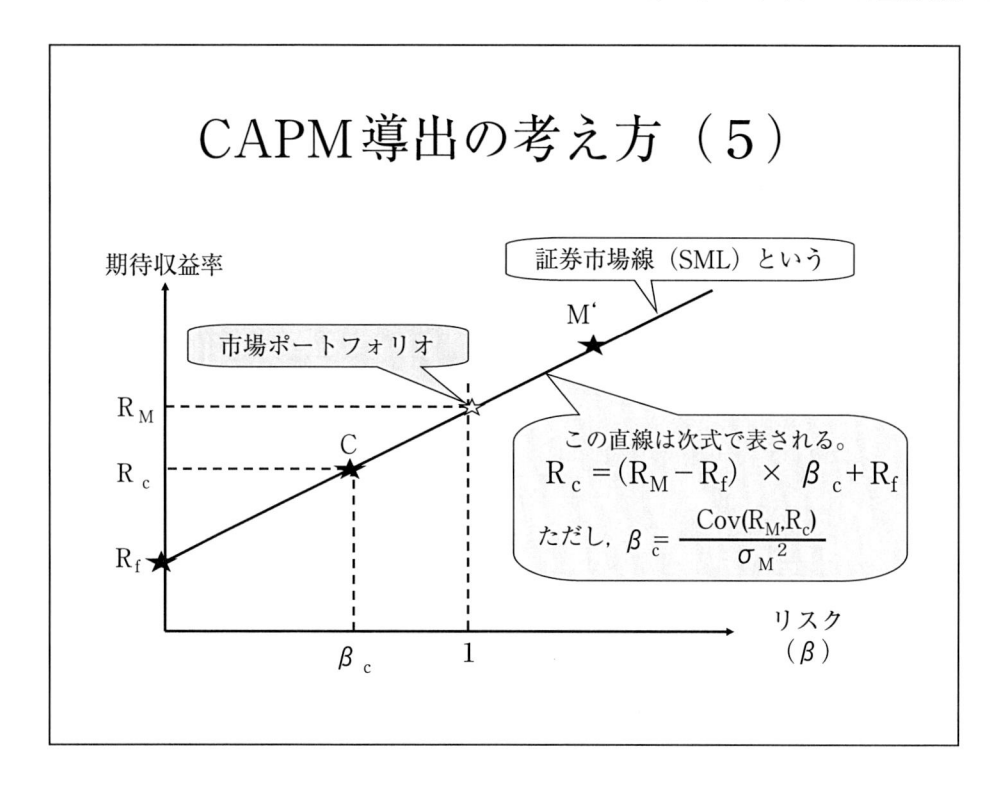

　このCAPMを表す式を，横軸をβ，縦軸を期待収益率とした平面上に表すと，上図のような右上がりの直線になります。すなわち，リスクが低ければ，期待収益率も低くなり，リスクが大きくなれば期待収益率も大きくなる関係が示されたことになります。この直線は，証券市場線（SML：Security Market Line）と呼ばれています。

CAPM導出の考え方（6）

この式がシャープ・リントナー型の 資本資産価格モデル である。

上記式の個別証券のリスク尺度は ベータ と呼ばれ，個別証券の投資リスクと期待収益率との間には右上がりの線形関係が成り立っていることがわかる。

この右上がりの線形な関係は 証券市場線（Security Market Line） と呼ばれている。

（シャープとリントナーは，ほぼ同時期に各々独自にこの理論の導出を考え出した。このためこの式は，シャープ・リントナー型の資本資産価格モデルと呼ばれている）

　この式がシャープ・リントナー型の資本資産価格モデルです。前項の個別証券のリスク尺度は β と呼ばれ，個別証券の投資リスクと期待収益率との間には右上がりの線形関係が成り立っていることがわかります（シャープとリントナーは，ほぼ同時期に各々独自にこの理論の導出を考え出しました。このためこの式は，シャープ・リントナー型の資本資産価格モデルと呼ばれています）。

CAPM成立の前提条件（1）

> 資本市場で取引されているリスク資産（証券）の価格を説明するモデルを構築するためには，現実の世界を単純化し，そのモデルが機能する状況を特定する必要がある。

CAPMを導出するに際して，前提とした主な条件は以下の通りである。

資本市場で取引されているリスク資産（証券）の価格を説明するモデルを構築するためには，現実の世界を単純化し，そのモデルが機能する状況を特定する必要があります。CAPMの理論導出のために前提とした主な条件は以下の通りです。

> # CAPM成立の前提条件（2）
>
> ① 投資家は危険回避的であり，期待リターンとリスク（分散）という2つのパラメータに注目して合理的な（1期間での）意思決定を行う。
> ② 投資家は同質的期待（homogeneous expectation）を有している（すべての投資家は，証券を分析する際に，同様の手法・考え方の下で，同様の経済ファンダメンタルズ予想を行う）。
> ③ リスクのない安全資産の利率が存在し，投資家はこの利率で貸し付けと借り入れが可能である。
> ④ 市場には摩擦が存在せず，税も課税されず，取引コストは無視できる。
> ⑤ すべての証券に対して空売り（short sales）が容認され，証券取引のための規制は存在しない。また，資産は，市場性があり，取引に際しては，無限に分割可能である。

1) 投資家は危険回避的であり，期待収益率とリスク（分散）という2つのパラメータに注目して合理的な（1期間での）意思決定を行う。
2) 投資家は同質的期待（homogeneous expectation）を有している（すべての投資家は，証券を分析する際に，同様の手法・考え方の下で，同様の経済ファンダメンタルズ予想を行う）。
3) リスクのない安全資産の利率が存在し，投資家はこの利率で貸し付けと借り入れが可能である。
4) 市場には摩擦が存在せず，税も課税されず，取引コストは無視できる。
5) すべての証券に対して空売り（short sales）が容認され，証券取引のための規制は存在しない。また，資産は市場性があり取引に際しては無限に分割可能である。

CAPM成立の前提条件（3）

以上のような仮定の下で，CAPMは導出されている。
これらの前提はかなり強い仮定であり，現実の世界から大きく乖離した世界を想定している。

しかしながら，このような簡単化を行うことで，資本市場の本質的な特性を明らかにし，有益で重要な示唆が得られている。

　以上のような仮定の下で，CAPM は導出されています。これらの前提はかなり強い仮定であり，現実の世界から大きく乖離した世界を想定しています。しかしながら，このような簡単化を行うことで，資本市場の本質的な特性を明らかにし，有益で重要な示唆が得られています。

　さらに，これらの前提条件のうちのいくつかは，緩和することが可能です。これらについては後述します。

> ## ウイリアム・シャープの貢献
>
> ■リスクの概念をβという市場ポートフォリオに対する感応度という概念で表現することを可能とした。
> ■資本資産価格モデルのエッセンスであるリスクと収益率の間にトレードオフがあることを理論的に示した。
> ■また，分散投資をすることの効果を理論的に示した。
>
> このことにより，マーコビッツのアプローチの問題点を解決し，適応分野を拡大するとともに，現実世界への適用を可能とした
>
> > 投資（ポートフォリオ）理論
> > マーコビッツの手によって生まれ，シャープにより育てられた

　ウイリアム・シャープの貢献をまとめると次の3点になります。まず，リスクの概念をβという市場ポートフォリオに対する感応度という概念で表現することを可能としたことです。次に，資本資産価格モデルのエッセンスであるリスクと収益率の間にトレードオフがあることを理論的に示したことです。最後に，分散投資をすることの効果を理論的に示したことです。このことにより，マーコビッツのアプローチの問題点を解決し，適応分野を拡大するとともに，現実世界への適用を可能としました。これが，「投資（ポートフォリオ）理論はマーコビッツの手によって生まれ，シャープにより育てられた」といわれるゆえんです。

CAPMの拡張（1）

> 資本資産価格理論はその後も拡張されていった

- F. Black（1972）は，無リスク資産が存在しない場合，あるいは無リスク資産が一意に存在しない（たとえば借り入れと貸し出しの利率が異なる）場合の均衡関係（ゼロβCAPM）を示した。

- Merton（1973）は，CAPMを多期間に拡張したIntertemporal CAPM（ICAPM）という考え方を示し，D.Breeden（1979）はICAPMの特殊なケースとして，消費の限界効用が消費量のみで定まるとしたConsumption CAPMの考え方を示した。

- 米国の株式市場を中心にではあるが，実証面でもCAPMに関する研究が数多く行われた。中でも，Black, Jensen, Scholes（1972），Fama, French（1973）が検定力の弱さという問題はあったが，Sharpe, Lintner型のCAPMの有効性について検証を試みた。

　資本資産価格理論は，その後も拡張されていきました。たとえば，F.Black（1972）は，無リスク資産が存在しない場合，あるいは無リスク資産が一意に存在しない（たとえば借り入れと貸し出しの利率が異なる）場合の均衡関係（ゼロβ CAPM）を示しました。また，Merton（1973）は，CAPMを多期間に拡張したIntertemporal CAPM（ICAPM）という考え方を示し，D.Breeden（1979）はICAPMの特殊なケースとして，消費の限界効用が消費量のみで定まるとしたConsumption CAPMの考え方を示しました。なお，米国の株式市場が中心ではありますが，実証面でもCAPMに関する研究が数多く行われました。中でも，Black, Jensen, Scholes（1972），Fama, French（1973）が検定力の弱さという問題はありましたが，Sharpe, Lintner型のCAPMの有効性について検証が試みられました。

CAPMの拡張（2）

期待収益率

任意の効率的フロンティア上のポートフォリオP

$$R_i = R_Z + (R_p - R_Z)\beta_{ip}$$
$$\beta_{ip} = \frac{\text{cov}(R_i, R_p)}{\text{var}(R_p)} \quad (6)$$

ゼロβポートフォリオZ

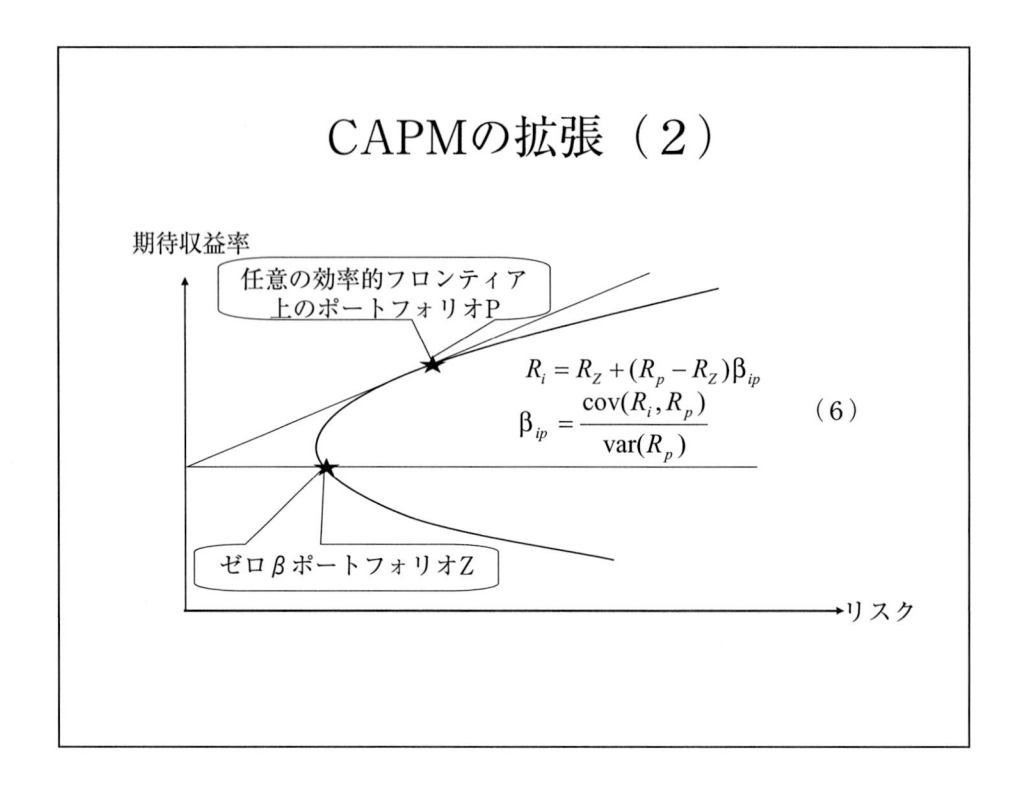

リスク

　CAPM拡張の例として，ゼロベータ・CAPMについて，もう少し詳細に確認します。一般に，無リスク金利で無限に資金の借り入れをすることはできません。また，インフレーションやデフレーションが現実には存在するので，厳密な意味での無リスク資産は存在しないといえるかもしれません。無リスク資産が存在しないとすると，CAPMの式は（6）式のように変形されます。ここで，あるリスク資産 i の収益率を R_i とします。また，R_z はゼロベータ・ポートフォリオの収益率で，R_p は，リスク資産で構成される効率的フロンティア上のポートフォリオ p の収益率です。このゼロベータ・ポートフォリオZは，効率的フロンティア上のポートフォリオ p に対応していて，ポートフォリオ p と相関をもたない（すなわちベータがゼロ）ポートフォリオの中で，分散が最小のものになっています。点 p は効率的フロンティア上であれば任意に選ぶことができるますので，ゼロベータ・ポートフォリオZとポートフォリオ p の組み合わせは無限にあると考えられます。したがって，投資家は自身の選好に合わせて，効率的フロンティア上のポートフォリオ p とゼロベータ・ポートフォリオの組み合わせが選択できます。このことは，標準的なCAPMの結果であるすべての投資家が同じ比率で構成されたリスク資産（市場ポートフォリオ）をもつという前提と異なることになります。しかし，ゼロベータ・CAPMの仮定はより現実に近い仮定といえます。

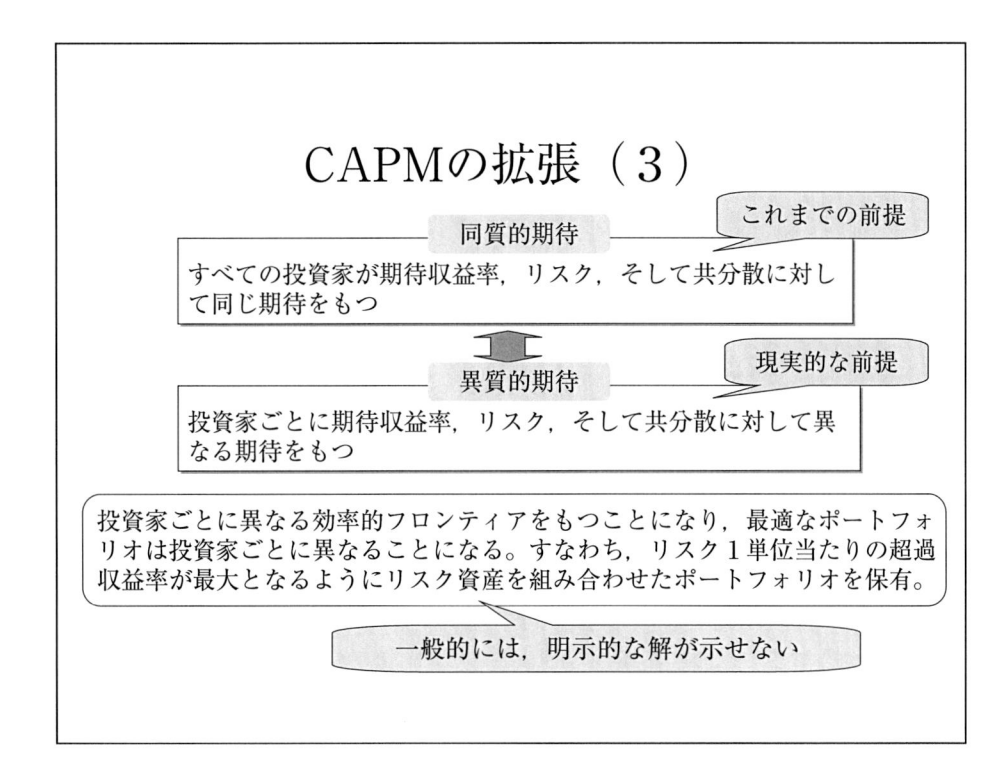

CAPMの拡張（3）

これまでの前提 — 同質的期待
すべての投資家が期待収益率，リスク，そして共分散に対して同じ期待をもつ

現実的な前提 — 異質的期待
投資家ごとに期待収益率，リスク，そして共分散に対して異なる期待をもつ

投資家ごとに異なる効率的フロンティアをもつことになり，最適なポートフォリオは投資家ごとに異なることになる。すなわち，リスク1単位当たりの超過収益率が最大となるようにリスク資産を組み合わせたポートフォリオを保有。

一般的には，明示的な解が示せない

　CAPM式の導出に際しては，すべての投資家が期待収益率，リスク，そして共分散に対して同じ期待をもつ（同質的期待）としましたが，現実には投資家は異なる期待（異質的期待）をもちます。同質的期待を投資家がもてば，効率的フロンティアは全投資家に共通な1つのものになりますが，異質的期待をもつとすれば，投資家ごとに異なる効率的フロンティアをもつことになります。このとき，投資家が平均分散基準で投資対象を選択しようとすれば，リスク1単位当たりの期待収益率が最大となるような（後述しますが，シャープレシオ最大化といいます）リスク資産の組み合わせを考えます。一般的には，投資家が異質的期待をもつとすると，明示的に解を示すことはできませんが，投資家の期待効用関数に制約を設けることで，異質的期待をもつ場合でも解が求められる場合があります。

3.3節　ファイナンスの基礎理論（3）：裁定価格理論を中心に

3.3節　ファイナンスの基礎理論（3）

ポイント
1. CAPMの限界
2. 裁定価格理論とは
3. APTの特徴と問題点
4. APTの実証
5. 代表的なファクターモデル

―本節の概要―

　3.3節「ファイナンスの基礎理論（3）」では，ステファン・ロスが1976年に示した裁定価格理論を中心に，①CAPMの限界，②裁定価格理論（APT）とは何か，CAPMとの違いはどこにあるのか，③APTの特徴と問題点，④APTの実証研究の結果，⑤代表的な3つのファクターモデルとは何か，という5つのテーマについて解説を行います。裁定価格理論は，平均・分散アプローチ，資本資産価格モデルと同様，実務に大きな影響を与えた重要な理論です。APTの示唆する内容が理解できるように解説します。

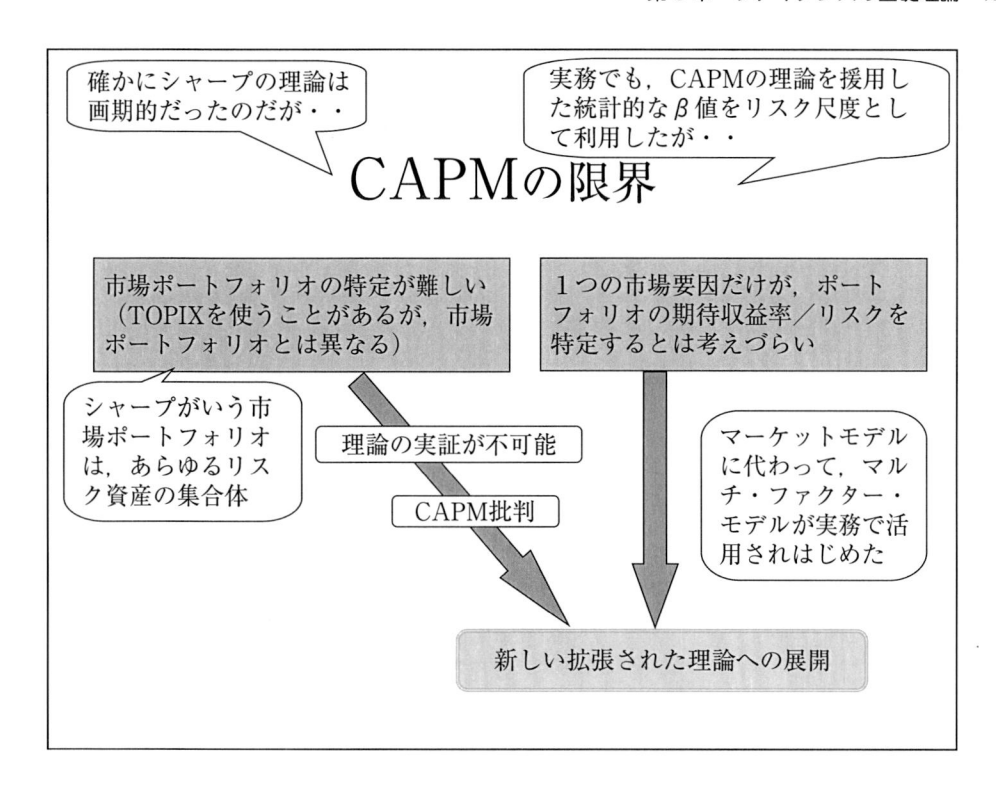

CAPMの限界

- 確かにシャープの理論は画期的だったのだが‥
- 実務でも，CAPMの理論を援用した統計的なβ値をリスク尺度として利用したが‥

市場ポートフォリオの特定が難しい（TOPIXを使うことがあるが，市場ポートフォリオとは異なる）

- シャープがいう市場ポートフォリオは，あらゆるリスク資産の集合体

1つの市場要因だけが，ポートフォリオの期待収益率／リスクを特定するとは考えづらい

- マーケットモデルに代わって，マルチ・ファクター・モデルが実務で活用されはじめた

理論の実証が不可能
CAPM批判

→ 新しい拡張された理論への展開

シャープ等の考え出したCAPMという理論は画期的なものでしたが，いくつかの問題点が指摘されることになりました。また，実務の世界では，CAPMの理論を援用した統計的なβ値をリスク尺度として利用してはいたものの，市場要因という1つのファクターだけで株式や債券の動きを説明するということは，あまりに大雑把な議論でした。理論とは別次元で，複数のファクターを使って個別の株式や債券の価格変動を説明するマルチ・ファクター・モデルが実務の世界で活用されはじめていました。理論面では，CAPMのいう「市場ポートフォリオ」は市場に存在するあらゆるリスク資産という定義では市場ポートフォリオを特定することができず，そもそも実証できない理論であるという本質的な問題がRoll（1977）により指摘されました。「CAPM批判」といわれています。実証ができない以上，理論の正しさも検証できないため，新しい拡張された理論の出現が望まれました。

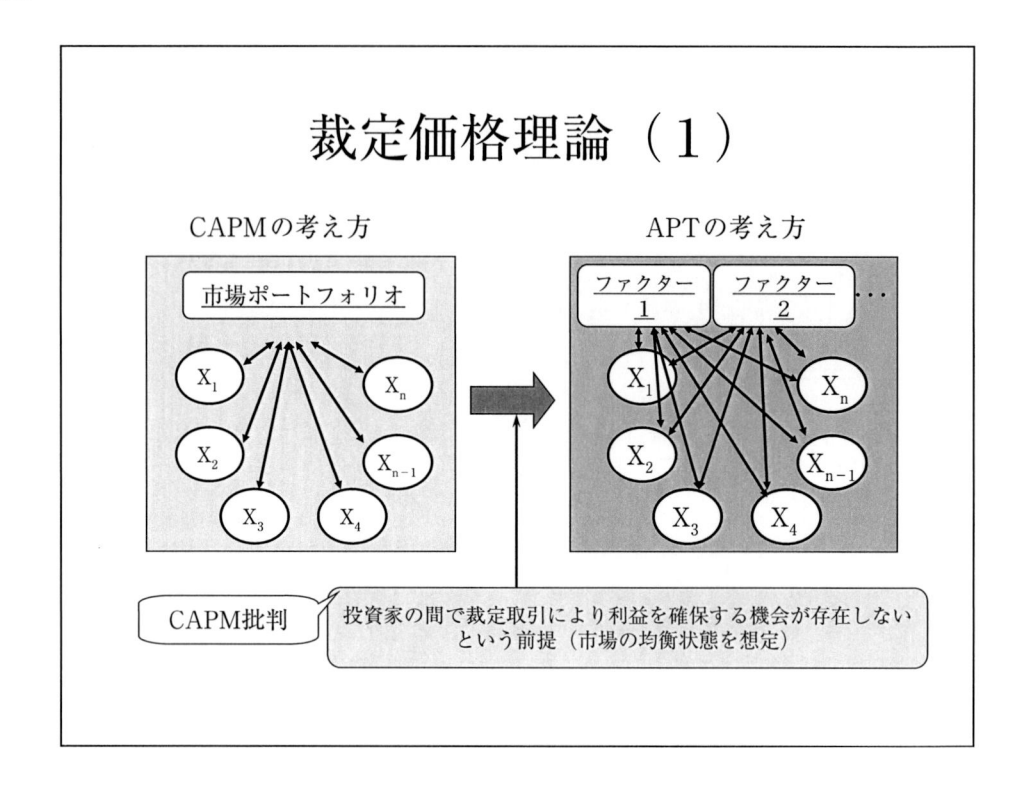

裁定価格理論（1）

CAPMの考え方

市場ポートフォリオ
$X_1, X_2, X_3, X_4, X_{n-1}, X_n$

APTの考え方

ファクター1、ファクター2 …
$X_1, X_2, X_3, X_4, X_{n-1}, X_n$

CAPM批判

投資家の間で裁定取引により利益を確保する機会が存在しないという前提（市場の均衡状態を想定）

　裁定価格理論は APT（Asset Pricing Theory）と呼ばれていますが，CAPM との対比で考えると，そのアイディアは自然なものです。CAPM はマーコビッツの資産間の相関を測定する代わりに，リスク資産全体を代表する市場ポートフォリオという概念を導入したのに対して，APT ではこれをより実践的に拡張して1つの市場ポートフォリオでなく，複数のファクターを使って，価格変化を説明しようとするものです。裁定取引により利益を確保する機会が存在しないという前提の下でこの理論を示すことができます。

裁定価格理論（2）

CAPMの問題点を早くから指摘，批判してきたのがステファン・ロスである。彼は，1976年に

> 裁定価格理論（APT：Arbitrage Pricing Theory, Arbitrage Theory of Capital Asset Pricing）

というCAPMを発展させた新しい理論体系を示した。

> CAPMが市場ポートフォリオという1つの要因を個別証券の共通説明要因としていたのに対して，APTは複数の要因を共通説明要因と考え，CAPMを包含する拡張された理論を提示した。

　すなわち，「CAPMが市場ポートフォリオという1つの要因を個別証券の共通説明要因としていたのに対して，APTは，複数の要因を共通説明要因と考え，CAPMを包含する拡張された理論を提示した」ことになります。CAPMの問題点を早くから指摘，批判してきたのがステファン・ロスです。彼は，1976年に裁定価格理論（APT：Arbitrage Pricing Theory, Arbitrage Theory of Capital Asset Pricing）というCAPMを発展させた新しい理論体系を示しました。

裁定価格理論（3）

たとえば，n個のファクターが銘柄cの株価に影響を与えているとすると，

$$R_c = \beta_{1c} \times (R_{f1} - R_f) + \beta_{2c} \times (R_{f2} - R_f) + \cdots + \beta_{nc} \times (R_{fn} - R_f) + R_f \quad (1)$$

β_{nc}：第nファクターのリスクの大きさ
$(R_{fn} - R_f)$：第nファクターのリスク1単位当たりのリスクプレミアム

ここで，

- R_c：銘柄cの期待収益率
- β_{ic}：銘柄cのファクターiに関する感応度
- R_{fi}：ファクターiのファクター・期待収益率
- R_f：無リスク資産収益率

銘柄cの収益率は，無リスク資産の収益率に各ファクターに対するリスクプレミアムの合計を加えたものに等しい。

　ここで，たとえば，n個のファクターが銘柄cの株価に影響を与えているとすると，銘柄cの期待収益率は（1）式で表されます。すなわち，各銘柄の期待収益率はn個の共通ファクターのリスク1単位当たりのリスクプレミアムと感応度の積の線形和に無リスク収益率を加えたものです。各銘柄の収益率は，無リスク資産の収益率に各ファクターに対するリスクプレミアムの合計を加えたものに等しいことになります。

裁定価格理論（4）

> APTでは，株式収益率の説明要因として，マクロファクターが採用されることが多い。
>
> しかしながら，その説明力は決して高くなく，実用に耐えるモデルは示されていない（マクロファクターよりも，セミマクロ，ミクロファクターの方が説明力は一般に高いと考えられている）。
>
> なお，APTは，採用されるべきファクター，感応度の大きさについて明示的に示されておらず，方法論も曖昧である（実務に適用しようとするとモデル自体の推定作業が必要となる）。

　なお，APTでは，株式リターンの説明要因として，マクロファクターが採用されることが一般的でした。しかしながら，その説明力は決して高くなく，実用に耐えるモデルは示されていません（マクロファクターよりも，セミマクロ，ミクロファクターの方が説明力は一般に高いことが実証的に示されています）。なお，APTは，採用されるべきファクター，感応度の大きさについて明示的に示されておらず，モデル構築の方法論も曖昧です（実務に適用しようとするとモデル自体の推定作業が必要となります）。

APTの特徴と問題点

CAPMとの対比でAPTの特徴を列挙すると，

> ① CAPMよりも一般化された汎用性の高い理論である。
> ② CAPMと異なり，検証が可能。
> ③ 期待収益率とリスクの間のトレードオフを示している。
> ④ 市場ポートフォリオの存在を前提としていない。

などがあげられる。APTの問題点としては，

> ① ファクターの数，ファクターが何かを示していない。
> ② リスクプレミアムの大きさは，実証で示さざるを得ない。
> 等

などが指摘されている。

　CAPMとの対比でAPTの特徴を列挙すると，「①CAPMよりも一般化された汎用性の高い理論である。②CAPMと異なり，検証が可能。③期待収益率とリスクの間のトレードオフを示している。④市場ポートフォリオの存在を前提としていない。」などがあげられます。

　一方，APTの問題点としては，「①ファクターの数，ファクターが何かを示していない。②リスクプレミアムの大きさは，実証で示さざるを得ない。」などが指摘されています。

APT理論の実証（1）

> 裁定価格理論（APT）は，複数のファクターを前提とした理論であるが，株価変動を説明するファクターがいくつ存在し，それらのファクターが何であるかを明らかにしている訳ではない。

APTの理論を実証するために，株式の価格変動を説明する変数を特定する試みも数多く行われた。

- ■たとえば，株価変動を主成分分析などの統計的な手法で分析して主成分を抽出し，抽出されたファクターに対して経済的な意味付けを行おうとする試みがなされている（ファクターの候補として，インフレーション，金利変動，原油価格，鉱工業生産指数などを抽出）。

> しかし，説明力のあるファクターを特定することができたとはいえない

　裁定価格理論（APT）は，複数のファクターを前提とした理論ですが，株価変動を説明するファクターがいくつ存在し，それらのファクターが何であるかを明らかにしている訳ではありません。そこで，APTの理論を実証するために，株式の価格変動を説明する変数を特定する試みも数多く行われてきました。たとえば，株価変動を主成分分析などの統計的な手法で分析して主成分を抽出し，抽出されたファクターに対して経済的な意味付けを行おうとする試みがなされています（ファクターの候補として，インフレーション，金利変動，原油価格，鉱工業生産指数などを抽出）。しかし，説明力のあるファクターを特定することができたとはいえません。

APT理論の実証（２）

> 一方で，株価変動をより実践的，実証的に説明しようとする試みが実務の世界で進んでおり，実際に普及している。

理論的な背景が明確にあるわけではないが，経験則として実務家が利用しているファクターを中心に統計的な処理を施して，相対的に説明力が高いものを組み合わせて変動要因を説明しようとしているものが多い。

> 株式市場全体を基準として市場全体の収益率との乖離をリスクとして捉えるのが一般的（株式に投資をする場合，株式市場全体がもっている市場リスクを受け入れざるを得ない）。

　一方で，株価変動をより実践的，実証的に説明しようとする試みが実務の世界で進んでおり，実際に普及しています。理論的な背景が明確にあるわけではないのですが，経験則として実務家が利用しているファクターを中心に統計的な処理を施して，相対的に説明力が高いものを組み合わせて変動要因を説明しようとしているものが中心となっています。株式市場全体を基準として市場全体の収益率との乖離をリスクとして捉えるのが一般的です（株式に投資をする場合，株式市場全体がもっている市場リスクを受け入れざるを得ません）。その代表的なモデルとして，ファーマ・フレンチの３ファクターモデルが，徐々にではありますが，普及しています。

3つのタイプのファクターモデルの特徴

Conner (1995) は，ファクターモデル構築の考え方として，3つの方法を示し，説明力を評価した。

モデルのタイプ	入力	推定方法	出力
マクロエコノミック	証券の収益率とマクロ経済学的な変数	時系列での回帰	証券のファクター・ベータ
統計	証券の収益率	クロスセクション時系列での回帰の繰り返し	統計的ファクターと証券のファクター・ベータ
ファンダメンタル	証券の収益率と証券の特性	クロスセクションでの回帰	ファンダメンタル・ファクター

　Conner (1995) は，APT型のファクターモデル構築の考え方として，3つのタイプを示し，各々のモデルの説明力を評価しました。モデルタイプは，マクロエコノミックモデル，統計モデル，ファンダメンタルモデルの3つです。モデルを推定するために必要となるそれぞれの入力項目，推定方法，結果（出力）をまとめたものが上の表です。3つのタイプのファクターモデルは，入力項目も推定方法も異なり，当然，出力も異なりますが，どのモデルも株式の期待収益率を推定するためのモデルです。個々のモデルの推定方法の詳細については，以降で解説します。

3つのタイプのファクターモデルの説明力

2番目のモデル	モデルの種類		
	マクロエコノミック	統計	ファンダメンタル
全説明力	10.9%	39.0%	42.6%
マクロエコノミック	–	38.2%	42.4%
統計	31.0%	–	44.8%
ファンダメンタル	43.0%	45.6%	–

モデルの理論的な背景や直感的な納得性は別として，収益率の説明力のみを比較すると，マクロエコノミックモデルが10.9%と最も低く，次に統計モデルが39.0%，ファンダメンタルモデルが42.6%と最も高かった。

　Conner（1995）の研究の成果をまとめたものが上の表です。モデルの理論的な背景やモデルとしての直感的な納得性は別として，表にはマクロエコノミックモデル，統計モデル，ファンダメンタルモデルという3つのタイプのモデルに対して，表の2行目に各モデルの全説明力が示されています。3つのモデルの中で，ファンダメンタル型のモデルが42.6%と最も説明力が高く，統計モデルが39.0%と2番目に高く，マクロモデルが10.9%と最も説明力が低いと報告しています。表の3行目のマクロエコノミックの行は，マクロエコノミック型のモデル（第二のモデル）と他の2つのモデル（第一のモデル）を組み合わせた場合の説明力を示しています。マクロエコノミック型のモデルと統計モデルを組み合わせた場合の説明力が38.2%，マクロエコノミック型のモデルとファンダメンタル型のモデルを組み合わせた場合の説明力が42.4%であることを示しています。以下4行目は統計モデルと他のモデルを組み合わせた場合，5行目はファンダメンタルモデルと他のモデルを組み合わせた場合の結果（説明力）を示しています。

マクロエコノミックモデル

年月	A社収益率	為替レート変化率
2000.1	○	○
2000.2	○	○
⋮	⋮	⋮
2008.10	○	○

→ A社の為替レートに対する感応度

$$(\text{A社収益率}) = \underbrace{(\text{A社の感応度})}_{\beta_A} \times \begin{bmatrix} \text{為替レート} \\ \text{変化率} \end{bmatrix} + \alpha_A$$

マクロ変数

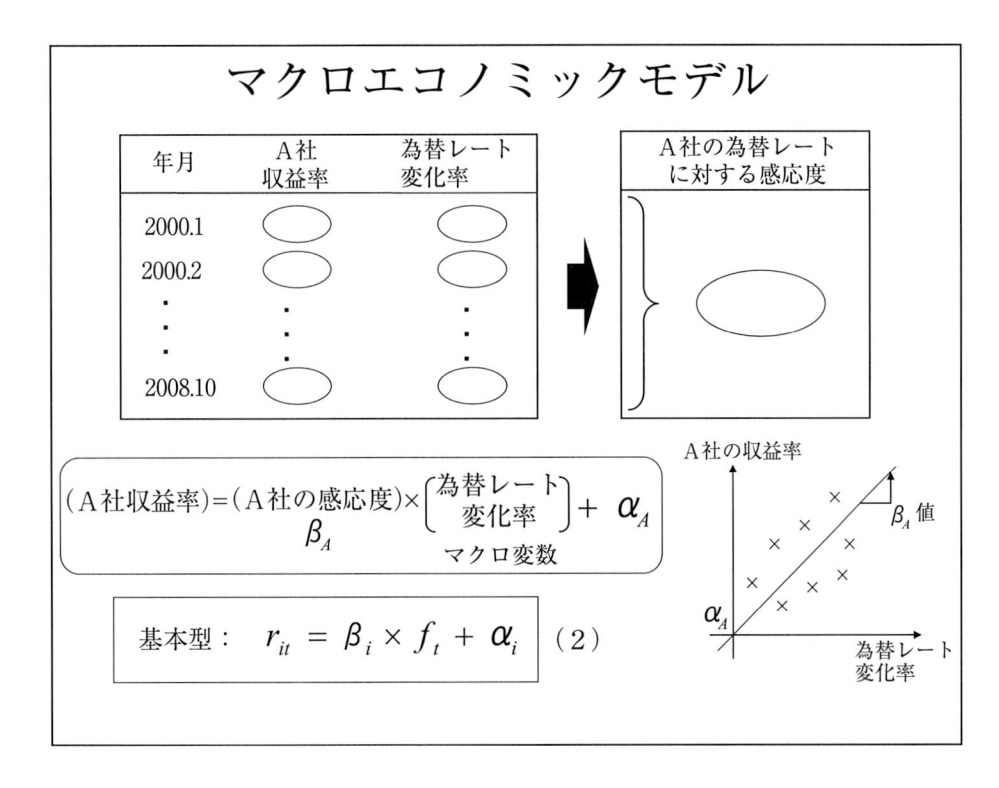

基本型： $r_{it} = \beta_i \times f_t + \alpha_i$ （2）

　ここでいうマクロエコノミックモデルは，為替レート，原油価格，景気動向などの経済変数と株価収益率との関係を，時系列データ（上の表を参照）を使い回帰分析を行いその係数（感応度）を求めることで得られます。基本型は（2）式にあるように，銘柄ごとに1つの感応度が算出されることになります。一般的には2つ以上のマクロ変数を使って株価収益率を説明しようとしますので，重回帰分析を行う必要があります。回帰分析を行ううえでの前提条件（説明変数にトレンドがない，残差が独立同一分布に従うなど）が守られたうえで，回帰分析を行うことになります。

ファンダメンタルモデル

(X社の収益率)=(X社のサイズ)特性 × [ファンダメンタルファクター] + α

基本型：$r_i = F \times s_i + \alpha$ （3）

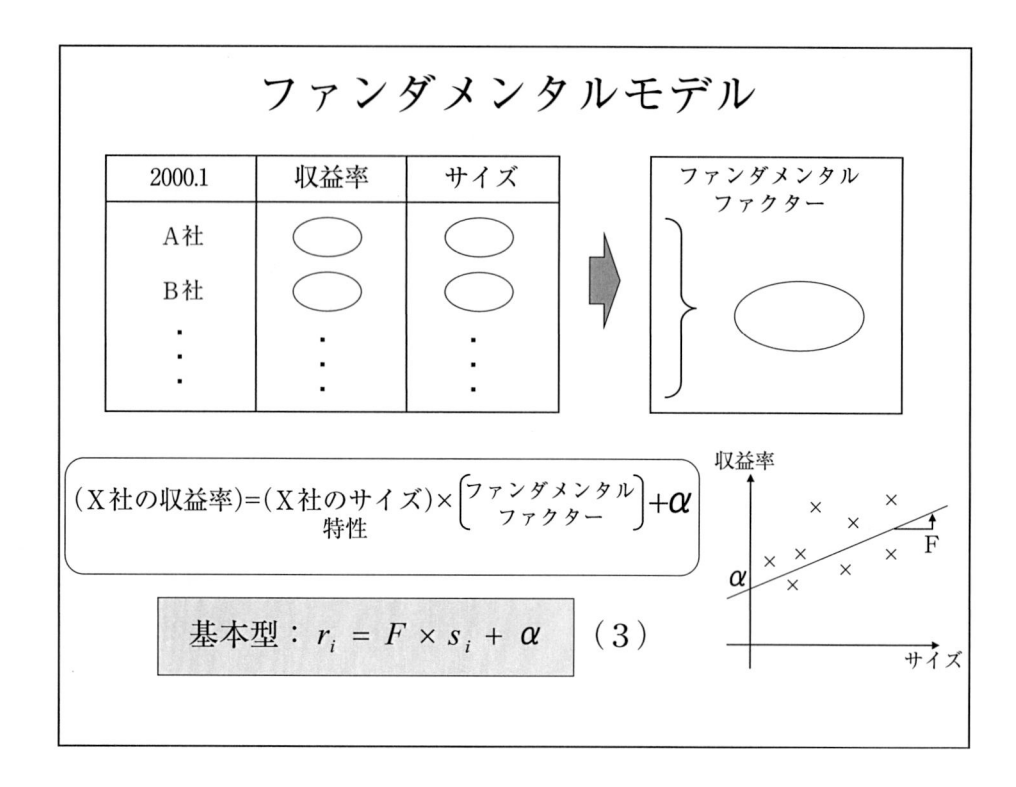

　ファンダメンタルモデルは，企業の業績，規模，簿価時価比率などのファンダメンタル変数と株価収益率との関係を，クロスセクション・データ（上の表を参照）を使い回帰分析を行い，時点ごとにその係数（感応度）を求めることで得られます。基本型は（3）式にあるように，銘柄ごとに1つの感応度が算出されることになります。一般的にはマクロエコノミックモデルモデルと同様，2つ以上のファンダメンタル変数を使って株価収益率を説明しようとしますので，重回帰分析を行う必要があります。マクロエコノミックモデルとファンダメンタルモデルとの違いは，説明変数がマクロ変数かファンダメンタル変数であるかという点以外に，ある一定期間の時系列データを使い銘柄ごとに1つか，一時点での一群の銘柄を使い全対象銘柄で1つ，感応度が得られるという点にあります。

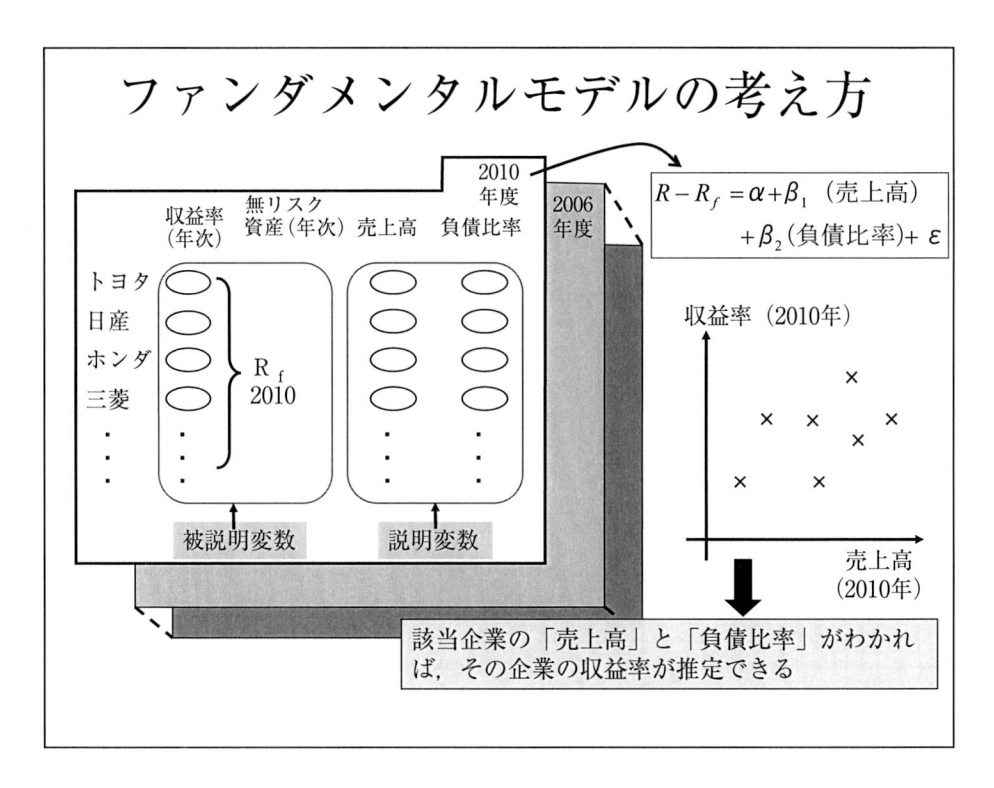

ファンダメンタルモデルの考え方

```
                                              2010
                                              年度                R − R_f = α + β_1（売上高）
                収益率  無リスク                        2006               + β_2（負債比率）+ ε
                （年次）資産（年次）売上高 負債比率    年度

        トヨタ   ○     ○       ○     ○
        日産    ○     ○       ○     ○                         収益率（2010年）
        ホンダ  ○    }R_f    ○     ○
        三菱    ○     2010    ○     ○                                 ×   ×  ×
         ⋮                                                           ×
                                                                      ×   ×

                被説明変数       説明変数                                         売上高
                                                                                （2010年）

                                     該当企業の「売上高」と「負債比率」がわかれ
                                     ば，その企業の収益率が推定できる
```

$$R - R_f = \alpha + \beta_1 (\text{売上高}) + \beta_2 (\text{負債比率}) + \varepsilon$$

　ファンダメンタルモデルも複数のファンダメンタルファクターから株価収益率を求めるモデルが一般的で，前述のように重回帰分析を行うことになります。上の例では，ある時点（2010年度）の個別銘柄の（年次）収益率（から無リスク資産の収益率を引いたもの）を被説明変数，そしてファンダメンタルファクターの売上高，負債比率を説明変数として，重回帰分析を行い，その時点での全銘柄に共通の感応度を求めます（この例では，売上高と負債比率の2つのファクターがあるので，感応度も2つ求められます）。この推定された感応度を使えば，ある企業の売上高，負債比率がわかれば，期待収益率を計算することが可能となります。この分析は1時点での分析ですが，時点が変わればその時点での感応度を計算する必要があります。

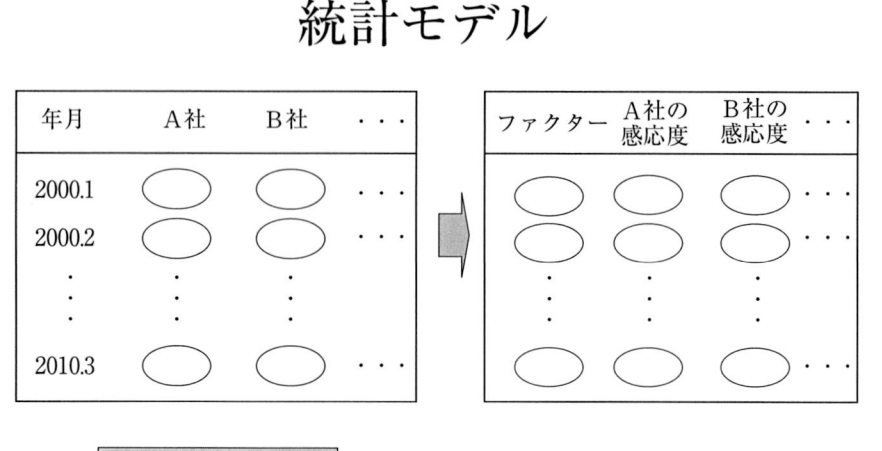

統計モデル

年月	A社	B社	・・・
2000.1	○	○	・・・
2000.2	○	○	・・・
⋮	⋮	⋮	
2010.3	○	○	・・・

ファクター	A社の感応度	B社の感応度	・・・
○	○	○	・・・
○	○	○	・・・
⋮	⋮	⋮	
○	○	○	・・・

因子（主成分）分析

「各社の収益率」から「ファクター」と「各社の感応度」を推定

基本型： $r_{it} = \beta_{it} \times f_t + \alpha_t$ （4）

　統計モデルは，これまでの2つのモデルと異なり，対象銘柄群の時系列でのデータを用いて，一度に，説明変数とその感応度を統計的な手法を使い推定しようとする方法です（クロスセクション・データと時系列のデータを合わせたものは，パネルデータと呼ばれます）。ですから，上の図にあるように，結果として，ファクター（通常は複数のファクターが得られます）と各銘柄ごとの感応度が時系列で得られることになります。ただし，この分析では得られたファクターが具体的にどのようなファクターであるかがわかりません。得られたファクターのデータから，分析者が推定する必要があります。基本型は（4）式にあるように，各時点で，各銘柄ごとに1つの感応度が算出されることになります。なお，この統計モデルでは，株価収益率の背後にある要因を推定するという意味で，因子分析という統計的な手法で推定する方法が一般的です。

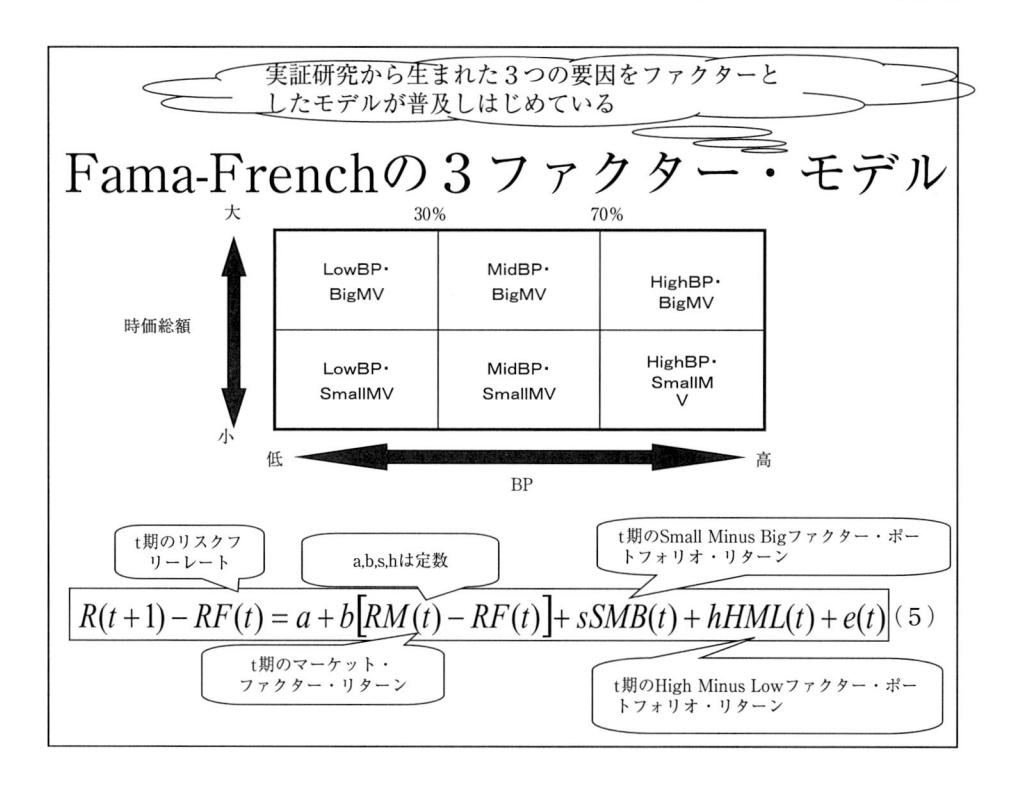

Fama-Frenchの3ファクター・モデル

実証研究から生まれた3つの要因をファクターとしたモデルが普及しはじめている

縦軸：時価総額（大／小）、横軸：BP（低／高）、30%、70%

	LowBP・BigMV	MidBP・BigMV	HighBP・BigMV
	LowBP・SmallMV	MidBP・SmallMV	HighBP・SmallMV

$$R(t+1) - RF(t) = a + b[RM(t) - RF(t)] + sSMB(t) + hHML(t) + e(t) \quad (5)$$

- $RF(t)$：t期のリスクフリーレート
- a, b, s, hは定数
- $SMB(t)$：t期のSmall Minus Bigファクター・ポートフォリオ・リターン
- $RM(t)$：t期のマーケット・ファクター・リターン
- $HML(t)$：t期のHigh Minus Lowファクター・ポートフォリオ・リターン

　Fama-French (1992) は、β値を使って表されるCAPMが現実の収益率を説明できていないことを示し、(5) 式で示される3ファクター・モデルを示しました（Fama-French (1993)）。このモデルは、市場、簿価時価比率、規模で表される3つのファクターによって説明されます。規模のファクターは、まず、時価総額で対象銘柄を半分に分割し、時価総額の小さいポートフォリオの収益率と時価総額の大きなポートフォリオの収益率の差をとったヘッジポートフォリオとします。簿価時価比率のファクターは、まず、簿価時価比率の大きさで銘柄をランク付けして、上位30%、中位40%、下位30%に分けたポートフォリオとします。すると、図にあるように、規模ファクターと合わせて6つのポートフォリオができます。6つのポートフォリオで、簿価時価比率の高い2つ（規模が大きいものと小さいもの）のポートフォリオから簿価時価比率の低い2つ（規模が大きいものと小さいもの）の収益率の差をとったヘッジポートフォリオとします。市場ファクターは、市場全体の動きを表すインデックスの収益率から無リスク資産の収益率を引いたものとします。この3つのファクターが実証的には、株式収益率の説明力が高いという意味で高い評価を受けています。しかし、これら3つのファクターの選定には理論的な根拠がないうえに、経済的な解釈も十分できていないといった問題も指摘されています。

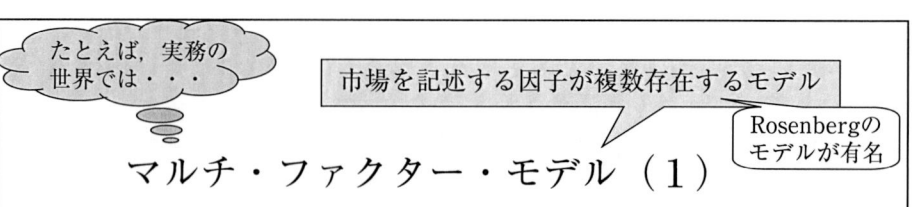

マルチ・ファクター・モデル（1）

> たとえば，実務の世界では・・・

> 市場を記述する因子が複数存在するモデル

> Rosenbergのモデルが有名

たとえば，n個のファクターが銘柄iの株価に影響を与えているとすると，

$$r_{it} = \underbrace{\alpha_i + \beta_{i1} \cdot f_{1t} + \beta_{i2} \cdot f_{2t} + \cdots + \beta_{in} \cdot f_{nt}}_{\text{システマティック・リスク}} + \underbrace{\varepsilon_{it}}_{\text{非システマティック・リスク}} \quad (6)$$

$$= \alpha_i + \sum_{j=1}^{n} \beta_{ij} f_{jt} + \varepsilon_{it}$$

ここで，
- r_{it}：銘柄iの時刻tでの収益率
- α_i：銘柄iに固有の収益率
- β_{ij}：銘柄iのj番目のファクターに関する感応度
- f_{jt}：ファクターjの時刻tでのファクター値（共通因子）
- ε_{it}：銘柄iに固有の時刻tでの残差項

　理論の進展とは別に，実務の世界では，株式価格の変動要因を経験則や簡単な統計手法を使って特定し，モデル化したものが広く普及していきました。特に，Rosenbergのマルチ・ファクター・モデルが有名で，当時は多くの機関投資家で利用されていました。モデルの形としては，n個の共通ファクターがある銘柄の収益率を説明するモデルであり，(6)式のように表されます。重回帰型の単純なモデルで，共通ファクターの部分はシステマティック・リスク，個々の銘柄固有の部分は非システマティック・リスクと呼ばれています。定数項は個別アルファーの情報が含まれた項ということになります。

マルチ・ファクター・モデル（2）

ファクター・モデルは，応用範囲が広く，投資の意思決定のさまざまな場面で利用されている。

> ファクター・モデルが実務で活用されている例として，ポートフォリオの
> ① 期待収益率を予測するためのリターンプレディクター
> ② リスク量を測定するためのリスク管理ツール
> ③ 運用実績を評価するためのパフォーマンス評価ツール
> ④ 構築の最適化のため
> などがある。

　マルチ・ファクター・モデルは，応用範囲が広く，投資の意思決定のさまざまな場面で利用されています。たとえば，①ポートフォリオの期待収益率を予測するモデル，②ポートフォリオのリスクの大きさを測定するためのリスク管理ツール，③ファンドの運用実績を評価するためのパフォーマンス評価ツール，④ポートフォリオの構築やリバランス（調整）のための最適化のためなどにマルチ・ファクター・モデルが活用されています。実践的なモデルであるといえます。

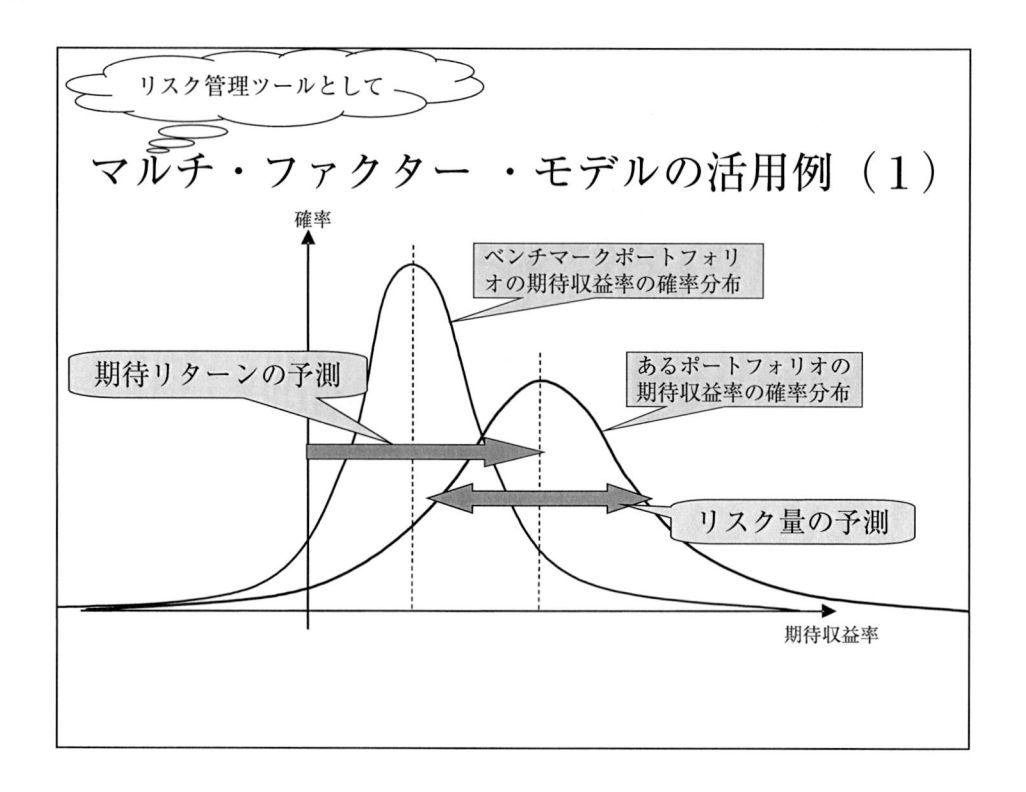

マルチ・ファクター・モデルの活用例（1）

リスク管理ツールとして

（図：ベンチマークポートフォリオの期待収益率の確率分布と、あるポートフォリオの期待収益率の確率分布。期待リターンの予測とリスク量の予測を示す。縦軸：確率、横軸：期待収益率）

　もう少し具体的にマルチ・ファクター・モデルの活用例を見てみたいと思います。いろいろな活用例がある中で，最も有効に活用されているのが対象ポートフォリオの期待リターンとリスク量の予測です。通常は比較対象（基準すなわちベンチマーク）を基準として評価することが一般的になっています。ベンチマーク（たとえば，東証1部上場銘柄を時価加重で重み付けしたTOPIXのような指標）を基準として，ベンチマークからの期待超過収益率とベンチマークに対する乖離の大きさをリスクの大きさとして捉えるという考え方のモデルが中心となっています。

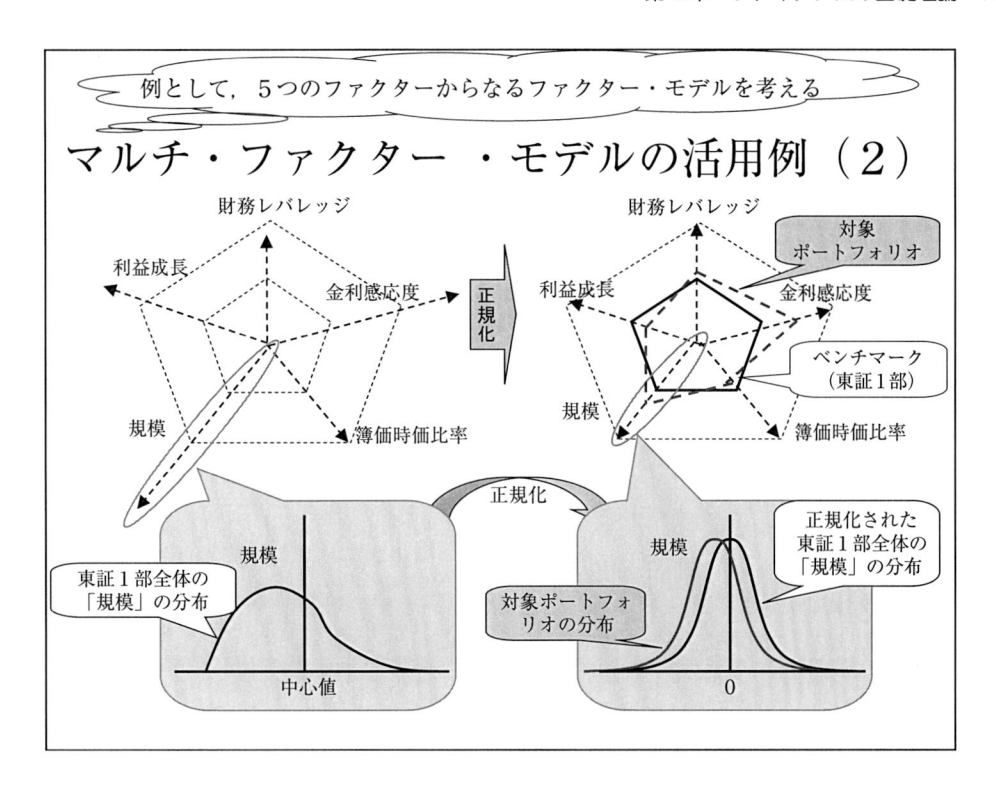

マルチ・ファクター・モデルの活用例（2）

例として、5つのファクターからなるファクター・モデルを考える

（図：左側に正規化前のレーダーチャート（財務レバレッジ、金利感応度、簿価時価比率、規模、利益成長）と東証1部全体の「規模」の分布、右側に正規化後のレーダーチャート（対象ポートフォリオ、ベンチマーク（東証1部））と正規化された東証1部全体の「規模」の分布および対象ポートフォリオの分布）

　マルチ・ファクター・モデルを使うことで、ポートフォリオのきめ細かなリスク管理が可能となります。たとえば、ベンチマークのもっている特性と対象ポートフォリオの特性との乖離を確認すること、すなわち意図的に取っているリスクと取っていないリスクの確認とその大きさ（影響度）を知ることができます。上図の左側にあるように、財務レバレッジ、金利感応度、簿価時価比率、規模、利益成長をファクター（5ファクター・モデルを想定）として、各ファクターを正規化（平均が「0」、標準偏差が「1」）します。正規化すると、図にあるように、ベンチマークの平均値が「0」となり、たとえば、金利感応度がベンチマークとの対比で大きいと、この値は大きくなります。この乖離の大きさを確認することで、どのファクターのリスク（ベンチマークからの乖離）をどの程度取っているかが確認できます。なお、図の点線がポートフォリオで、実線はベンチマーク（この例ではTOPIX）を表しています。

マルチ・インデックス・モデル
(マルチ・ファクター・モデル)

> 複数のファクターを考えると

CAPMのβ値の説明力が低いうえに，APTのような複数ファクターの研究が進むにつれ，複数ファクターによって説明するモデルの有効性が支持されるようになっていった。
(説明要因が1つのモデルを SIM，複数のモデルを MIM という)

(個別銘柄について)
$$r_i = \alpha_i + \beta_{i1}f_1 + \beta_{i2}f_2 + \cdots + \beta_{ik}f_k + \varepsilon_i$$

(ポートフォリオで考えると)
$$r_p = \sum_{i=1}^{N} w_i r_i$$
$$= \alpha_p + \beta_{p1}f_1 + \cdots + \beta_{pk}f_k$$

> 実際には，ファクター選定には3つの代表的な考え方がある。

　1つの要因で個別株式（あるいは株式ポートフォリオ）の期待収益率を説明しようとするモデルをシングル・インデックス・モデル（SIMと略されることもあります）といいます。この場合，通常要因は市場全体を表す指標（たとえばTOPIX）が使われます。また，複数の要因で個別株式（あるいは株式ポートフォリオ）の期待収益率を説明しようとするモデルをマルチ・インデックス・モデル（MIMと略されることもあります）といいます。期待収益率を説明するインデックスにはいろいろなファクターが考えられます。

3.4節　ファイナンスの基礎理論（4）：市場の効率性を中心に

3.4節　ファイナンスの基礎理論（4）

ポイント
1. ランダム・ウォークと株式収益率
2. 株価はランダムに動くのか
3. 市場の効率性について
4. 市場の効率性に対する反証例
5. 市場に対する見方と投資戦略

―本節の概要―

3.4節「ファイナンスの基礎理論（4）」では，資産価格決定上重要な考え方である市場の効率性とは何かを中心に，①ランダム・ウォークと株式収益率およびその分布，②株価はランダムに動くのか，③市場の効率性と効率的市場仮説とは何か，④市場の効率性に対する反証（アノマリー）の代表例，⑤市場の効率性に対する見方と取るべき投資戦略（市場平均を上回る戦略や市場平均並みの戦略）の5つのテーマについて解説します。市場の効率性はこれまでに解説してきたCAPMやAPTの前提となる考え方です。市場の効率性が何を意味するかについて理解することが本節の最大の目的です。

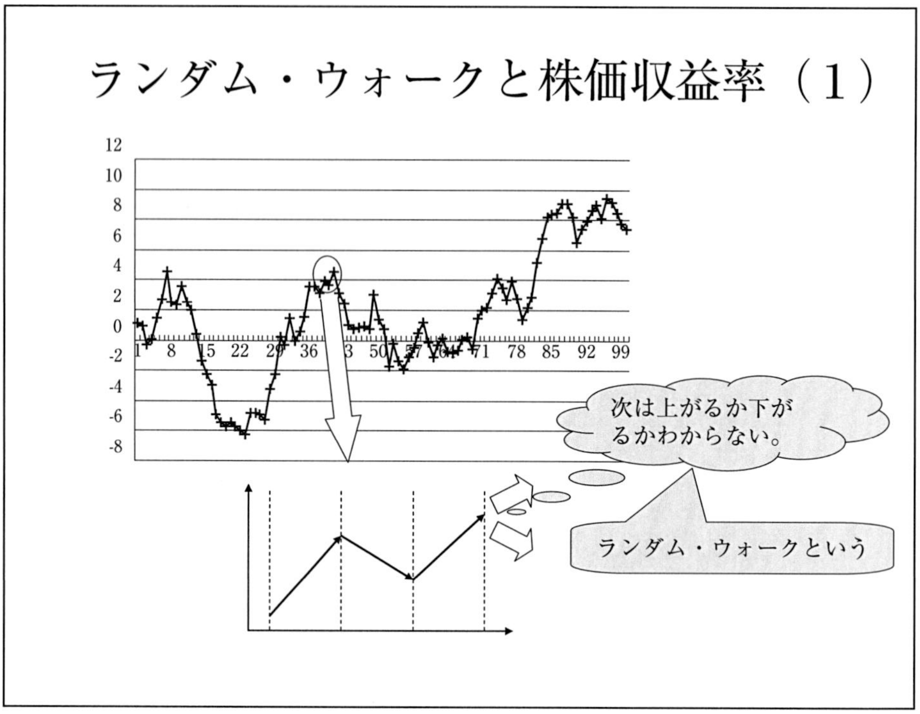
ランダム・ウォークと株価収益率（1）
12
10
8
6
4
2
0
-2
-4
-6
-8
1
8
15
22
36
50
71
78
85
92
99
次は上がるか下がるかわからない。
ランダム・ウォークという

株価の細かい動きを見ていると，上昇，下降が不規則に起こり，まるでランダムに動いているように見えます。上の図は，株価の上昇，下降をランダムに1期ずつ発生させたものです。しかし，一見すると本当の株式の価格変動のように見えます。この一見，ランダムに見える株価の動き（変化）を捉えて，株価はランダム・ウォークするといいます。本当にランダムな動きをしているかどうかを確認するためには，統計的な分析が必要です。

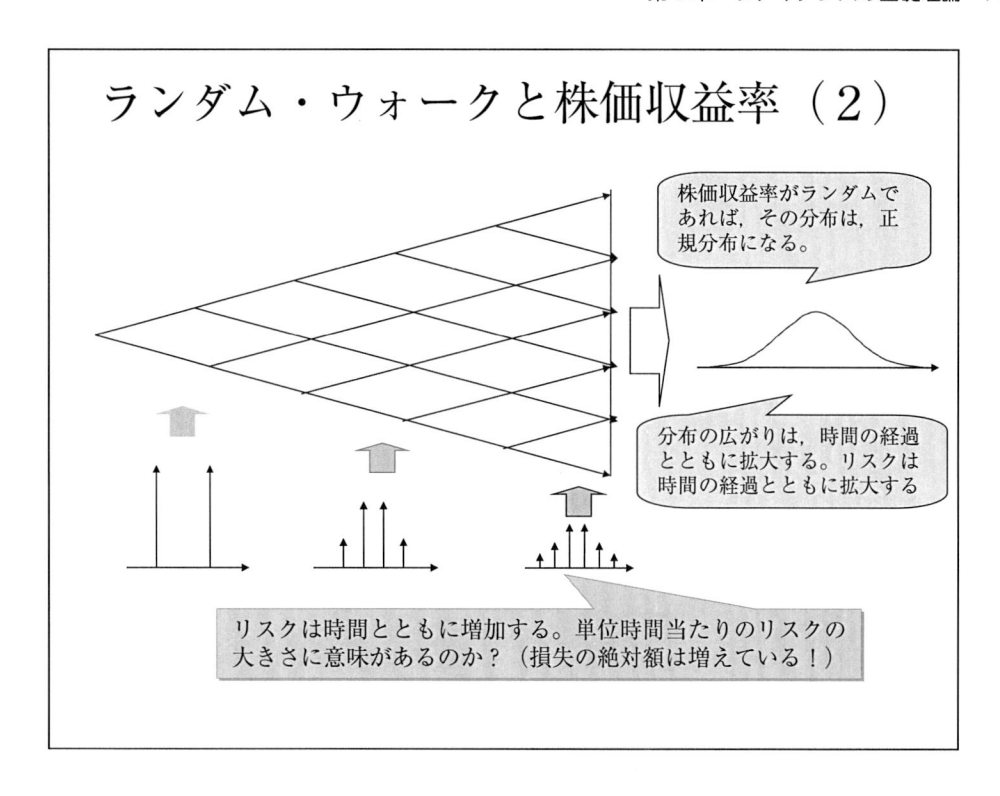

ランダム・ウォークと株価収益率（２）

株価収益率がランダムであれば，その分布は，正規分布になる。

分布の広がりは，時間の経過とともに拡大する。リスクは時間の経過とともに拡大する

リスクは時間とともに増加する。単位時間当たりのリスクの大きさに意味があるのか？（損失の絶対額は増えている！）

　株価の動き（変化）がランダムであると仮定して，このランダムな動きが何回も繰り返される状況を考えます。議論をわかりやすくするために，株価が上がるか下がるか２つの状態しかないと考えます（上昇率，下落率は適当な値を考えてください）。ランダムな動きを仮定していますから，まず，はじめの１期間目に上がるか下がるかはわかりません。上がるも下がるも五分五分です。次の２期目を考えます。このときは状態が２つ（１期目に上がった状態と下がった状態）ありますが，各々の状態でまた，次の１期間で上がるか下がるかはわかりません。上がるも下がるも五分五分です。３期目も４期目も同じです。これを繰り返していくと，現在の価格水準を中心として，分布がどんどん広がっていくことがわかります（上図参照）。

ランダム・ウォークと株価収益率（3）

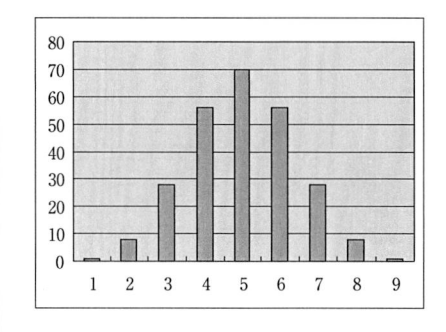

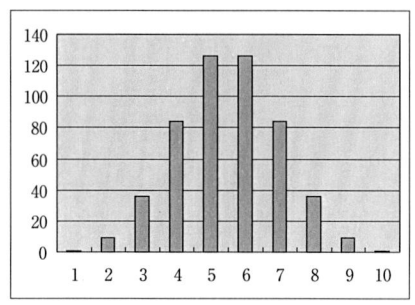

　上の図は，価格の変化がランダム・ウォークし，これが何回も繰り返された場合の状況を示したものです。ランダム・ウォークが何回も繰り返されていくと，その分布が正規分布に近い形状になることがわかります。株価の収益率だけではなく，他のリスク資産の多くは，正規分布に近い形状をすることが知られています。

　ある程度効率的な市場（「効率的な市場」については後述）では，資産価格に影響を与える事象はすべて現在の価格に織り込まれていて，これから起きる価格変化は，これから発生する資産価格に影響を与える要因によって変化することになります。しかし，これから発生する事象については，いつ，どのような事象が発生するかはわかりません。

　したがって，資産価格の収益率はランダムに動くと考えられています。ランダム・ウォークは，酔っ払いの歩き方に準えて「酔穂歩」と訳されることもあります。

　ここで，将来発生するニュースが，短期的に数多く発生すると考えますと，このランダムな動きが，何回も繰り返されることになります。この極めて歩数の多いランダム・ウォークした結果の確率分布は正規分布に近いものになります。

株価はランダムに動くのか（1）

- 1929年の株式市場大暴落の前までは株価の予測が可能であると一般に考えられていた
- ところが事実として、プロの投資家ですら、なかなか市場平均に勝つことができなかった
- 専門外の統計学者や物理学者は、株価のランダム性を発見
  - アルフレッド・コールズ（1933年）
  - ウォーキング（1934年）（統計学者）
  - モリス・ケンドール（1953年）（統計学者）
  - ロバーツ（1959年）（統計学者）
  - オズボーン（1960年）（物理学者）

株価はランダムに動いていて、将来の予測は不可能。株価のランダム性が一般に認められるようになった。

1960年代に入ると、ムーア、ファーマをはじめとする多くの学者たちによって、株価はランダムに動くという分析結果が支持され、ランダム性が一般に認められるようになった。

　米国では1929年の株式市場の大暴落の前までは、株価は予測可能であると考えられていました。ところが、プロの投資家もこの大暴落を予測することができませんでした。この大暴落をきっかけとして、株価の予測可能性について、疑問がもたれるようになりました。その後、経済とは専門の異なる統計学者（ケンドール等）や物理学者（オズボーン等）が、株価のランダム性を発見しはじめました。一方で、プロの投資家がなかなか市場平均（日本でいえば日経225やTOPIX）を上回る運用成績を上げることができませんでした。そして、1960年代に入ると、ムーア、ファーマをはじめとする多くの経済学者達によって株価はランダムに動くという分析結果が示され、ランダム性が一般に認められるようになりました。

株価はランダムに動くのか（2）

なぜ株価がランダムに動くのか？

株価がランダムに動いているということはわかったものの，なぜランダムに動くのかを合理的に説明することができなかった。

⬇

この難問に解答を与えたのがサミュエルソン（1965年）

　　プロの投資家でも市場の暴落を予測することができないどころか，市場平均に勝てないという事実が明らかになり，株価はランダムに近い動きをすることがわかってきましたが，「なぜ株価がランダムに変動するか」を合理的に説明することが当時は誰もできませんでした。しかし，この難問に解答を与えたのが米国を代表する経済学者のサミュエルソンでした。

株価はランダムに動くのか（3）

ポール・サミュエルソンの解釈

利用可能なあらゆる情報を分析して定まる市場価格は，市場参加者の合意の結果（最善の本質的価値の推定値）

↓

その後の変動は，新しい情報が入り，その情報によって最善の本質的価値の推定値を変える必要が生じたとき生まれるものであり，事前にはわからず，株価も予測できない。

↓

市場参加者が合理的な行動を取れば，株価はランダムに動かざるを得なくなる。

効率性は市場参加者間の競争によって生まれたものである

市場がこのような状態（株価がランダム）にあることを，市場が効率的であるという。

　ポール・サミュエルソンは，株価がランダムに動く理由を次のように解釈しました。彼は，利用可能なあらゆる情報を分析して定まる市場価格は，市場参加者の合意の結果（最善の本質的価値の推定値）であり，その後の変動は，新しい情報が入り，その情報によって最善の本質的価値の推定値を変える必要が生じたとき生まれるものであると考えました。このことは，事前にはわからず，株価も予測できないということを意味しています。したがって，効率性は市場参加者間の競争によって生まれたものであり，市場参加者が合理的な行動を取れば，株価はランダムに動かざるを得なくなります。市場がこのような状態（株価がランダム）にあることを，市場が効率的であるといいます。

市場の効率性について

> 価格に影響を与えるこれまでの情報は、すべて価格に反映されている（現状の価格が最良の推定値になっている）。
>
> ⬇
>
> 価格に影響を与える新しい情報が発生して初めて価格は新たな最良の推定値に落ち着く。

- 価格自体は経済学でいう「需要と供給」で決まるが、「需要と供給」を生む原因は「価格に影響を与える新しい情報」が発生したとき。

    > ただし価格は、将来CFの現在価値だから、将来CFと割引率に影響を与える情報がもたらされたときに価格が変化することになる。

- 価格に影響を与える新しい情報は、良い情報である場合もあれば、悪い情報である場合もある（半分半分と考えて良い）。

　市場が効率的であれば、価格に影響を与える過去の情報は、すべて現在の価格に反映されているはずです（現状の価格が最良の推定値になっていることになります）。価格に影響を与える新しい情報が発生して初めて価格は新たな最良の推定値に落ち着きます。価格自体は経済学でいう「需要と供給」で決まりますが、「需要と供給」を生む原因は「価格に影響を与える新しい情報」が発生したときです。ただし価格は、将来キャッシュフローの現在価値ですから、将来キャッシュフローと割引率に影響を与える情報がもたらされたときに価格が変化することになります。価格に影響を与える新しい情報は、良い情報である場合もあれば、悪い情報である場合もあり、良い情報であれば株価は上昇し、悪い情報であれば株価は下落します。

効率的市場仮説

分類	I（1970）	II（1991）
カテゴリーI	**ウィーク型** 過去の収益率データ系列からの将来予測の可能性	過去の収益率だけでなく，他の変数で将来予測が可能か
カテゴリーII	**セミストロング型** 公開情報の将来予測の可能性	イベントスタディ 新しい情報がその後の株価形成にどう影響を与えているか
カテゴリーIII	**ストロング型** 特定の投資家が市場に織り込まれていない情報をもっているか	未公開情報 未公開情報の将来予測の可能性

　Fama（1970）は，市場の効率性の程度を基準とした3つの段階を考えました。まず，最も効率性の弱いカテゴリーIとして，ウィーク型の効率性を定義しました。これは，過去の収益率データ系列から将来の価格を予測することができるかどうかを基準としています。次に効率性の弱いカテゴリーIIとして，セミストロング型の効率性を定義しました。これは，公開情報を使い将来の価格を予測することができるかどうかを基準としています。最も効率性が高い基準であるカテゴリーIIIとして，ストロング型の効率性を定義しました。これは，インサイダー情報を含むあらゆる価格に影響を与える情報を使って将来の価格を予測することができるかどうかを基準としています。この効率的市場仮説は，Fama（1991）が定義を見直しています。カテゴリーIとして，過去の収益率だけでなく，他の変数で将来予測が可能か，カテゴリーIIとして，新しい情報がその後の株価形成にどう影響を与えているか（イベントスタディ），カテゴリーIIIとして，未公開情報で将来予測が可能性かという3つに分類を変えています。

フェア・ゲーム（Fair Game）とは

> ゲーム参加者すべてに公平な賭け
>
> フェア・ゲーム（Fair Game）という

- 参加するゲームの賞金の期待値と掛け金が等しいゲームのこと

- コインの表が出る確率と裏が出る確率が等しい（怪しいコインでなければ）ので，表が出れば100円もらえ，裏が出れば0円もらえるゲームの参加費が50円であるゲームはフェア・ゲーム（Fair Game）である。

- 「投資家の期待収益率（現在価値）が投資額に等しい」投資はFair Gameという。

　ゲーム参加者すべてに公平な賭け（ゲーム）をフェア・ゲーム（Fair Game）といいます。すなわち，参加するゲームの賞金の期待値と掛け金が等しいゲームのことをフェア・ゲームといいます。コインの表が出る確率と裏が出る確率が等しい（怪しいコインでなければ）ので，表が出れば100円もらえ，裏が出れば0円もらえるゲームの参加費が50円であるゲームはフェア・ゲーム（Fair Game）です。したがって，「投資家の期待収益率（現在価値）が投資額に等しい」投資はフェア・ゲーム（Fair Game）です。

マーティンゲール (Martingale)（1）

将来の予測値が（価格に影響を与えるすべての利用可能な情報が含まれた）現在価値に等しい。

数式で表すと：$E_t(X_{t+1}) = X_t$　　（1）

$E_t(X_{t+1}) = X_t$ が成立すると，X_t はマーティンゲール

（図：価値・時間の軸上に，現在（t時点）の X_t から将来（t+1時点）の $E_t(X_{t+1})$ へ向かう矢印）

　将来の予測値が（価格に影響を与えるすべての利用可能な情報が含まれた）現在価値に等しいとき，すなわち（1）式が成立すると，X_t はマーティンゲールであるといいます。これは，たとえば，今から1年先のTOPIX（東京証券取引所の1部に上場されている株式市場全体の動きを示す指数）の指数の値（価格）の最良の推定値がTOPIXの現時点の指数の値である状況を示しています。将来，株価が上がる可能性も下がる可能性も同様に起こり得れば，この関係式が成立します。

マーティンゲール（Martingale）（2）

```
トレンドをもたない確率的な過程のこと
→ 現在までの情報をもとに将来を予測
  しようとしても，予測できないこと
  になる。

現在価格＝条件付き期待値の割引現在価値

マーティンゲール ⇒ Fair Game

➤ スーパーマーティンゲール：下落トレンドをもった確率的な過程のこと
➤ サブマーティンゲール：上昇トレンドをもった確率的な過程のこと

確率的な過程（確率過程）とは，時間の経過につ
れて予測不可能な変動を伴う時系列データのこと
```

　マーティンゲールは，トレンドをもたない確率的な過程のことを表しています。ここで，確率的な過程（確率過程）とは，時間の経過につれて予測不可能な変動を伴う時系列データのことです。これは，すなわち，現在までの情報をもとに将来を予測しようとしても，予測できないことを表しています。したがって，マーティンゲールであれば，フェア・ゲームであることになります。なお，下落トレンドをもった確率的な過程のことをスーパーマーティンゲール，上昇トレンドをもった確率的な過程のことをサブマーティンゲールといいます。

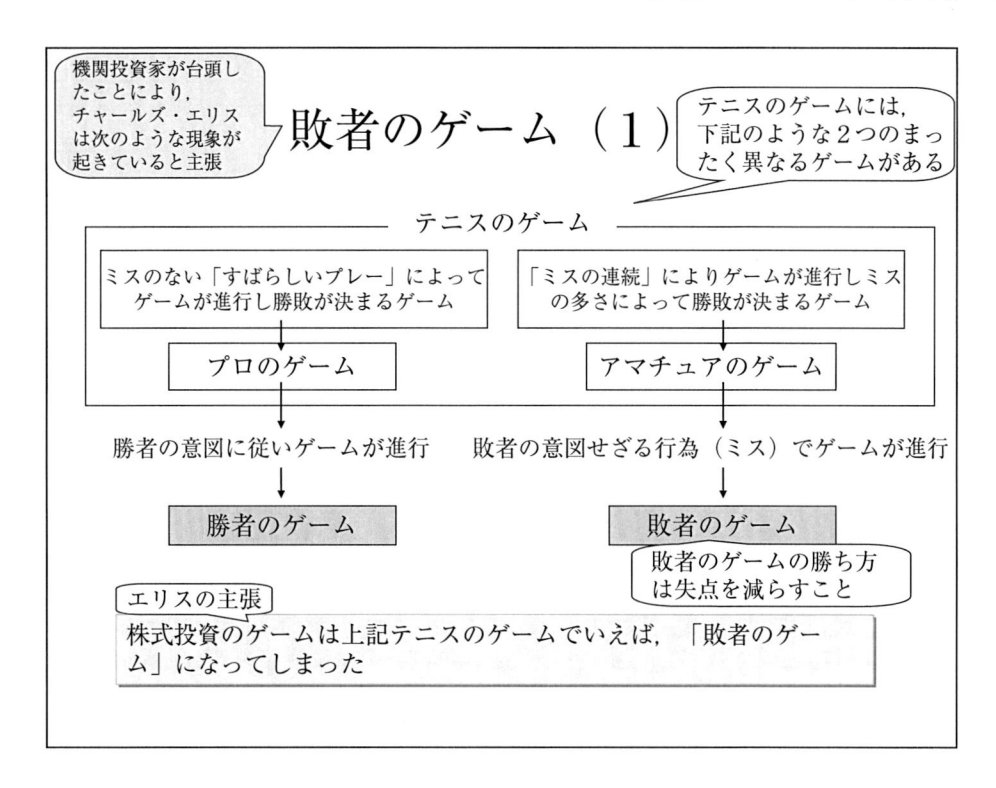

敗者のゲーム（1）

```
┌─ 機関投資家が台頭し
│  たことにより，
│  チャールズ・エリス
│  は次のような現象が
│  起きていると主張
```

```
┌─ テニスのゲームには，
│  下記のような2つのまっ
│  たく異なるゲームがある
```

テニスのゲーム

ミスのない「すばらしいプレー」によって ゲームが進行し勝敗が決まるゲーム	「ミスの連続」によりゲームが進行しミス の多さによって勝敗が決まるゲーム
プロのゲーム	アマチュアのゲーム
勝者の意図に従いゲームが進行	敗者の意図せざる行為（ミス）でゲームが進行
勝者のゲーム	**敗者のゲーム**

敗者のゲームの勝ち方
は失点を減らすこと

エリスの主張
株式投資のゲームは上記テニスのゲームでいえば，「敗者のゲーム」になってしまった

　株価はランダムに動いているという分析結果が数多く示され，なおかつ，プロの運用者が市場平均に勝てないという事実が知られるようになりはじめた1975年に，チャールズ・エリスは「敗者のゲーム」という論文を発表しました。その中で，機関投資家が台頭したことにより，株式投資はアマチュアのテニスゲームのようになってしまったとしています。彼は，「テニスのゲームには2種類のゲームがあり，1つはミスのないすばらしいプレーによってゲームが進行し勝敗が決まるプロのゲームである。もう1つはミスの連続によりゲームが進行し，ミスの多さで勝敗が決まるアマチュアのゲームである。」と述べています。前者のプロのゲームは勝者の意図に従いゲームが進行するので，これを「勝者のゲーム」，後者は敗者の意図せざる行為（ミス）によりゲームが進行するので，これを「敗者のゲーム」と呼びました。敗者のゲームの勝ち方は，いかにミスを減らすかということになります。エリスの主張は，株式投資が「敗者のゲーム」になってしまったというものです。

```
┌─────────────────────────────────────────────────────┐
│              敗者のゲーム（2）                        │
│                                                     │
│      株式投資がなぜ「敗者のゲーム」になってしまったのか？  │
│            ┌─────────機関化現象─────────┐            │
│            │ ┌──────────────┐ ┌──────────────┐ │    │
│            │ │情報収集，分析力 │ │市場＝機関投資家自身│ │    │
│            │ │の飛躍的向上    │ │              │ │    │
│            │ └──────┬───────┘ └──────┬───────┘ │    │
│            │   ┌────▼─────┐    ┌────▼─────┐   │    │
│            │   │市場の効率性 │    │自分達自身と│   │    │
│            │   │の向上     │    │の競争     │   │    │
│            │   └──────────┘    └──────────┘   │    │
│            └──────────────────────────────────┘    │
│               ┌──────────────────┐                 │
│               │投資の成否は市場が基準│                 │
│               └──────────────────┘                 │
│   機関投資家が巨大化したことにより，自分達が実質市場そのもの   │
│   となり，(短期的には別にして) 長期的に市場に勝ち続けること    │
│   ができなくなった。                                   │
│     ┌──────────────────────────────────────┐       │
│     │日本の株式投資も「敗者のゲーム」になってしまっているのか？│       │
│     └──────────────────────────────────────┘       │
└─────────────────────────────────────────────────────┘
```

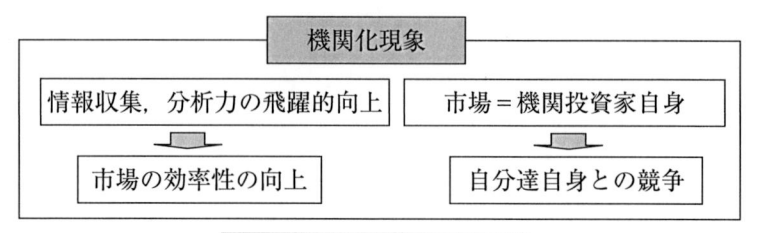

　それでは，なぜ，株式投資が敗者のゲームになってしまったのでしょうか。その最大の原因は，「機関化現象」にあるとエリスは述べています。株式市場の資金提供者として機関投資家が巨大化することにより，市場が機関投資家自身となり，機関投資家間の競争となってしまったことが1つの大きな要因です。また，計算機能力の向上により分析力も飛躍的に向上し，市場の効率性も向上しました。機関投資家が巨大化したことにより，自分達が実質市場そのものとなり，(短期的には別にして) 長期的に市場に勝ち続けることができなくなってきました。市場が自分達そのものになったため，投資の成否は市場が基準になってしまったと考えられます。それでは，現在の日本の「株式投資」も「敗者のゲーム」になってしまったのでしょうか。その答えは実証分析からの結果を見て評価されなければなりません。

パッシブ運用とアクティブ運用

- パッシブ運用は，市場でつけられた価格を正しい価格と捉え，市場平均に連動するような運用をすること

- アクティブ運用は，市場には誤った価格付けをされた銘柄が存在し，市場平均を上回ることができると確信し，積極的に銘柄を売買する運用をすること

エリスは，米国では市場が効率的になり，アクティブ運用が難しい環境になっていると主張しているが，本当だろうか？

　ここで，パッシブ運用とアクティブ運用について，考えてみます。まず，パッシブ運用ですが，これは市場で付けられた価格を正しい価格と捉え，市場平均に連動するような運用をすることです。運用者が自分自身の判断（割高・割安）をしない運用ということになります。一方で，アクティブ運用ですが，これは市場には誤った価格付けをされた銘柄が存在し，市場平均を上回ることができると確信し，積極的に銘柄を売買する運用をすることです。投資家の主観的な判断により運用するということになります。

　エリスは，米国では市場が効率的になり，アクティブ運用が難しい環境になっていると主張していますが，本当でしょうか？

```
┌─────────────────────────────────────────────────────────┐
│              効率的市場が意味すること                    │
│                                                         │
│  ┌効率的市場で┐  ┌──────────────────────────────┐       │
│  │あるためには,├─→│市場の競争が激しく,株価に影響を与えるよ│       │
│  └───────────┘  │うな情報はすぐに価格に反映      │       │
│                 └──────────────┬───────────────┘       │
│                                ▼                        │
│                 ┌──────────────────────────────┐       │
│                 │このような市場では,継続して市場平均を上回│       │
│                 │ることは非常に難しくなる        │       │
│                 └──────────────┬───────────────┘       │
│                                ▼                        │
│        ┌──────────────────────────────────────┐        │
│        │市場についている価格を信じる運用手法が有利？│        │
│        └──────────────┬───────────────────────┘        │
│                       ▼   ┌パッシブ運用は「フリーライダー」┐│
│        ┌──────────────────────────────────────┐        │
│        │パッシブ運用者は資本市場の重要な役目である適性価格発見に│        │
│        │   寄与していない（価格の妥当性を評価していない）│        │
│        └──────────────────────────────────────┘        │
└─────────────────────────────────────────────────────────┘
```

　市場の競争が激しく，市場が効率的であれば，株価に影響を与えるような情報はすぐに価格に反映されます。

　このような競争が厳しい市場では平均以上の収益率を継続的に上げることは非常に難しくなります。したがって資産が市場で取引きされている効率的な市場では，その市場価格を信じる運用手法が有利と考えることができます。このことは，パッシブ運用の優位性を示す1つの理由であると考えられています。しかし，一方で，パッシブ運用者は，資本市場の重要な役割である適正価格発見に寄与していない，すなわち，価格の妥当性を評価していないといわれています。

市場の効率性に対する反証例

> 市場は効率的であるという主張に対する反証例が1980年代から見られるようになった。

エール大学のシラー教授：
- 株価は効率的市場仮説が想定する以上に大きく変動しており，実際の株価は，ニュースに対して過剰に反応している（1988年）
- 平均回帰の存在が株式市場のみならず債券，為替の市場においても存在（1990年）

→ 80年代から，多くの市場の効率性に関する反証例が示されるようになった
　株式市場のアノマリーという

　市場が効率的であるという多くの研究者達の研究成果が1970年代後半まで報告される中で，市場の効率性に対する反証例が1980年代に入って数多く見られるようになりました。こういった反例は，市場のアノマリー（変則性）と呼ばれています。しかし，市場の非効率性を指摘する証拠が断片的にではありますが，すでに1970年代中頃から発見され，報告されるようになりました。代表的な市場の変則性には，カレンダー効果，小型株効果，PER効果，平均回帰，低位株効果などがあります。以下に代表的なアノマリーをいくつか紹介します。

> ## 代表的なアノマリー
>
> ➢ 株価収益率アノマリー：高い株価収益比率（EP比率）の銘柄
> のその後の収益率は高い（逆も成立）
>
> ➢ 小型株アノマリー：時価総額の小さい銘柄のその後の収益率は
> 高い
>
> ➢ カレンダーアノマリー：1月に投資した方が1月以外に投資する
> よりも収益率が高い
>
> ➢ リターン・リバーサル・アノマリー：
> 過去の収益率が低かった銘柄のその後の収益率は高い
> （逆も成立）
>
> ➢ 低位株アノマリー：株価の低い銘柄のその後の収益率は高い
> など

　まず，株価収益率アノマリーですが，これは高い株価収益比率（EP比率）をもった銘柄のその後のリターンは高いというものです。PER効果と呼ばれることもあります。次に小型株アノマリーがあります。これは，時価総額の小さい銘柄のその後の期待収益率は高いというものです。小型株効果と呼ばれることがあります。ただし，この効果は，1980年代中頃まではありましたが，その後消滅したと一般に考えられています。また，カレンダーアノマリーといわれるものがいくつか存在します。たとえば，「1月以外に投資するよりも1月に投資した方が収益率が高くなる」（1月効果）や「週末の株価収益率は低い」（週末効果）などが代表的なものです。
　また，リターン・リバーサル・アノマリーといわれる過去の収益率が高かった銘柄のその後の収益率は低い，あるいは，過去の収益率が低かった銘柄のその後の収益率は高いといったリターン・リバーサル効果（平均回帰効果と呼ばれることもあります）と呼ばれる現象も有名です。さらに，これとは逆に，一度上がりだすと上昇が続き，下がりだすと下落が続くモーメンタム効果も観測されています（モーメンタム効果は短期的，リターン・リバーサル効果は長期的な現象であると考えられています）。最後に，低位株アノマリーと呼ばれる株価の低い銘柄のその後の収益率が高いという現象も観測されています。
　他にも，いくつかの市場の効率性に反する事例が報告されていますが，これらの事例は，相互に関連しあっていたり，分析期間で現象が観測されなかったりする場合がありますので，活用にあたっては注意が必要です。

市場に対する見方と投資戦略

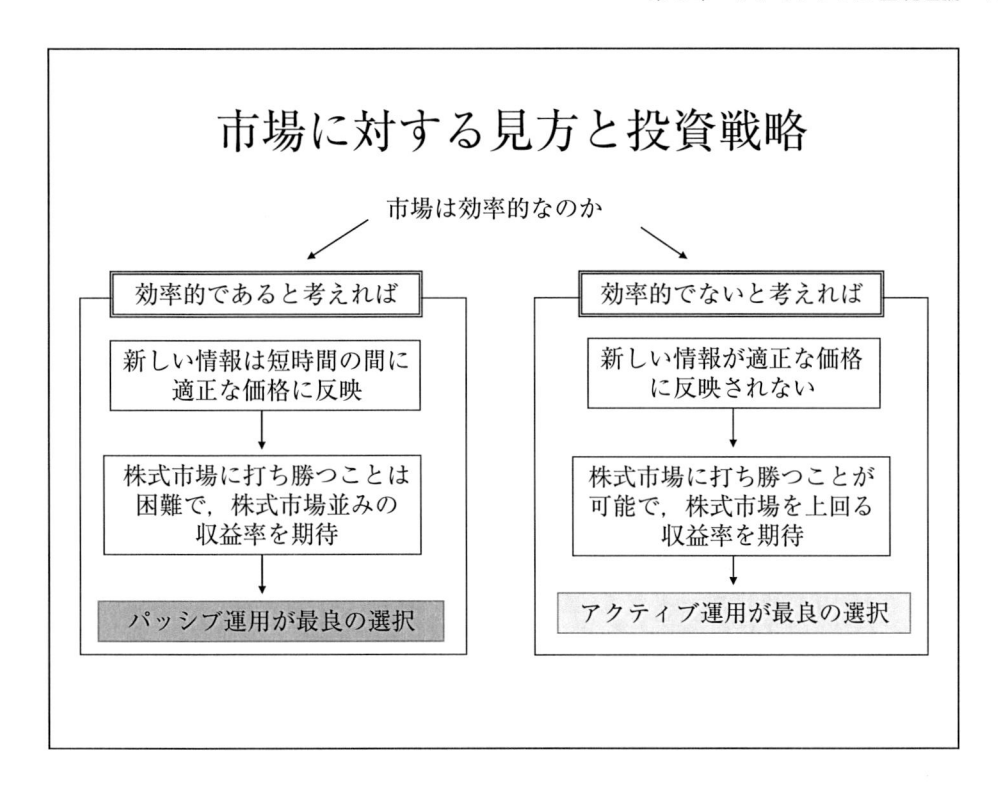

市場は効率的なのか

効率的であると考えれば
- 新しい情報は短時間の間に適正な価格に反映
- 株式市場に打ち勝つことは困難で、株式市場並みの収益率を期待
- **パッシブ運用が最良の選択**

効率的でないと考えれば
- 新しい情報が適正な価格に反映されない
- 株式市場に打ち勝つことが可能で、株式市場を上回る収益率を期待
- **アクティブ運用が最良の選択**

　これまでの市場の効率性に関する評価が定まると、取るべき投資戦略が決定されることになります。もし、対象となる市場が効率的であると判断されるならば、価格に影響を与える新しい情報は、短期間の間に適切に価格に反映されてしまいます。そうなれば、たとえば株式市場で市場平均に打ち勝つことが困難になり、市場並の収益率しか期待できなくなります。したがって、取るべき投資戦略はパッシブ運用ということになります。逆に、対象となる市場が効率的でないと判断されるならば、価格に影響を与える新しい情報は短時間のうちには価格に適切に反映されないことになります。このような状況であれば、株式市場で市場平均に打ち勝つことができる可能性が生まれ、市場を上回る収益率が期待できます。したがって、取るべき投資戦略はアクティブ運用ということになります。ここで大切なことは、投資対象である市場の効率性の評価です。したがって、市場が異なれば、効率性も異なることは当然ということになります。成熟度が高い市場は効率性も高く、アクティブ運用で市場平均を上回ることは難しくなりますが、成熟度が低い市場は効率性が低く、アクティブ運用のチャンスが出てきます。

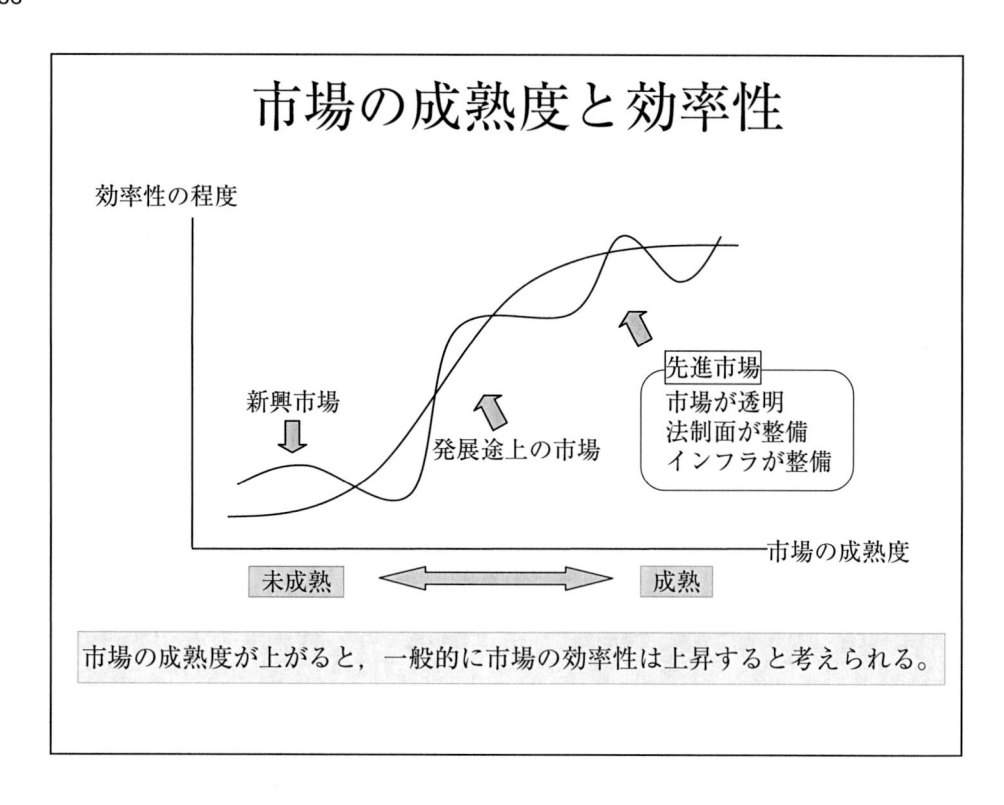

市場の成熟度と効率性

```
効率性の程度
                                    ↗
                          ┌─────────────┐
                          │ 先進市場      │
                          │ 市場が透明    │
       新興市場    発展途上の市場 │ 法制面が整備  │
         ↓         ↑      │ インフラが整備│
                          └─────────────┘
                                          市場の成熟度
    ┌────┐  ←──────→  ┌────┐
    │未成熟│            │成熟│
    └────┘            └────┘
```

市場の成熟度が上がると，一般的に市場の効率性は上昇すると考えられる。

　これまで市場の効率性について見てきましたが，市場の効率性は，市場の成熟度と関係があるといわれています。たとえば，米国の資本市場は，歴史が長く，過去に発生した資本市場の健全性を損なってしまった問題の1つひとつに，対策を打ってきました。市場参加者間の平等性を保つための法制面の整備やインフラの整備，さらには市場の透明性の確保などが，時間をかけて整備されて，今の姿ができ上がっているといえます。

　したがって，資本市場は，情報を含むインフラ，法制面が整備され，市場の透明性が高くなると市場の成熟度が高まったといわれます。逆に，インフラの整備が不十分であったり，法制面の未整備部分が多かったり，市場の透明性が不十分で，市場参加者間で公平な扱いがなされていないと，市場が未成熟であるといわれます。

　一般的には，資本市場ができてから歴史の浅い新興市場は，未成熟（成熟度が低い）と考えられ，未成熟な分だけ市場の効率性も低いと考えられています。一方，資本市場の歴史が長い先進国の市場は，成熟度が高く，市場もある程度効率的であると考えられています。

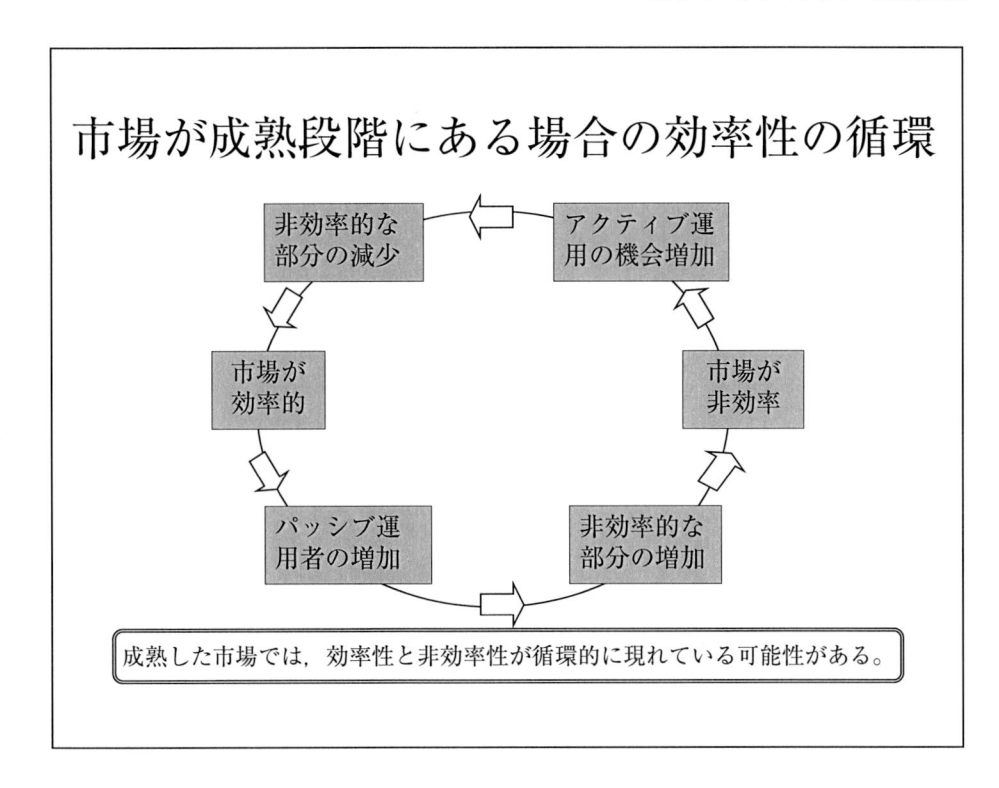

市場が成熟段階にある場合の効率性の循環

```
非効率的な         アクティブ運
部分の減少    ←    用の機会増加
   ↓                    ↑
市場が                 市場が
効率的                 非効率
   ↓                    ↑
パッシブ運          非効率的な
用者の増加    →    部分の増加
```

成熟した市場では，効率性と非効率性が循環的に現れている可能性がある。

　市場が成熟した状態にあっても，市場の効率性に関しては，循環的な現象を起こしている可能性があります。たとえば，市場の効率性が非常に高いと，市場の非効率性に着目して投資を行っている投資家（たとえばアクティブ運用者）は，市場を上回ることができず，市場から撤退するか，市場全体の動きに連動したファンド（パッシブ運用）を行うことになります。市場に連動したパッシブ運用者が増えると，今度は，市場の非効率性が増すことになります（パッシブ運用は，市場価格が妥当と考えます）。すると，市場の非効率性に着目して投資する機会が増え，市場を上回る運用ができるようになります。しかし，こういったアクティブな運用者が増えると，（こういった運用者が，競争して市場の非効率性を利用しようとするため）市場は効率的になっていきます。

　したがって，市場は程度の問題はありますが，効率，非効率を繰り返している可能性があります。成熟度の高い市場といっても，効率性に関しては，循環を繰り返している可能性があります。

第4章
株式投資の基礎と株式市場

― 4.1節　株式投資の基礎と株式市場（1）：株式投資の基礎とマルチプルズ ―

4.1節　株式投資の基礎と株式市場（1）

ポイント
1. 株式とは何か
2. 株式市場とは何か
3. 株価の変動要因
4. 株式評価の方法
5. マルチプルズ（倍率）

―本節の概要―

4.1節「株式投資の基礎と株式市場（1）」では，株式投資を考えるうえで基本となる理論と株式市場の特徴について解説します。具体的には，①株式とは何か，株式を保有することはどういうことなのか，②株式市場の全体像，③株価の変動要因（株価は何により変動するか），④株式評価の実際，⑤マルチプルズ（倍率）の5つのテーマを中心に解説します。特に株式投資で問題となるのが，株式の本質的価値とは何かということです。株式価値を評価する方法は数多く存在しますが，株式の持つ本質的価値は何によって決定され，何によって変化するかを知ることが本節の重要なポイントです。

株式とは

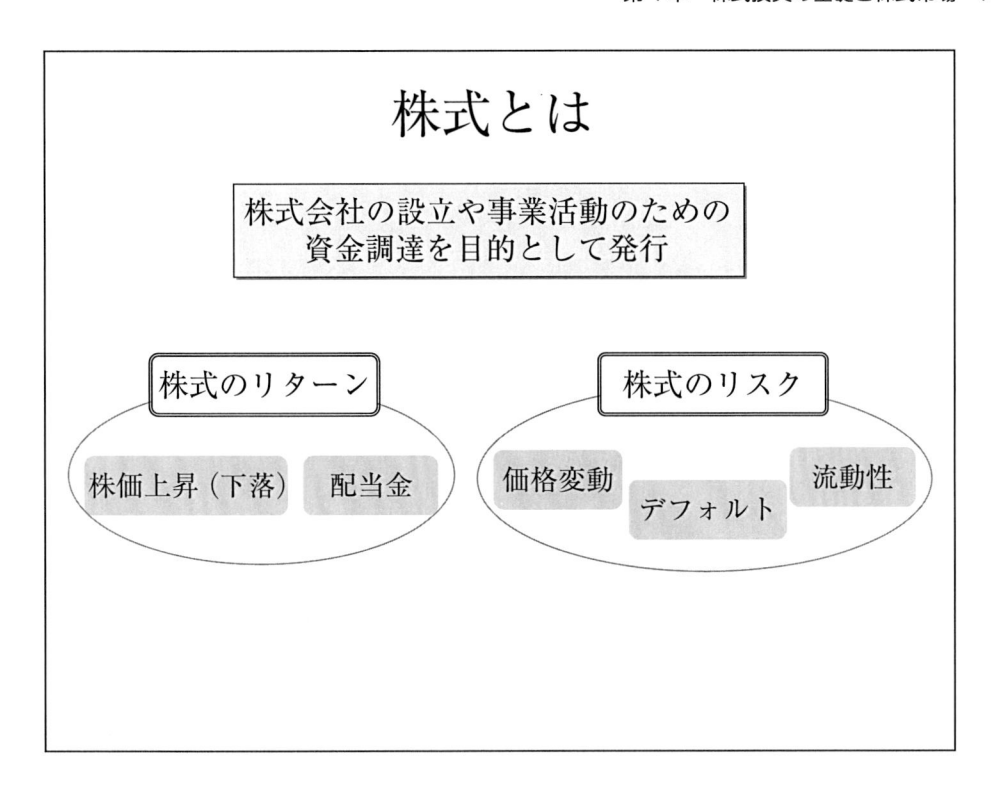

株式会社の設立や事業活動のための
資金調達を目的として発行

株式のリターン
- 株価上昇（下落）
- 配当金

株式のリスク
- 価格変動
- デフォルト
- 流動性

　株式とは，企業が日々の事業活動や設備投資を行うための資金を調達する目的として発行する証券をいいます。株式の発行により調達した資金は，株主に返済する必要がないため「自己資本」と呼ばれます。一方，金融機関からの借入や社債の発行など負債による方法もあります。負債により調達した資金は定められた期日に返済しなければならないため，「他人資本」と呼ばれます。

　株式投資から得られる収益率には，株価が上昇することによって得られるキャピタル・ゲイン（ロス）と，企業が利益の一部を株主に分配する配当金の2つです。

　また，株式投資のリスクには，株価が変動する価格変動リスクと，企業が破綻するデフォルトリスク，売買が極端に少ない銘柄を市場で売却しようと思っても，自由に売買できない流動性リスクがあります。

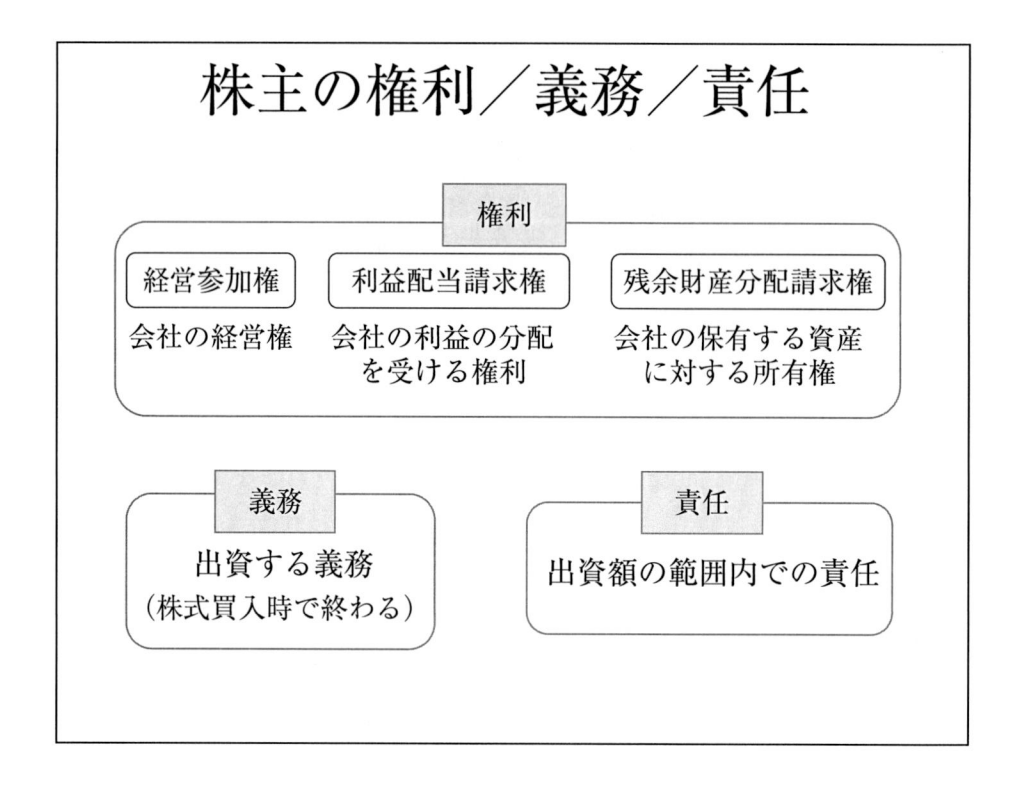

株主の権利／義務／責任

権利

- **経営参加権**: 会社の経営権
- **利益配当請求権**: 会社の利益の分配を受ける権利
- **残余財産分配請求権**: 会社の保有する資産に対する所有権

義務
出資する義務
（株式買入時で終わる）

責任
出資額の範囲内での責任

　株式を保有している株主の権利としては、①企業の最高意思決定機関である株主総会に参加して議決権を行使して経営に参加する権利（経営参加権）、②企業が獲得した利益の分配を請求する権利（利益配当請求権）、③企業が倒産したり、解散した場合に、負債を返済した後に残った財産を請求する権利（残余財産分配請求権）が挙げられます。

　一方、株主の義務は、株式の引受価額を上限とした出資義務があるだけです。さらに、その責任は株式を購入した際に払い込んだ金額に限定され、その金額以上に責任を負うことはありません。

株式の分類方法

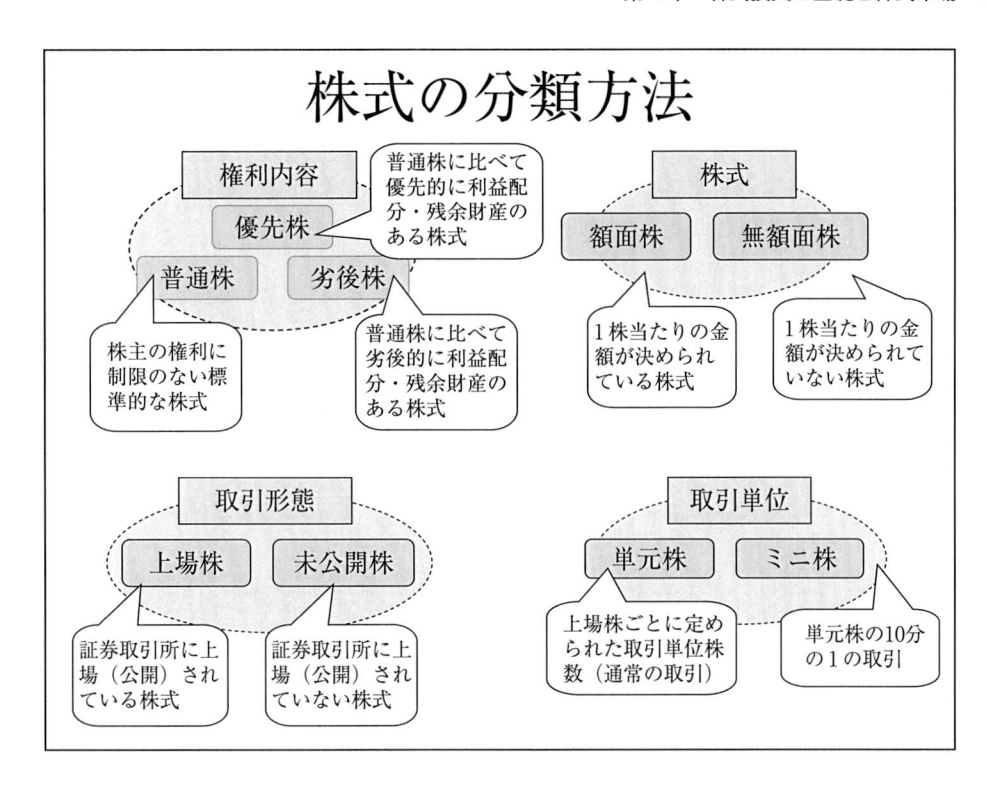

権利内容
- 普通株：株主の権利に制限のない標準的な株式
- 優先株：普通株に比べて優先的に利益配分・残余財産のある株式
- 劣後株：普通株に比べて劣後的に利益配分・残余財産のある株式

株式
- 額面株：1株当たりの金額が決められている株式
- 無額面株：1株当たりの金額が決められていない株式

取引形態
- 上場株：証券取引所に上場（公開）されている株式
- 未公開株：証券取引所に上場（公開）されていない株式

取引単位
- 単元株：上場株ごとに定められた取引単位株数（通常の取引）
- ミニ株：単元株の10分の1の取引

　株式は，株主の権利内容により，普通株，優先株，劣後株に分けられます。優先株は，普通株よりも優先的に利益配当や，残余財産分配を受けることができる株式です。公的資金を必要とする銀行が，直接，銀行の経営に介入しない代わりに優先的な配当を望む政府に対し発行した例が挙げられます。一方，劣後株は，利益配当において普通株に劣後する株式です。これは，投資家にとって，明らかに不利であるため，一般の投資家を対象とした株式ではなく，親会社や関連会社が対象となります。会社の業績が悪化し，配当余力もない場合などに，親会社や関連会社が会社を支援する目的で株を引き受けます。

　また，従来，1株当たりの金額が決められている額面株と，1株当たりの金額が決められていない無額面株が発行されていましたが，2001年の商法改正により，額面株は廃止され，無額面株に統一されています。

　さらに，証券取引所に上場されているか，いないかによって，上場株，未公開株に分けられます。上場株では，それぞれの銘柄ごとに取引単位の株数が決められていますが，それを単元株といいます。たとえば，100株単位の銘柄は，100株の整数倍で取引することができますが，10株とか1株では原則として取引することができません。

　ミニ株とは，通常の株式投資の10分の1で売買できる株式のことをいいます。ミニ株の成り立ちは大蔵省と日本証券業協会によって証券市場活性化を目的として導入された投資スタイルであり，従来の10分の1の価格で投資することを可能とすることで少ない資金でも株式投資を行い，個人投資家や今まで株に関心のなかった層を市場に呼び込むことを目的としています。

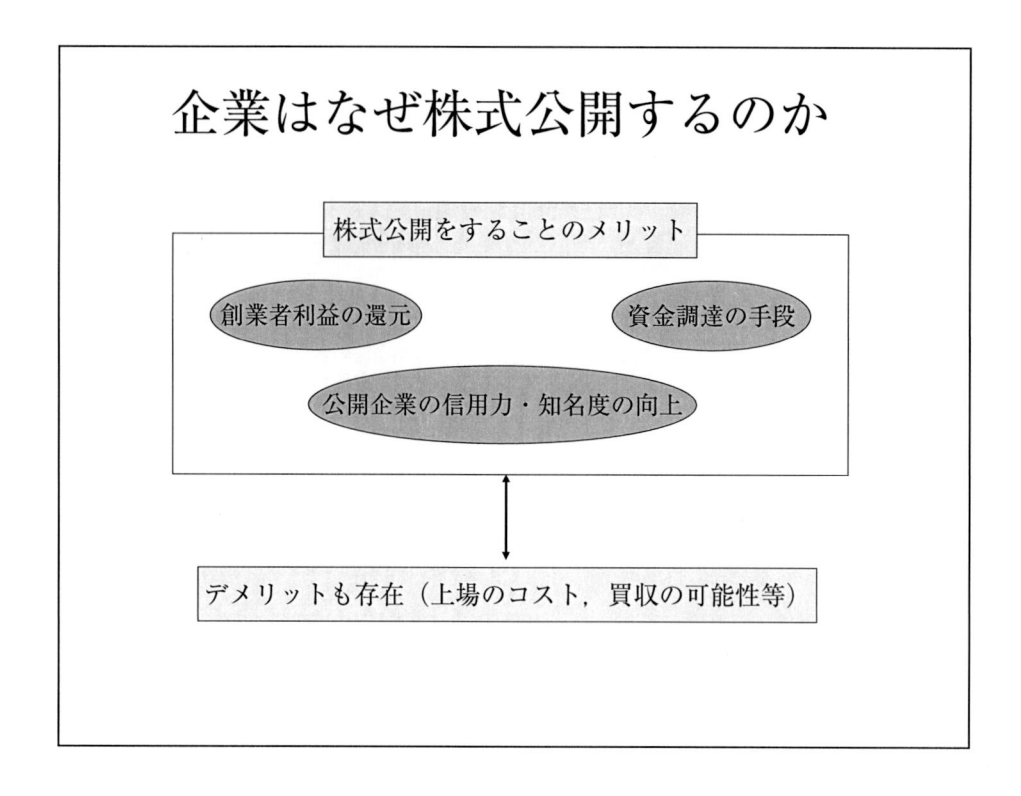

```
┌─────────────────────────────────────────────────────┐
│           企業はなぜ株式公開するのか                │
│                                                     │
│   ┌─────────────────────────────────────────────┐   │
│   │         株式公開をすることのメリット          │   │
│   │                                             │   │
│   │   ( 創業者利益の還元 )   ( 資金調達の手段 )   │   │
│   │                                             │   │
│   │      ( 公開企業の信用力・知名度の向上 )      │   │
│   └─────────────────────────────────────────────┘   │
│                        ↕                            │
│   ┌─────────────────────────────────────────────┐   │
│   │   デメリットも存在（上場のコスト，買収の可能性等）│ │
│   └─────────────────────────────────────────────┘   │
└─────────────────────────────────────────────────────┘
```

　株式会社の設立当初は，創業者などの一部の株主が独占して株式を保有することが多いですが，企業規模が拡大すると，株式を一般投資家に売却することにより更なる拡大を目指すことが一般的です。これを株式公開（IPO：Initial Public Offering）と呼びます。

　株式を公開することにより，当初からの株主は大きな利益を得ることができます。また，企業の知名度，ひいては信用力が向上し，営業面，採用面にも好影響が期待できます。その結果，資金調達が容易になるといったメリットが発生します。

　しかし，一方でデメリットも存在します。株式を公開すると，一般投資家向けに経営や企業情報をディスクローズすることが義務ずけられ，そのためのコストと労力が必要となります。また，株主総会で株主から追及されるため，オーナー経営者が自由に経営をすることが許されなくなります。また，買収される可能性も発生します。

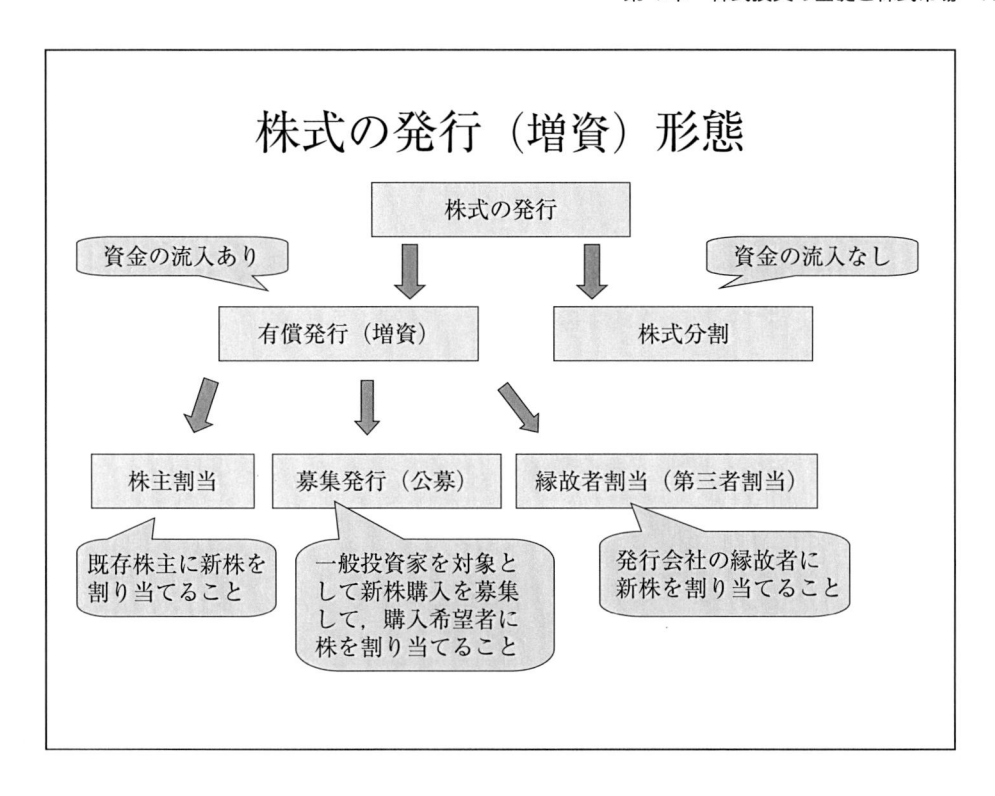

株式の発行（増資）形態

```
                    株式の発行
    資金の流入あり  ↓      ↓  資金の流入なし
        有償発行（増資）    株式分割
         ↓     ↓     ↓
      株主割当  募集発行（公募）  縁故者割当（第三者割当）
```

- 株主割当：既存株主に新株を割り当てること
- 募集発行（公募）：一般投資家を対象として新株購入を募集して，購入希望者に株を割り当てること
- 縁故者割当（第三者割当）：発行会社の縁故者に新株を割り当てること

　株式会社は，設備投資資金の調達や資本の増強を目的として株式を発行します。株式の発行には，募集形態により，株主割当，募集発行（公募），縁故者割当（第三者割当）があります。既存の株主に新株を割り当てるのが株主割当，取引先の会社・取引銀行・親会社など発行会社と縁故のある金融機関や企業に対して発行するのが縁故者割当といいます。通常，縁故者割当は，会社が経営困難で資金難に陥っている場合に親会社などの関連会社からの支援の目的で行われます。また，広く一般の投資家を対象として新株購入を募集して発行することを募集発行といい，直接募集と間接募集に分けられます。直接募集は，発行会社が直接，募集を行うことをいい，間接募集は，証券会社などに委託して公募を行うことをいいます。一般公募の場合，時価発行が通例となります。

　また，株式分割は新たな資金の流入はありませんが，1株を細かく分割することをいいます。株式会社が発行する株式の流通量を増加させたいときなどに利用されます。

株価指数とは

対象株式群の動きを代表して表す指数

↓

対象株式市場全体の動きを代表して表す
指数を株式インデックス（ベンチマーク）という

↓

代表的な株式インデックスとして，TOPIX，NK225などがある。

TOPIX：東証第一部に上場されている全銘柄の時価総額の大きさを指数化（時価総額株価指数）

NK225：日本を代表する225社の株価を平均して指数化（ダウ式株価指数）

日本の株式市場の代表といえる東京証券取引所に上場されている株式全体の動きを示している指数であれば，日本の株式市場全体の動きを表しているといえる。

SP500：米国を代表する500社の株価の時価総額の大きさを指数化

DAX：ドイツを代表する30社の株価の時価総額の大きさを指数化

　対象株式群の動きを代表して表わす指数を株価指数といいます。その中でも，株式市場全体の動きを代表して表わす指数をインデックスといいます。代表的なインデックスとして，東京証券取引所（東証）のTOPIXと日経新聞社の日経平均株価（NK225）があります。TOPIXは東証一部に上場されている全銘柄の時価総額の大きさを指数化したものですが，NK225は東証一部上場銘柄のうち代表的な銘柄225種の単純平均型の平均株価です。TOPIXは，東証の1968年の1月4日の一部上場株式の時価総額（8兆6,020億5,695万1,154円）を基準とした時価総額指数です。TOPIXは（比較時の時価総額÷基準時の時価総額）として計算されます。日経平均株価はダウ修正された平均株価です。ダウ修正とは配当の権利落ちや株式分割などの要因に基づく株価の変動に修正を加えて平均株価を算出する方法です。

　米国を代表するものに，SP500がありますが，これは，米国を代表する500社の株価の時価総額の大きさを指数化したものであり，DAXはドイツを代表する30社の株価の時価総額の大きさを指数化したものです。

　投資家は，インデックスの動きから，将来のマクロ経済の動向を予測することを試みています。

　また，平均株価は株式市場の平均的なパフォーマンスを示すことから，運用会社が行う株式投資のベンチマークとして利用されることが多いようです。

株式市場の分類

機能別
- 発行市場
- 流通市場

市場別
- 取引所市場
- 店頭市場
- 私設市場

　市場を機能別に分類しますと，発行市場と流通市場に分けられます。発行市場とは，新たに証券を発行して，資金調達者が資金運用者から資金を受け取る市場のことをいいます。また，いったん発行された証券が転々と売買される市場を流通市場といいます。

　証券業者は発行市場で証券の発行を請け負う引受（アンダーライティング）と募集・販売（セリング）機能をもちます。

　流通市場では，顧客の注文に基づく委託売買（ブローカレッジ）と自己の勘定でおこなう自己売買（ディーリング）の業務を担っています。

　株式の売買は，東京証券取引所などの証券取引所や，証券会社の店頭などでおこなわれます。前者での取引を証券市場取引，後者の株式の取引を店頭取引といいます。

　取引所集中義務の撤廃により，私設取引所を開設することが可能になりました。2003年には，日本証券代行がシステムの管理・運営を行う，成長企業の株式を対象とした私設取引所を設けました。インターネットを通じた取引所としては，マネックス証券が私設取引所を設けています。こうした立会時間外取引や取引所外取引の増大により，従来の取引所のウエイトは低下していくものと予想されます。

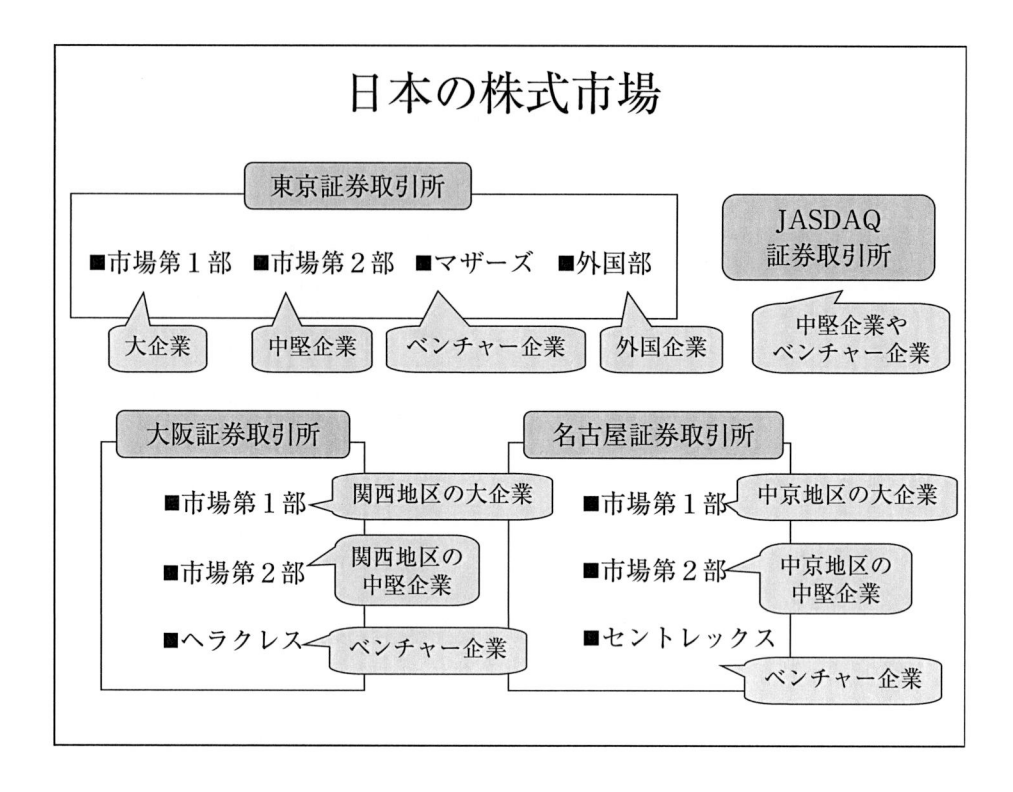

```
                    日本の株式市場
   ┌─────────────────────────────────────────────┐
   │     東京証券取引所                JASDAQ      │
   │  ■市場第1部 ■市場第2部 ■マザーズ ■外国部   証券取引所  │
   │                                              │
   │    大企業   中堅企業  ベンチャー企業  外国企業   中堅企業や   │
   │                                         ベンチャー企業 │
   │                                              │
   │   大阪証券取引所      名古屋証券取引所          │
   │  ■市場第1部  関西地区の大企業  ■市場第1部  中京地区の大企業 │
   │  ■市場第2部  関西地区の       ■市場第2部  中京地区の      │
   │              中堅企業                        中堅企業    │
   │  ■ヘラクレス ベンチャー企業    ■セントレックス ベンチャー企業│
   └─────────────────────────────────────────────┘
```

　現在，日本の証券取引所には，東京証券取引所，大阪証券取引所，名古屋証券取引所，福岡証券取引所，札幌証券取引所の5つの取引所があります。情報通信技術の進歩やバブル崩壊後の株式市場の低迷を受け，2000年3月に広島と新潟が東京証券取引所に01年3月に京都が大阪証券取引所に吸収されました。

　日本を代表する取引所は東京証券取引所であり，第一部，第二部を合わせると，1,700社を超える企業が上場しています。1999年にはマザーズと呼ばれる新興企業向け市場も開設され，180社を超える企業が上場しています。取引額でみても国内では圧倒的なシェアを占めています。

　大阪にある大阪証券取引所にも第一部には，主として関西地区の大企業が，第二部には関西地区の中小企業が上場しており，合わせて770社を超える企業群が上場しています。この他，ヘラクレスと呼ばれる新興企業向けの市場も開設され140社を超える企業が上場しています。

　名古屋には，名古屋証券取引所があり，第一部，第二部合わせて300社を超える企業が上場しています。この他，1999年にセントレックスと呼ばれる新興企業向け市場も開設されています。

　それぞれの取引所はかつては，会員組織の法人でしたが，2001年ごろから，相次いで株式会社となっています。

株式市場の変動要因

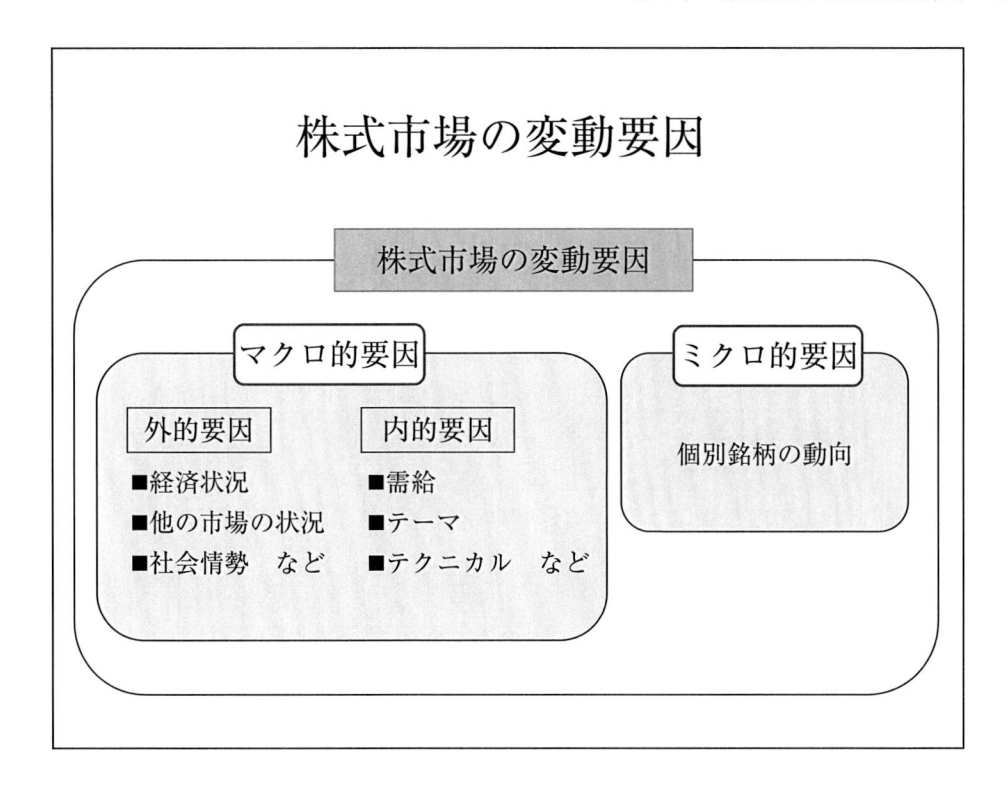

```
株式市場の変動要因
├─ マクロ的要因
│   ├─ 外的要因
│   │   ■経済状況
│   │   ■他の市場の状況
│   │   ■社会情勢　など
│   └─ 内的要因
│       ■需給
│       ■テーマ
│       ■テクニカル　など
└─ ミクロ的要因
    個別銘柄の動向
```

　株式市場の変動要因は，マクロ的要因とミクロ的要因に大別されます。マクロ的要因は，さらに外的要因と内的要因に分けられます。

　外的要因には，TOPIXを例にとれば，わが国の経済状況，たとえば，GDPの伸びや，金利水準などに影響されます。また，ニューヨーク株式市場の状況や，金などの商品市場の動向，為替市場の動向など，他の市場の状況にも大きく左右されます。また，中東諸国の政情不安，戦争の勃発等の社会情勢にも大きく影響されます。

　ミクロ的要因として個別企業の業績が挙げられます。株式市場を構成するのは，個別企業の株式であり，個々の銘柄の上昇，下落の結果，全体としての株式市場が変動することになります。わが国の株式市場の場合，輸出関連企業の動向が市場全体に及ぼす影響が大きいことが特徴としてあげられます。

個別銘柄の変動要因

個別銘柄の変動要因

マクロ的要因
経済状況
市場参加者動向
他市場動向　など

ミクロ的要因
企業業績
需給
テーマ（人気度）など

　個別銘柄の変動要因もマクロ的要因とミクロ的要因に大別されます。個別企業の株価は，GDPの伸び率や金利の水準，インフレかデフレかなど，日本の経済状況に大きく左右されます。また，国内機関投資家や，外人投資家など市場参加者の動向にも影響を受けます。もちろん為替市場の動向，金や石油，農産物の現物市場，先物市場など他市場の影響も受けます。

　また，ミクロ的要因では，新製品開発状況や，売上高の増減など個別の企業業績の影響が最も大きいと思われます。さらに，市場の内部的な要因として，売りや買いがどの程度あるかといった需給関係やテーマ（人気度）などがあげられます。

株式評価の方法

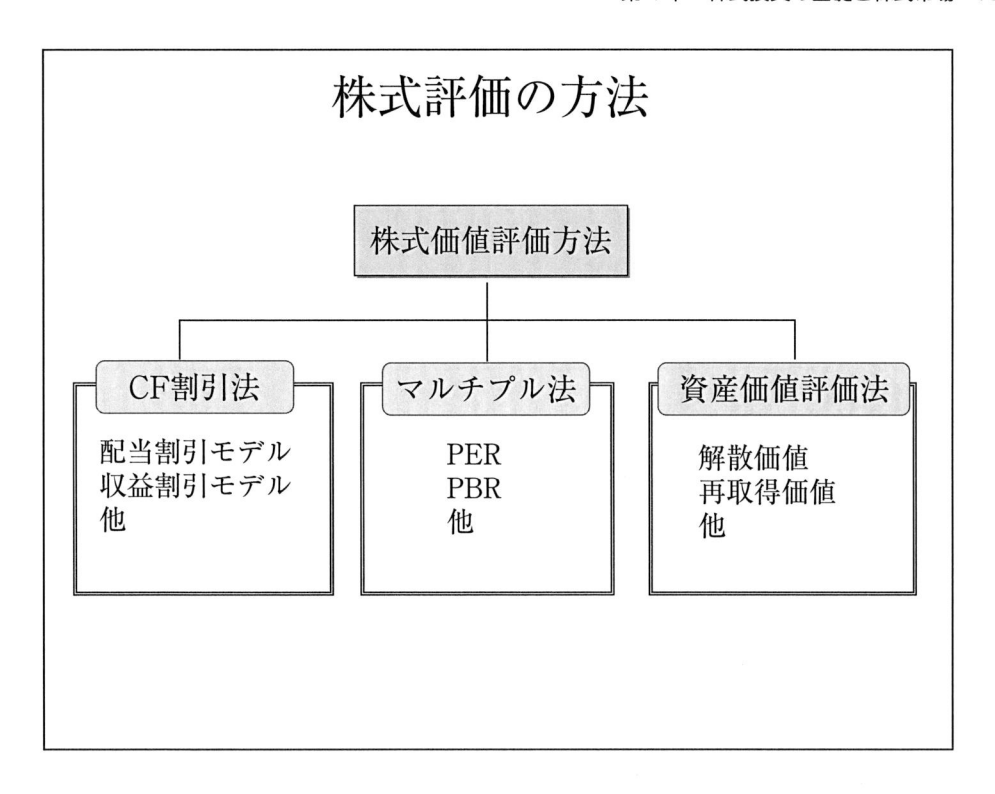

```
                    株式価値評価方法
         ┌──────────────┼──────────────┐
      CF割引法        マルチプル法      資産価値評価法
      配当割引モデル    PER              解散価値
      収益割引モデル    PBR              再取得価値
      他              他               他
```

　株式を評価する方法はいくつかありますが，その代表的な方法として①キャッシュフロー（CF）割引法，②マルチプル法（株価指標倍率法），③資産価値評価法があります。まずキャッシュフロー割引法ですが，これは最も理論価値に近い価値を算出する方法で，投資家が得られるであろう将来キャッシュフローを現在価値に割り引く方法です。割り引く将来キャッシュフローは，配当，企業収益，フリーキャッシュフローなどがあります。次にマルチプル法ですが，これは一般に1株当たり株価と，1株当たり利益，1株当たり純資産，1株当たり配当などの指標との比を取ったものです。株価の割高，割安を見ることに利用されます。3つ目の資産価値評価法は，該当企業が現時点で解散したとき，あるいは該当企業と同じ設備等を取得したときにかかる金額のことです。

割引キャッシュフロー（Discounted Cash Flow）法

該当企業が生み出す将来キャッシュフローを予測し，これを各々現在価値に割り引いて，合計する方法

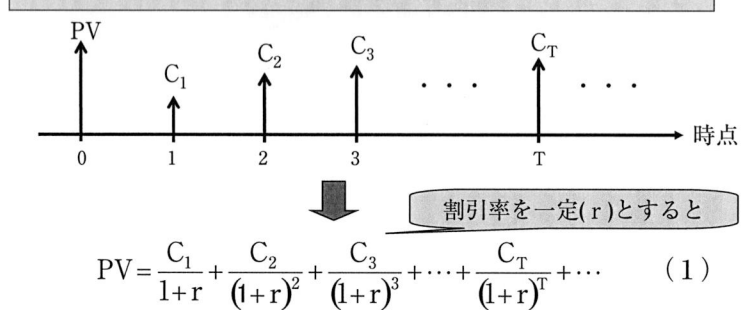

割引率を一定(r)とすると

$$PV = \frac{C_1}{1+r} + \frac{C_2}{(1+r)^2} + \frac{C_3}{(1+r)^3} + \cdots + \frac{C_T}{(1+r)^T} + \cdots \quad (1)$$

株主価値を求めるためには
①株主に帰属する将来キャッシュフローを割り引く。
②企業が生む，将来キャッシュフローから企業価値を求め，負債を引く。
方法がある。

　企業の評価を行う際に最もよく用いられるのが，割引キャッシュフロー（Discounted Cash Flow）法と呼ばれるものです。これは，企業が将来生み出すであろうキャッシュフローを予測し，これを各々現在価値に割り引いて合計し企業価値を求める方法です。

　このとき割り引くキャッシュフローは，本来資金提供者に帰属するキャッシュフローということになりますので，一般にフリーキャッシュフローと呼ばれる利益が該当します。

　さらに，株主価値を求めるには，将来キャッシュフローの内，株主に帰属する部分を取り出して割り引く方法と，企業が生み出す将来のキャッシュフローから企業価値を求め，株主以外の持ち分である負債を引く方法があります。

絶対価値比較方式と相対価値比較方式

> 前項で述べた株式価値の評価方法は，理論的なアプローチにより株式の本質的価値（Intrinsic Value）を求めるという意味で，絶対価値比較方式と呼ばれている。
> 株式の評価方法には，これ以外にも相対価値比較方式と呼ばれる方式がある。その理論的根拠の有無は別にして，経験則から生まれた実務的に広く使われている方法である。

　前項で解説した評価モデルは，将来キャッシュフローを現在価値に割り引き，その総和をとるという論的なアプローチ方法であり，株式の本質的価値（Intrinsic Value）を求めるものであり，絶対価値比較方式と呼ばれています。

　しかしながら，この方法は将来にわたって長期の予測を行わなければならず，また，割引率の推定にも絶対的な手法が存在しないことなど，さまざまな困難さが伴っていました。実務では，より簡便的な株式評価方法として PER，PBR，配当利回り等などの株式評価尺度を用いた相対価値比較方式がしばしば用いられています。

マルチプル（Multiple）法

売上高，当期利益や純資産などの財務指標から，企業価値（株主価値）を求める方法

$$\text{マルチプル} = \frac{\text{株主価値}}{\text{評価対象会社の財務指標}} \quad (2)$$

（評価対象会社の財務指標：利益や資産に関する数値）

マルチプル法の代表例
- 株価純資産倍率（PBR：Price to Book Value Ratio）
- 株価収益率（PER：Price to Earnings Ratio）
- 株価売上高倍率（PSR：Price to Sales Ratio）
- EV/EBITDA 倍率
- 配当利回り（Dividend Yield）

より直接的で頻繁に実務で利用されるアプローチとして，売上高，当期利益，純資産などの財務指標から企業価値（株主価値）を求める方法があります。マルチプル（倍率）に基づく評価は，単なる指針的なものでしかなく，（フリー）キャッシュフローの注意深い予測やそれに基づく評価などの代替となるべきものではありませんが，DCF 法を補完したりチェックしたりする役割を持っています。特に，マルチプル法は，評価対象の企業と類似の特性をもつ企業と比較する場合に有効な方法とされています。

実務家が好んで使う代表的な評価尺度（マルチプルズ）を以下に示します。

PER（Price to Earnings Ratio）：株価収益率
PBR（Price to Book Value Ratio）：株価純資産倍率
ROE（Return on Equity）：株主資本利益率
ROA（Return on Asset）：総資本利益率
PCFR（Price to Cash Flow Ratio）：株価キャッシュフロー比率
DY（Dividend Yield）：配当利回り
PSR（Price To Sales Ratio）：株価売上高倍率
EV/EBITDA（Enterprise Value/Earnings Before Interest, Taxes, Depreciation and Amortization）：企業価値 EBITDA 比率
EVA（Economic Value Added）：経済的付加価値
ROIC（Return on Invested Capital）：投下資本利益率

PER（株価収益率）(1)

- 株価を1株当たり利益で割ったもので，利益は予想値が使われることが多い（予想PERということもある）。
- 現時点での株価が，利益の何倍であるかを見る指標である。

$$\text{PER} = \frac{株価}{1株当たり利益} \quad (3)$$

前期利益（実績PER）や今期利益予想，来期利益予想（予想PER）などが使われる

- PERが高いということは，分母の利益に対して株価が高いことを意味している。これは，投資家が現在の利益水準に比較して，株価を高く評価していることになり，将来の利益成長が高いことを期待していると考えることができる。

　マルチプルの中で，最も代表的なものが，PER（株価収益率）です。これは，株価を1株当たりの利益で割ったもので，現時点の株価が利益の何倍であるかをみる指標です。利益は前期利益や今期の利益予想値が使われています。前者を実績PER，後者を予想PERと呼び区別して使われますが，予想値が使われることが多いようです。

　PERが高いということは，分母の利益に対し株価が高いことを意味しています。これは，投資家が現在の利益水準と比較して，株価を高く評価していることになり，将来の利益成長が高いことを期待していると考えることができます。

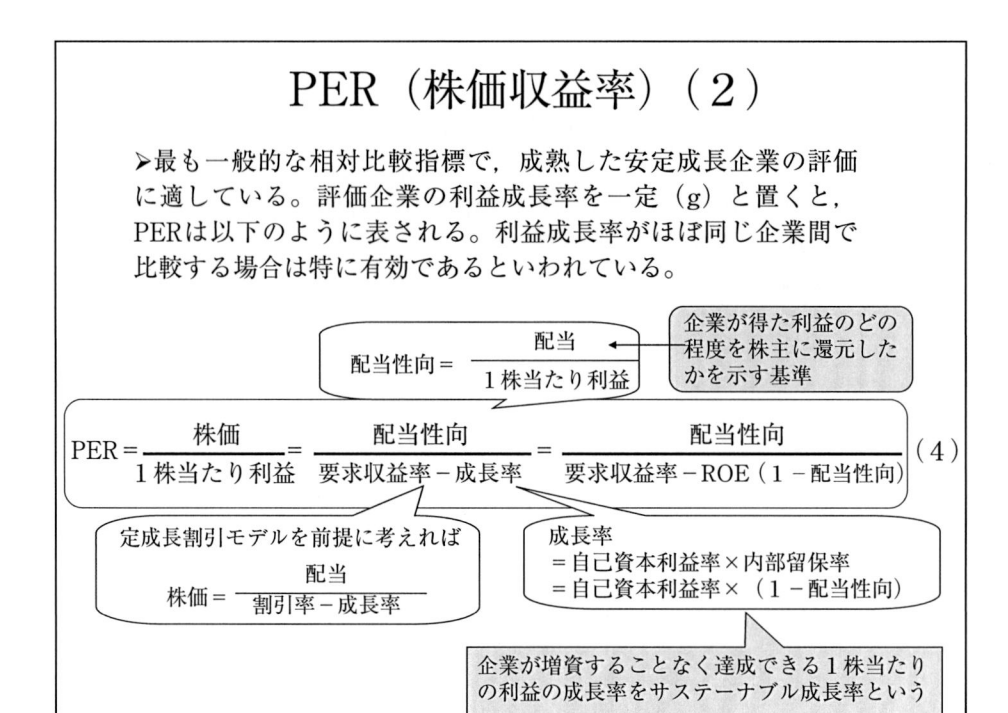

PER（株価収益率）（2）

> 最も一般的な相対比較指標で，成熟した安定成長企業の評価に適している。評価企業の利益成長率を一定（g）と置くと，PERは以下のように表される。利益成長率がほぼ同じ企業間で比較する場合は特に有効であるといわれている。

$$配当性向 = \frac{配当}{1株当たり利益}$$

企業が得た利益のどの程度を株主に還元したかを示す基準

$$PER = \frac{株価}{1株当たり利益} = \frac{配当性向}{要求収益率 - 成長率} = \frac{配当性向}{要求収益率 - ROE(1-配当性向)} \quad (4)$$

定率成長割引モデルを前提に考えれば
$$株価 = \frac{配当}{割引率 - 成長率}$$

成長率
＝自己資本利益率×内部留保率
＝自己資本利益率×（1－配当性向）

企業が増資することなく達成できる1株当たりの利益の成長率をサステーナブル成長率という

また，PERは成熟した安定成長企業の評価に適しているといわれています。
定率成長割引モデルから

$$株価 = \frac{配当}{割引率 r - 成長率 g}$$

が得られます。

配当性向は，企業が得た利益のどの程度を株主に還元したかを示す基準であり，

$$配当性向 = \frac{配当}{1株当たり利益}$$

となります。配当の成長率は

　成長率＝自己資本利益率（ROE）×内部留保率
　　　　＝自己資本利益率（ROE）×（1－配当性向）

となります。これらを PER の定義式に代入して

$$PER = \frac{株価}{1株当たり利益} = \frac{配当性向}{要求収益率 - 成長率} = \frac{配当性向}{要求収益率 - ROE(1-配当性向)}$$

が得られます。

PBR（株価純資産倍率）

➢ 株価を1株当たり純資産（1株当たり自己資本）で割ったものである。現時点での株価が，純資産の何倍であるかを見る指標である。

➢ 1株当たり純資産は，簿価ベースの数値が使われるが，これを時価に推定しなおしたものも使われる。PBRが「1.0」を下回ることは，企業の資産価値以下に株価が低下していることを示していることになる。

$$PBR = \frac{株価}{1株当たり純資産} \quad (5)$$

➢ 簿価上の自己資本に対する株式時価総額の比率。事業の将来性があまりないような成熟企業の価値評価に用いられる。PBRは個別企業の評価よりむしろ，バリュー型の株式ポートフォリオの企業選別基準としてしばしば用いられる。

　PBR（株価純資産倍率）は，株価を1株当たりの純資産（1株当たりの自己資本）で割ったものです。現時点の株価が，純資産の何倍であるのかをみる指標です。通常は，1株当たりの純資産は，簿価ベースの数値が使われることが多いですが，これを時価に推定し直したものも使われています。

　前述のPERが株価を収益のフローとの比較で評価するのに対し，PBRは1株当たりの自己資本の簿価というストックとの比較で評価する尺度といえます。これが，「1.0」を下回ることは，企業の資産価格以下に株価が低下していることを示しています。

　この指標は，通常，事業の将来性があまりないような成熟企業の価値評価に用いられます。PBRは個別企業の評価よりは，むしろバリュー株，グロース株の企業選別基準としてしばしば用いられています。

配当利回り

> 株式を保有することで，投資家が得られる配当額と株価の比率を取ったもので，投資効率を示す最も基本となる指標。

$$配当利回り = \frac{1株当たり配当金}{株価} \quad (6)$$

株式に投資する以上，株式のもつ高いリスクを引き受ける代わりに，投資家は高いリターンを期待する。そうすると，金利よりも高い配当を期待するか，株価の上昇を期待。

　配当利回りは，1株当たりの配当金を株価で割った指標です。株価に対し，どれだけのインカム・ゲインがあったかを示しています。分子の1株当たりの配当は，直近の実績値だけでなく，予想配当が用いられることもあります。株式に投資する以上，株式の高いリスクを引き受ける代わりに，投資家は高いリターンを要求します。そうすると，金利よりも高い配当を期待するか，株価の上昇を期待することになります。米国においては，高配当性向の成熟企業の中には配当利回りの高い企業も多く，配当利回りが投資尺度として定着していました。わが国においては，欧米に比べ永らく配当が低い状態が続いていましたが，1990年代以降，株価低下と金利低下によって，配当利回りが債券利回りを上回る銘柄も増えてきています。これらの企業群については，配当利回りが投資尺度として使われています。

> PSR（株価売上高倍率）

> ➢ 株価を1株当たり売上高で割ったものである。現時点での株価が，売上高の何倍であるかを見る指標である。小売業などのサービス産業の価値評価に用いられる相対評価指標である。

$$PSR = \frac{株価}{1株当たり売上高} \quad (7)$$

　PSR（株価売上高倍率）は，株価を1株当たり売上高で割ったものです。これは，現時点の株価が売上高の何倍であるかをみる指標です。古くから，小売業などのサービス産業の価値評価に用いられる相対評価指標といわれています。

　本来，株価は利益やキャッシュフローとの関係で評価されるべきであり，売上高のような事業の規模を表す指標と比べるべきではないのですが，ここしばらく利益の期待できない企業，たとえば，業績が回復しつつある企業や，市場シェアの確保のため利益を犠牲にして急成長している企業に対する評価のために利用されることが多いようです。

ROEとROA

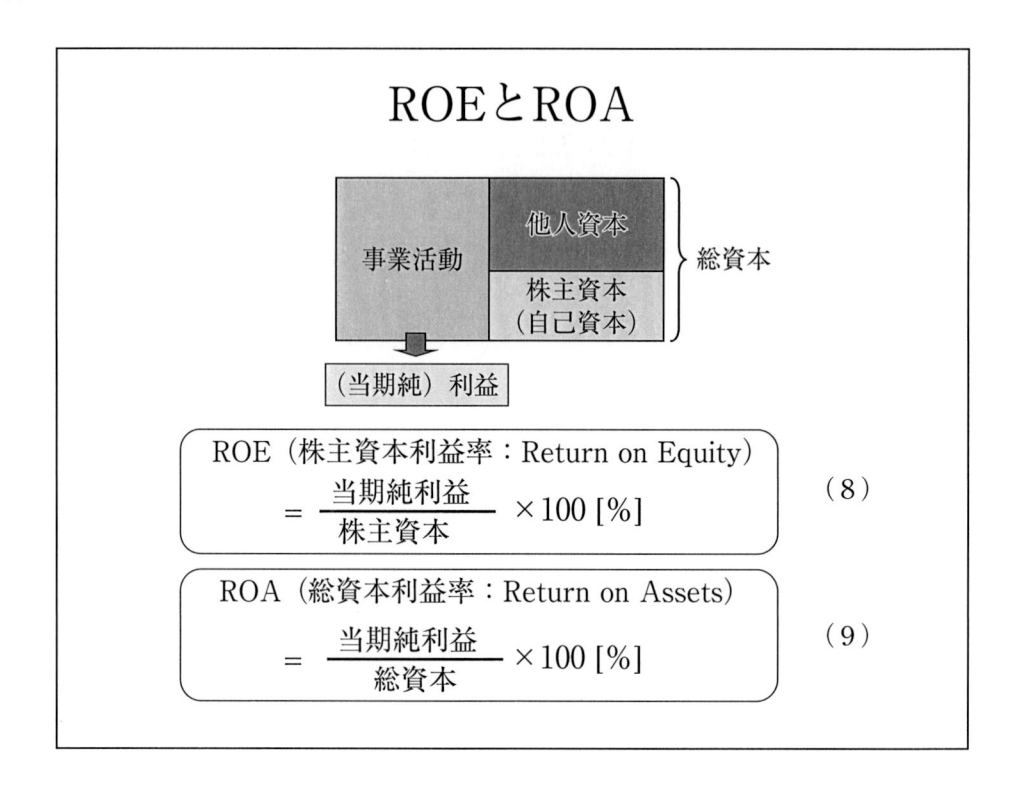

$$\text{ROE (株主資本利益率：Return on Equity)} = \frac{当期純利益}{株主資本} \times 100\ [\%] \quad (8)$$

$$\text{ROA (総資本利益率：Return on Assets)} = \frac{当期純利益}{総資本} \times 100\ [\%] \quad (9)$$

　（税引後）純利益（配当＋内部留保）を株主の投下資本累計額で割ったROE（株主資本利益率）は，株主にとって投資の収益性を評価する最も重要な財務指標となっています。分子の利益に税引前の経常利益を用いる場合もありますが，株主の投資収益率の源泉となる配当＋内部留保が税引後とすべきことから税引後純利益が用いられることが一般的です。ただし，特別損益の影響を受ける欠点が指摘されています。

　また，資本提供者（株主＋債権者）全体から調達した総資本（他人資本＋株主資本）に対し，毎年どれだけの利益をあげているかを示す指標がROA（総資本利益率）です。したがって，ROAは資本構成の影響を受けない収益性を表わします。ROAの分母，分子に何をとるか（分子の利益は税引前か税引後か）についてさまざまな考え方があります。

　アメリカでは，分子にEBIT（金利・税引前），分母には総資本（＝総資産）または，長期資本（長期負債＋自己資本）を使うことが多いようです。

4.2節　株式投資の基礎と株式市場（2）：配当割引モデルを中心に

4.2節　株式投資の基礎と株式市場（2）

ポイント
1. 株式価値の決定要因とは
2. 代表的な配当割引モデルの考え方
3. 配当割引モデルの限界
4. 株主から見た株式価値とは
5. フリーキャッシュフロー割引モデルとは

―本節の概要―

　4.2節「株式投資の基礎と株式市場（2）」では，前節の（1）と同様，株式投資を考えるうえで基本となる理論の解説を中心に行います。具体的には，①株式価値の決定要因は何か，②代表的な配当割引モデルとは，③配当割引モデルの限界，④株主から見た株式価値，⑤フリーキャッシュフロー割引モデルによる株式価値算出方法，という5つのテーマを中心に解説します。特に，株式価値の決定要因と，現在では企業（株式）価値評価の基本となっているフリーキャッシュフロー割引モデルの概要を理解することは重要です。本節を通して，株式の本当の価値とは何かを示します。

株式価値は何によって決定されるのか

> 株式を保有することによって得られるものは，その後に株主に支払われる配当であり，これらを現在価値に割り引いたものの総和が株式価値となる。

> "割り引く"という考え方自体は，古くはRudolf Hilferding（1910）の「Das Finanzkapital（金融資本論）」の中の「擬制資本」という考え方で示されている。

> この考え方は，John Burr Williams（1938）によって，株式価値を理論的に求める方法として「The Theory of Investment Value」の中で示された。

　株式を保有することで，株主は配当を受け取ります。配当を将来，永続的に受け取ることができるとすると，これらを現在価値に割り引いたものの合計をとれば，株式の理論価値が求められます。

　この「割り引く」という考え方自体は，古くは Hilferding の"Das Finanzkapital（金融資本論）"の中の「擬制資本」という考え方で示されています。Hilferding は資本を，財を生産するための「現実資本」と現実資本を調達するために発行される資本証券である「擬制資本」に分けることができると考えました。「擬制資本」は現実資本と独立しており，現実資本から得られる利益の一部を配当として得る権利を有していることになります。この配当の流列の現在価値が「擬制資本」です。このとき，将来得られる配当を「擬制資本」価値に「資本還元する」，あるいは，「割り引く」といいます。この資本還元の考え方は，John Burr Williams（1938）によって，株式価値を理論的に求める方法として，"The Theory of Investment Value"の中で示されました。

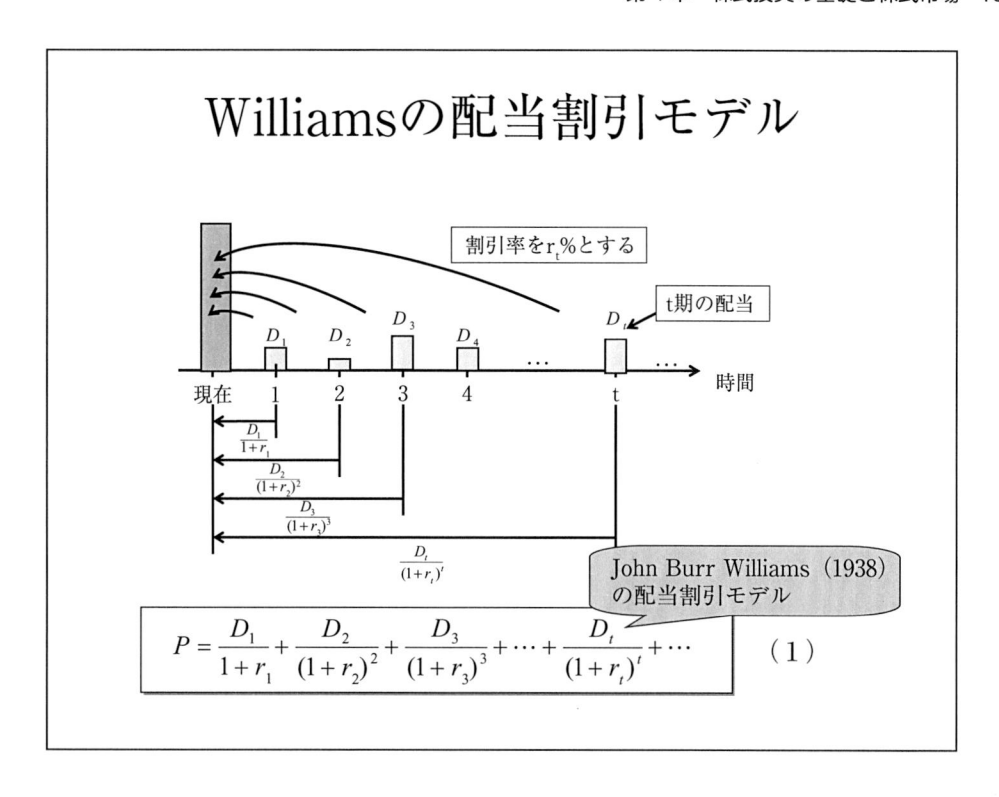

Williamsの配当割引モデル

$$P = \frac{D_1}{1+r_1} + \frac{D_2}{(1+r_2)^2} + \frac{D_3}{(1+r_3)^3} + \cdots + \frac{D_t}{(1+r_t)^t} + \cdots \quad (1)$$

John Burr Williams（1938）の配当割引モデル

　John Burr Williams（1938）は，株式の理論価格が（1）式で表されることを示しました。ここでPは，株式の現在価値，D_tはt期の配当，rは割引率です。この式が，現在でもよく知られている「配当割引モデル（DDM：dividended discount model）」です。この考え方は，資産の保有者が将来得られるキャッシュフローの現在価値を合計したものが，その資産の理論価格であることを示しています。

　割引率rは，投資家がこの株式に投資する際に要求する投資収益率です。株式投資によって受け取る配当には不確実性が伴うため，債券のような株式と比較して不確実性が低いキャッシュフローを生み出す資産に比べて高い投資収益率を要求します。また，この割引率は企業側から見ると株式で資金調達を行ったことに対して支払わなければならないコスト（株主資本コストと呼ぶ）です。

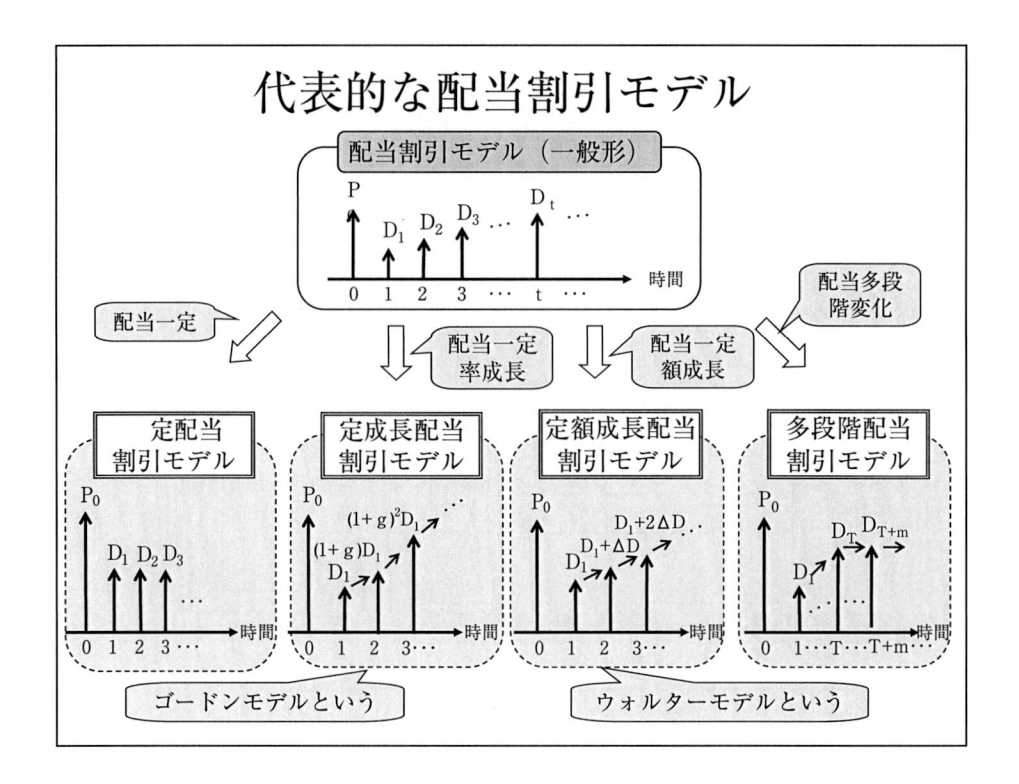

代表的な配当割引モデル

配当割引モデル（一般形）

- 配当一定 → 定配当割引モデル
- 配当一定率成長 → 定成長配当割引モデル（ゴードンモデルという）
- 配当一定額成長 → 定額成長配当割引モデル（ウォルターモデルという）
- 配当多段階変化 → 多段階配当割引モデル

　Williamsの配当割引モデルは将来時点の配当や割引率をそれぞれ予測しなければならず，実際に株式価値を求めるに当たっては困難さが伴っていました。その後，配当や割引率に一定の仮定を置くことにより実用的なものに改良されていきました。将来の配当，割引率を一定とする最も強い仮定をおいて単純化したものが定配当割引モデルです。この強い仮定を弱めて，将来の配当が一定の割合で成長するするモデルが考案されました。これを定成長配当割引モデルといいます。考案者の名前をとってゴードンモデルともいいます。また，配当が一定額で成長するモデルも提案されました。これも提案者の名前をとってウォルターモデルと呼ばれています。さらに，企業のライフサイクルに合わせて将来配当の成長をいくつかの段階に分けた多段階配当割引モデルも考案されています。

> ## 定配当割引モデルの導出（1）
> n期までの配当のある株式の価格Pを考える（配当はDとし一定とする）
>
> ```
>  P↑  D   D   D                    D
>  |   ↑   ↑   ↑    ・ ・ ・ ・     ↑
>  0   1   2   3    ・ ・ ・ ・     n   t
> ```
>
> 株式理論価格Pは割引率をrとすると
>
> $$P = \frac{D}{1+r} + \frac{D}{(1+r)^2} + \frac{D}{(1+r)^3} + \cdots + \frac{D}{(1+r)^n} \quad (2)$$
>
> $$= \frac{D}{1+r}\left\{1 + \frac{1}{1+r} + \frac{1}{(1+r)^2} + \cdots + \frac{1}{(1+r)^{n-1}}\right\} \quad (3)$$
>
> ここで｛ ｝の部分をAと置き、さらに $\frac{1}{1+r} = R$ と置くと
>
> $$A = 1 + R + R^2 + \cdots + R^{n-1} \quad (4)$$
>
> 両辺にRを掛けると
>
> $$RA = R + R^2 + R^3 + \cdots + R^n \quad (5)$$

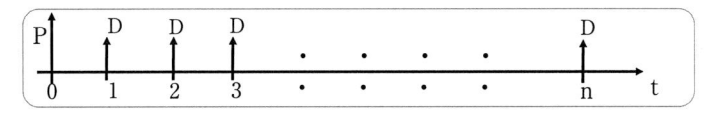

　Williamsの配当割引モデルに、配当と割引率が将来に渡って一定という非常に強い仮定を置いて、n期までの配当を考えると、(2)式が得られます。この式は、定配当割引モデルといわれています。
　　ただし、P：株式の1株当たりの理論価値
　　　　　　D：将来にわたって一定とした1株当たりの配当額
　　　　　　r：全期間で共通とした割引率
　ここで、(2)式を変形すると(3)式が得られます。{ }の部分をAと置き、さらに $\frac{1}{1+r} = R$ と置くと、(4)式が得られます。(4)式の両辺にRを掛けると(5)式が得られます。

定配当割引モデルの導出（2）

（4）式から（5）式を引くと

$$A = 1 + R + R^2 + \cdots + R^{n-1}$$
$$-)\quad RA = R + R^2 + R^3 + \cdots + R^n$$
$$(1-R)A = 1 - R^n$$

となるので、

$$A = \frac{1-R^n}{1-R} \qquad (6)$$

したがって、

$$P = \frac{D}{1+r}\frac{1-R^n}{1-R} \qquad (7)$$

Rを代入して元に戻すと、

$$P = \frac{D}{1+r}\left\{\frac{1-\left(\frac{1}{1+r}\right)^n}{1-\frac{1}{1+r}}\right\} \qquad (8)$$

ここで、r＞0なので、nを大きくしていくと、$\left(\frac{1}{1+r}\right)^n \to 0$ となる。

したがって、

$$P \fallingdotseq \frac{D}{1+r}\frac{1}{1-\frac{1}{1+r}} = \frac{D}{1+r}\frac{1}{\frac{1+r-1}{1+r}} = \frac{D}{r} \qquad (9)$$

　（4）式から（5）式を引いて、（1－R）で両辺を割ると（6）式が得られます。（3）式にこれを代入すると（7）式が得られ、Rを代入して元に戻すと、（8）式が得られます。ここで、r＞0なので、nを大きくしていくと$\left(\frac{1}{1+r}\right)^n \to 0$となります。この関係を（8）式に代入すると、株価Pは近似的に（9）式のようになります。

　すなわち、配当（D）が将来に渡って一定の株式の理論価格は、割引率（r）を一定とすると、配当（D）を割引率（r）で割ったものとなります。このモデルは、定配当割引モデルと呼ばれています。

定成長配当割引モデルの導出（1）

n期まで一定の率で成長する配当が得られる株式の価格Pを考える
（最初の配当をDとし，以後一定の比率gで成長）

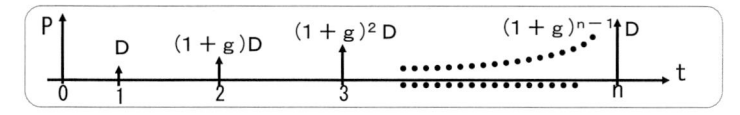

株式理論価格Pは割引率をrとすると

$$P = \frac{D}{1+r} + \frac{(1+g)D}{(1+r)^2} + \frac{(1+g)^2 D}{(1+r)^3} + \cdots + \frac{(1+g)^{n-1} D}{(1+r)^n}$$

$$= \frac{D}{1+r}\left\{1 + \frac{1+g}{1+r} + \frac{(1+g)^2}{(1+r)^2} + \cdots + \frac{(1+g)^{n-1}}{(1+r)^{n-1}}\right\} \quad (10)$$

ここで｛ ｝の部分をBと置き，さらに $\frac{1+g}{1+r} = G$ と置くと

$$B = 1 + G + G^2 + \cdots + G^{n-1} \quad (11)$$

両辺にGを掛けると

$$GB = G + G^2 + G^3 + \cdots + G^n \quad (12)$$

　次に一定の率で成長する配当が得られると仮定した場合の株式の理論価格を考えてみましょう。1期目の配当をD，配当が一定の率gで成長すると仮定します。株式理論価格Pは，n期までの配当を考えると，割引率をrとして，(10) 式のように表されます。

　ここで，｛ ｝の部分をBと置き，さらに，$\frac{1+g}{1+r} = G$と置くと，(11) 式となります。

　そして，(11) 式の両辺にGを掛けると，(12) 式が得られます。

定成長配当割引モデルの導出（2）

(11) 式から (12) 式を引くと

$$B = 1 + G + G^2 + \cdots + G^{n-1}$$
$$-\,)\ GB = G + G^2 + G^3 + \cdots + G^n$$
$$(1-G)B = 1 - G^n$$

となるので、

$$B = \frac{1-G^n}{1-G} \qquad (13)$$

したがって、

$$P = \frac{D}{1+r}\frac{1-G^n}{1-G} \qquad (14)$$

Gを代入して元に戻すと、

$$P = \frac{D}{1+r}\left\{\frac{1-\left(\frac{1+g}{1+r}\right)^n}{1-\frac{1+g}{1+r}}\right\} \qquad (15)$$

ここで、r＞gとして、nを大きくしていくと、$\frac{1+g}{1+r}<1$ なので $\left(\frac{1+g}{1+r}\right)^n \to 0$ となる

したがって、

$$P \fallingdotseq \frac{D}{1+r}\frac{1}{\frac{(1+r)-(1+g)}{1+r}} = \frac{D}{r-g} \qquad (16)$$

　(11) 式から (12) 式を引いて、両辺を 1 − G で割ると、(13) 式が得られます。

　したがって、(10) 式にこれを代入すると、(14) 式が得られ、さらに G を代入して元に戻すと、(15) 式が得られます。

　ここで、r＞g として n を大きくしていくと、$\frac{1+g}{1+r}<1$ なので $\left(\frac{1+g}{1+r}\right)^n \to 0$ となります。したがって (16) 式が得られます。

　すなわち、配当（D）が将来に渡って一定の株式の理論価格は、割引率（r）と配当成長率（g）を一定とすると、配当（D）を割引率（r）から配当成長率（g）を引いた値で割ったものとなります。なお、上式は定成長配当割引モデル、あるいは、ゴードンモデルとも呼ばれます。

第4章 株式投資の基礎と株式市場

定額成長配当割引モデルの導出（1）

n期まで一定の額が毎期増える配当が得られる株式の価格Pを考える
（最初の配当をDとして，以後一定の額 $r_r bE_1$ 毎期増える）

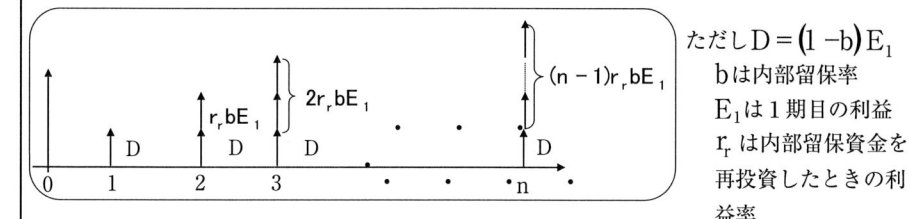

ただし $D = (1-b)E_1$
bは内部留保率
E_1は1期目の利益
r_r は内部留保資金を再投資したときの利益率

株式理論価格Pは割引率をrとすると

$$P = \frac{D}{1+r} + \frac{D + r_r bE_1}{(1+r)^2} + \frac{D + 2r_r bE_1}{(1+r)^3} + \cdots + \frac{D + (n-1)r_r bE_1}{(1+r)^n}$$

$$= \frac{D}{1+r}\left\{1 + \frac{1}{1+r} + \cdots + \frac{1}{(1+r)^{n-1}}\right\} + \frac{r_r bE_1}{(1+r)^2}\left\{1 + \frac{2}{1+r} + \frac{3}{(1+r)^2} + \cdots + \frac{n-1}{(1+r)^{n-2}}\right\} \quad (17)$$

　毎期一定の額の配当が増えると仮定した場合の株式理論価格を考えてみましょう。1期目の配当をD，配当が一定の額（$r_r bE_1$）だけ毎期増える株式の価格Pを考えます。n期までの配当を考え，整理する（17）式が得られます。
　ただし，D ＝ （1 − b）E_1
　　　　　b：内部留保率
　　　　　E_1：1期目の利益
　　　　　r_r：内部留保金を再投資したときの利益率
　したがって，株式の理論価格Pは，割引率をrとすると，（17）式のようになります。

> ## 定額成長配当割引モデルの導出（2）
>
> ここで右辺の第1項の { } の部分は定配当割引モデルの計算方法から
>
> $$1 + \frac{1}{1+r} + \cdots + \frac{1}{(1+r)^{n-1}} = \frac{1-(\frac{1}{1+r})^n}{1-\frac{1}{1+r}} \fallingdotseq \frac{1+r}{r} \qquad (18)$$
>
> 右辺の第2項の { } の部分をH, $\frac{1}{1+r} = R$ とおくと
>
> $$H = 1 + 2R + 3R^2 + \cdots + (n-1)R^{n-2} \qquad (19)$$
>
> $$RH = R + 2R^2 + 3R^3 + \cdots + (n-1)R^{n-1} \qquad (20)$$
>
> (19) 式から (20) 式を引くと
>
> $$(1-R)H = 1 + R + R^2 + \cdots + R^{n-2} - (n-1)R^{n-1} \qquad (21)$$
>
> $$= \frac{1-R^{n-1}}{1-R} - (n-1)R^{n-1}$$
>
> となる。

　ここで，右辺の第1項の { } の部分は定配当割引モデルの計算方法から (18) 式のようになります。

　右辺の第2項の { } の部分をH, $\frac{1}{1+r} = R$と置くと，(19) 式が得られ，両辺に R を掛けると，(20) 式が得られます。ここで，(19) 式から (20) 式を引くと，(21) 式となりますので，整理すると，

$$H = \frac{1-R^{n-1}}{(1-R)^2} - \frac{(n-1)R^{n-1}}{1-R}$$

となります。

定額成長配当割引モデルの導出（3）

r＞0なので $\frac{1}{1+r} = R < 1$, $n \to \infty$で $R^{n-1} \to 0$ なので

$$H \fallingdotseq \frac{1}{(1-R)^2} \quad \left(\because \frac{n-1}{(1+r)^n} \to 0 \right) \tag{22}$$

これらを（17）式に代入すると

$$P \fallingdotseq \frac{D}{1+r} \cdot \frac{1+r}{r} + \frac{r_r b E_1}{(1+r)^2} \cdot \frac{1}{\left(1 - \frac{1}{1+r}\right)^2}$$

$$= \frac{D}{r} + \frac{r_r b E_1}{r^2}$$

$$= \frac{D + \frac{r_r}{r} b E_1}{r} \tag{23}$$

　ここで，r＞0なので，$\frac{1}{1+r} = R < 1$, $n \to \infty$で $R^{n-1} \to 0$ なので（22）式が成立します。このHを（16）式に代入すると，（23）式が得られます。

　すなわち，配当が将来に渡って，一定の額だけ増えたとすると，株式の理論価格は，1期目の配当と配当増額分を割引率で割った値を足し，これらを割引率で割ったものになります。ここで，再投資の利益率 r_r が r に等しいと，理論株価は1期目の利益を割引率で割った値となります。また，再投資の利益率 r_r が0とすると，定配当割引モデルと同じになります。なお，上式は，定額成長配当割引モデル，あるいはウオルターモデルと呼ばれています。

（注記）$\frac{n-1}{(1+r)^{n-1}}$ は $n \to \infty$ で，分子と分母は共に∞になるが，分母の方が分子よりも∞となる速度が速い。また，ロピタルの定理より，分子と分母を各々微分して，$n \to \infty$ とすると分子は一定で分母は∞となり，$\frac{n-1}{(1+r)^n} \to 0$ となることからも示されます。

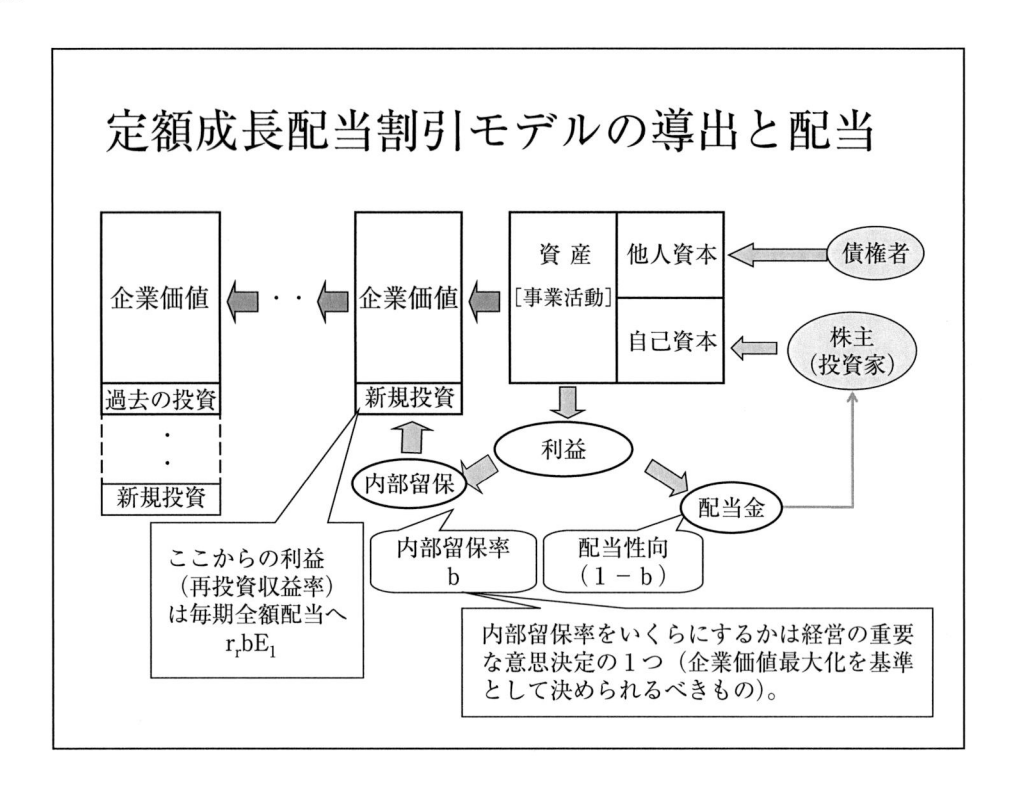

定額成長配当割引モデルの導出と配当

```
[企業価値]  ←・・←  [企業価値]  ←  資産[事業活動] | 他人資本  ← 債権者
 過去の投資              新規投資                    自己資本  ← 株主（投資家）
  ：                      ↑                          ↓
 新規投資              内部留保  ←  利益  →  配当金  → 株主
```

ここからの利益（再投資収益率）は毎期全額配当へ $r_r bE_1$

内部留保率 b ／ 配当性向 (1 − b)

内部留保率をいくらにするかは経営の重要な意思決定の1つ（企業価値最大化を基準として決められるべきもの）。

　上図は，定額成長割引モデルの仕組みを解説したものです。企業は株主から資金を調達する（自己資本という）だけでなく，社債を発行したり，銀行からの借入によっても資金調達を行います（この部分を他人資本と呼びます）。

　企業は，調達した資金を使って，生産設備を購入したり，人員を雇い事業活動を行い，利益を得ます。利益の一部を配当金として株主に支払い，残りは内部留保して，新規投資を行います。定額成長配当割引モデルは，この新規投資から得られる利益（再投資収益）は毎期全額配当していくと仮定したものとして定式化されています。

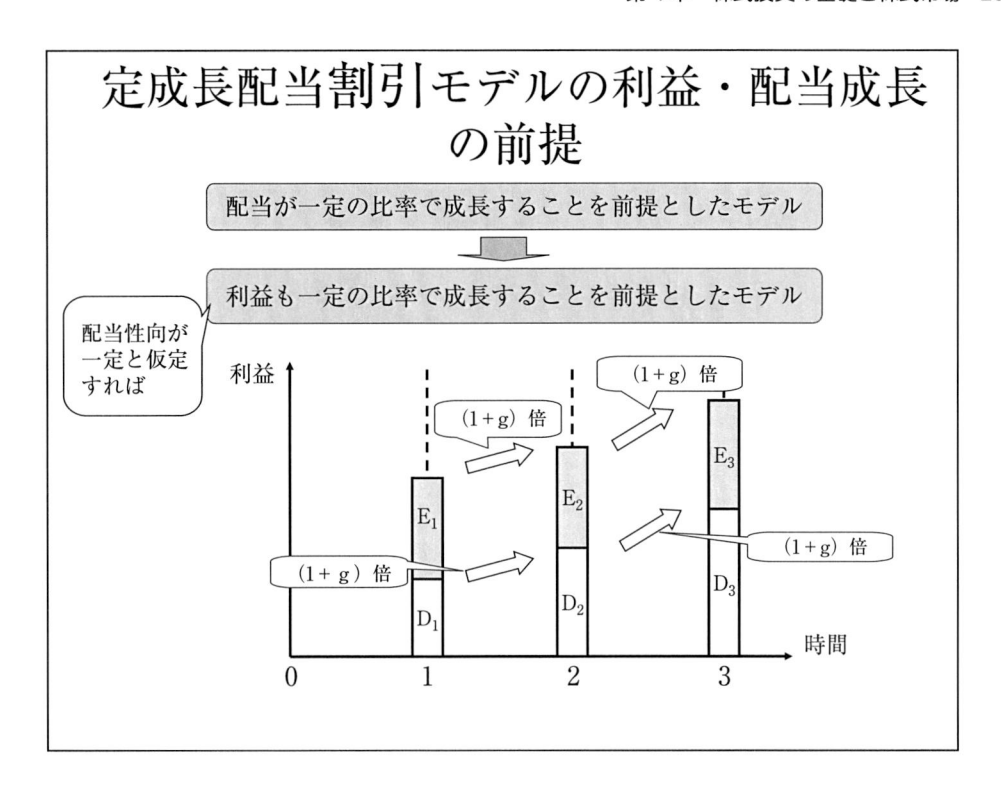

定成長配当割引モデルの利益・配当成長の前提

配当が一定の比率で成長することを前提としたモデル

⇓

利益も一定の比率で成長することを前提としたモデル

配当性向が一定と仮定すれば

（図：利益を縦軸、時間を横軸として、時点1, 2, 3 における利益の棒グラフ。各棒は配当 D_1, D_2, D_3 と内部留保 E_1, E_2, E_3 に分かれ、それぞれ $(1+g)$ 倍ずつ成長する様子を示す。）

　定成長配当割引モデルは，配当が一定の比率で成長することを前提としたモデルです。これは，企業収益のうちどれくらいが配当されるかを表わした配当性向を一定と仮定すれば企業収益が一定の比率で成長することを前提としたモデルに他なりません。

　ここで，r＞gという前提を置きましたが，これは無限等比級数が収束するための条件でしたが，ほとんどの企業はこの条件を満たすと考えてもよいでしょう。つまり，今後，数年間，高成長を続けると予想される企業であっても，長くその成長を維持することは難しく，やがてその成長は低下します。

　平均的な成長率gは要求収益率を上回ることはまずないと考えるほうが妥当といえるでしょう。

二段階成長割引モデル

```
成長率
 ↑
 |    g_h
 |─────────┐
 |         |  g
 |         └──────────
 |         :
 +─────────┴──────────→ t
 t       t+n
   高成長期  安定成長期
```

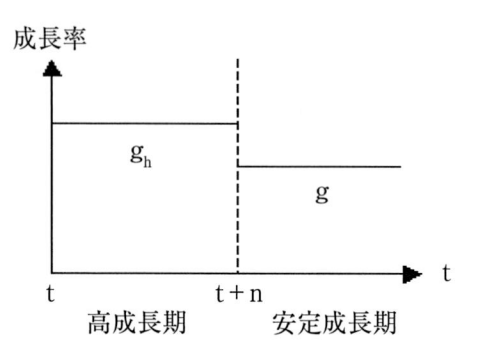

2段階成長割引モデルが想定している配当成長率

　定成長配当割引モデルの考え方を実際に適用しようとすると，現実的でない部分が多いようです。そのため，企業の現実により近い形にした割引モデルが数多く提唱されています。これらの多くは，企業のライフサイクルに合わせて将来配当の成長をいくつかの段階に分けた多段階型配当割引モデルがその代表例です。以下では，代表的な多段階配当割引モデルをいくつか紹介します。

―2段階配当割引モデル―

　まず，配当の成長率を2つの段階に分けた2段階成長モデルがあります。これは，企業の成長が大きい比較的初期の段階の配当の成長率を高く置き，成長が安定した段階での配当の成長率を低く置く考え方です。2段階成長モデルを定式化すると次式のように表されます。現時点での株価 V_s は次式となります。

$$V_s = \underbrace{\frac{D}{1+r_h} + \frac{D(1+g_h)}{(1+r_h)^2} + \cdots + \frac{D(1+g_h)^{n-1}}{(1+r_h)^n}}_{\text{高成長期}} + \underbrace{\frac{D(1+g_h)^{n-1}(1+g)}{(1+r_h)^n(1+r)} + \frac{D(1+g_h)^{n-1}(1+g)^2}{(1+r_h)^n(1+r)^2} + \cdots}_{\text{安定成長期}}$$

r_h：高成長期での割引率　　g_h：高成長期での配当成長率
r ：安定成長期での割引率　　g ：安定成長期での配当成長率

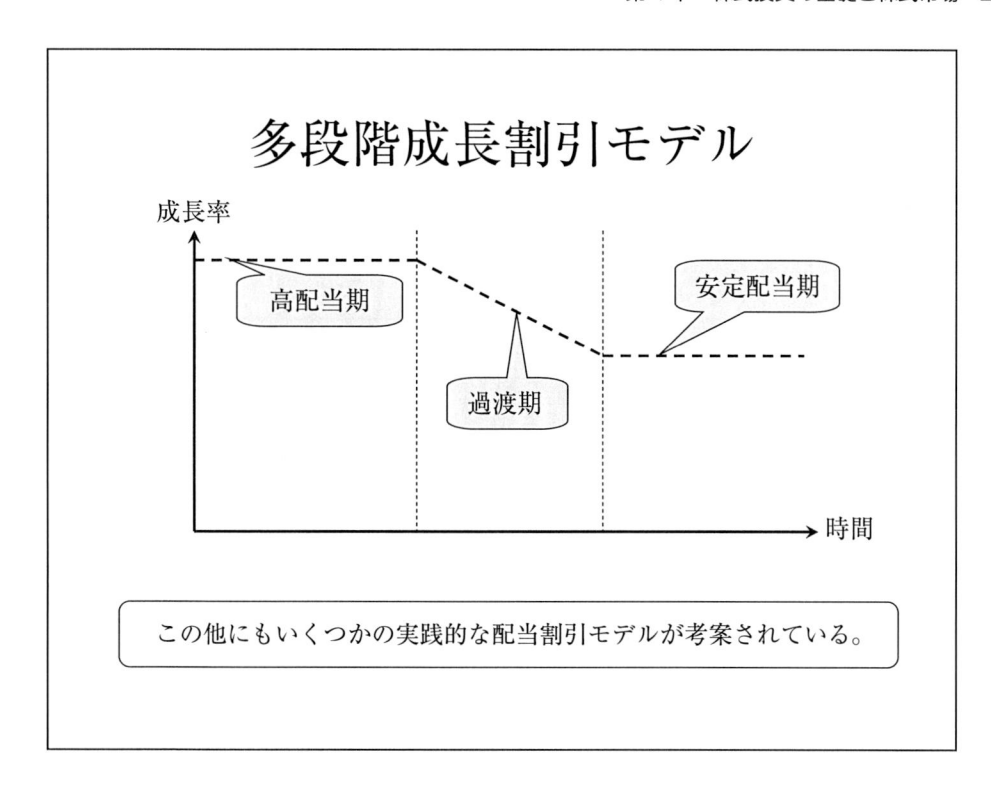

多段階成長割引モデル

成長率

高配当期

過渡期

安定配当期

時間

この他にもいくつかの実践的な配当割引モデルが考案されている。

―3段階配当割引モデル―

　配当の成長率をさらに細かく3段階に分け，高成長期，過渡（移行）期，安定成長（成熟）期の各々で成長率を設定する3段階配当割引モデルも Molodovsky, May and Chottiner（1965）により提案されています。この3段階成長モデルを定式化すると次式のように表されます。

$$V_S = \frac{D_1}{1+r_h} + \frac{D_2}{(1+r_h)^2} + \cdots + \frac{D_{n_1}}{(1+r_h)^{n_1}} + \frac{D_{n_1+1}}{(1+r_h)^{n_1}(1+r_m)} + \cdots + \frac{D_{n_2}}{(1+r_h)^{n_1}(1+r_m)^{n_2-n_1}}$$

高成長期　　　　　　　　　　　過渡期

$$+ \frac{D_{n_2+1}}{(1+r_h)^{n_1}(1+r_m)^{n_2-n_1}(1+r)} + \cdots$$

安定成長期

ここで，r_m：過渡期の割引率

株主から見た株式価値

株式を購入（保有）すると，将来得られる利益は配当金

↓

将来得られる配当を予想できれば，これを割り引いてその総和を求めれれば良い

↓

いくつかの代表的な方法がある（前述の通り，いくつかのモデルが存在）。

- 定配当割引モデル
- 定成長配当割引モデル
- 二段階配当割引モデル
- ・・・

↓

しかし，配当だけに着目すると問題点が・・・

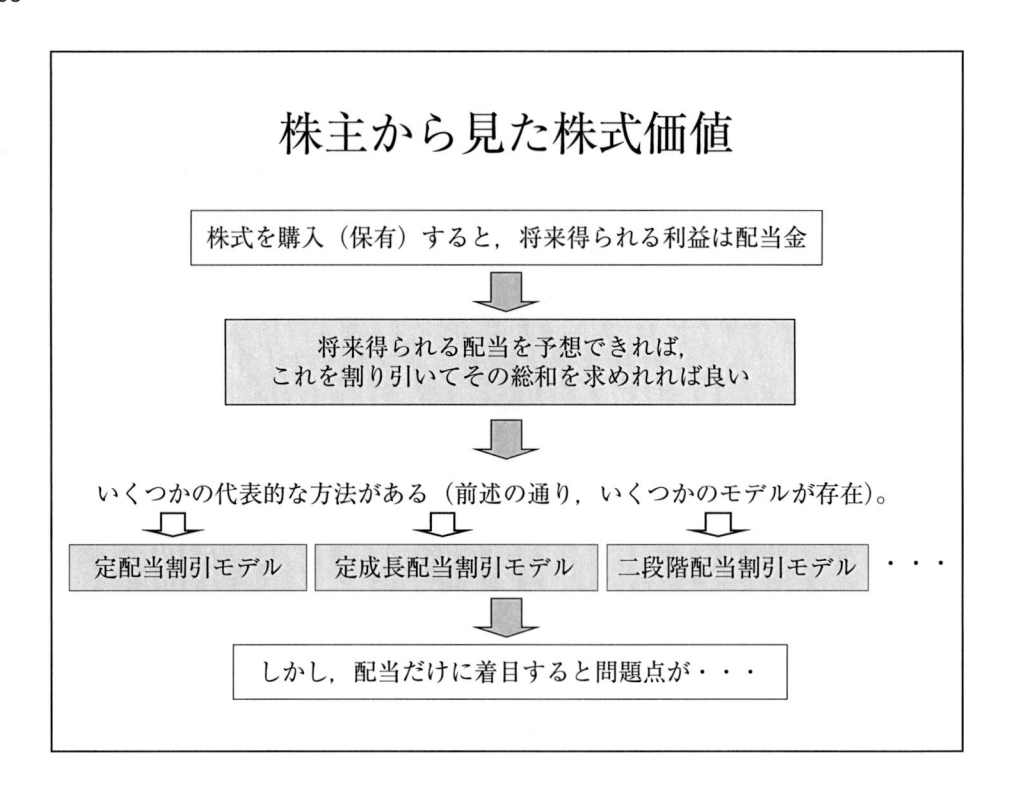

　株主から見ると，株式を保有することで将来得られる利益は，保有株式に応じて支払われる配当金です。もちろん，途中で保有株式を売却すれば，その時点で売却益を得られますが，以後の配当金を受け取る権利を失うことになります。そして新しく株式を購入した株主が以後の配当金を受け取ることになります。しかし，配当だけに着目すると大きな問題点も存在することが知られています。

配当割引モデルの限界

これまでのモデルは，企業が将来支払う配当のみから株式価値を求めるという考え方であり，問題点もいくつか存在している。
たとえば，

① 配当額が恣意的に決められることが多く，予想が難しい
② 無配当の企業の評価ができない
③ 配当が定額で，企業の業績や成長とは無関係に決められる
④ 割引率が変化すると価格が大きく変化する

などがあげられ，現実の株価をうまく説明できないといわれている。

　これまでのモデルは，企業が将来支払う配当のみから株式価値を求めるという考え方であり，問題点もいくつか存在することが指摘されています。
　代表的なものとして，
　・配当額が恣意的に決められることが多く，予想が難しい
　・無配当の企業の評価ができない
　・企業の業績や成長とは無関係に配当額が決められてしまう場合が少なくない
　・割引率が変化すると価格が大きく変化する
などがあげられ，このままでは現実の株価を十分には説明できないと考えられています。

> ## 株式価値評価の基本（1）
>
> 株主が将来得られるキャッシュフローは配当なので，株式価値 P_0 は
>
> $$P_0 = \frac{D_1}{1+r_1} + \frac{D_2}{(1+r_2)^2} + \frac{D_3}{(1+r_3)^3} + \cdots$$
>
> ここで定成長配当割引モデルを考えると，
>
> $$P_0 = \frac{D}{r-g}$$
>
> すなわち株価は，
>
> ① D：期初配当
> ② g：配当成長率
> ③ r：割引率（金利とリスク・プレミアム）
>
> で決まってくる。

　Williamsが提唱した配当割引モデル（1）式において，割引率が一定，配当が一定比率で成長するという仮定を置いたものが，定成長配当割引モデルであり，(10)式，(16)式のように表わされることは，前に解説しましたが，ここでは，さらにその意味するところ詳しく見ていくことにしましょう。

　すなわち，株価は①の期初配当と②の配当成長率，③割引率で決まっていることがわかります。つまり，期初の配当が大きいほど，配当の成長率が大きいほど株価も高くなり，割引率（株主の要求収益率ともいう）が大きいほど，株価は低くなることを意味しています。

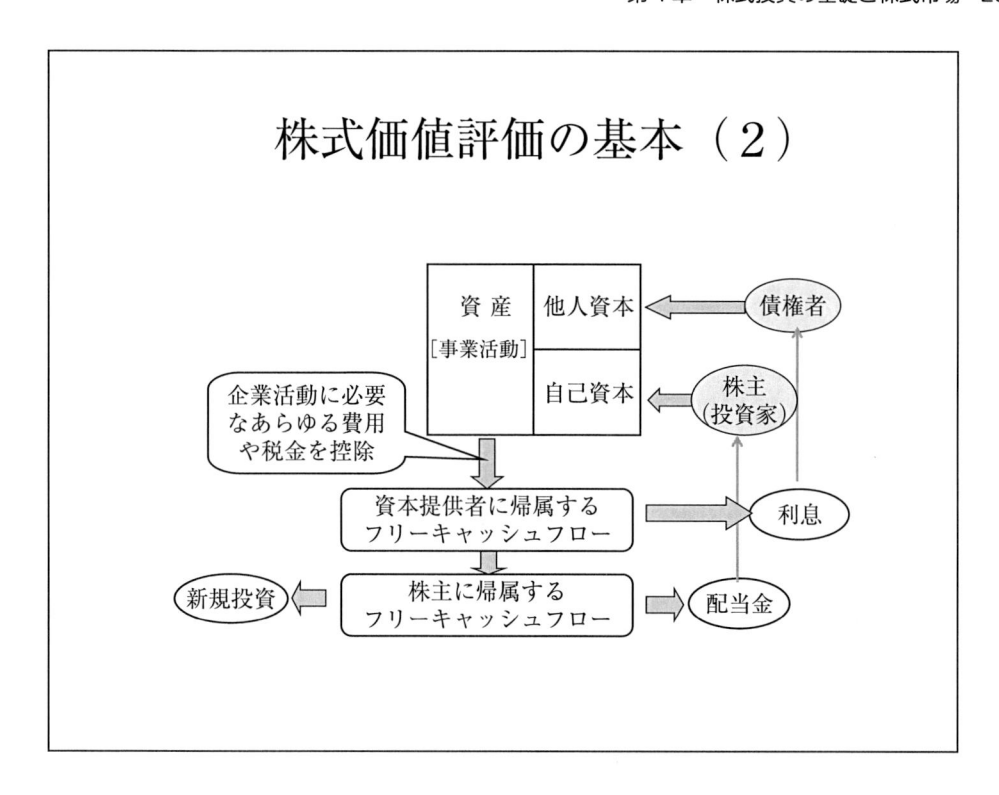

株式価値評価の基本（2）

```
            ┌──────┬──────┐
            │ 資 産 │他人資本│ ← 債権者
            │[事業活動]├──────┤    ↑
            │      │自己資本│ ← 株主
            │      │      │   (投資家)
            └──────┴──────┘        ↑
   企業活動に必要      ↓                │
   なあらゆる費用 → ┌──────────┐        │
   や税金を控除    │資本提供者に帰属する│→ 利息
                  │フリーキャッシュフロー│
                  └──────────┘
                       ↓
   新規投資 ← ┌──────────┐
              │株主に帰属する    │ → 配当金
              │フリーキャッシュフロー│
              └──────────┘
```

　ここで，配当が支払われない企業について考えてみます。投資家としては，配当が支払わず新たな事業活動に活用されて，投資家の期待する利益を上回る利益をあげてくれれば良いわけです。したがって，配当の原資であるフリーキャッシュフロー（事業活動に必要なあらゆるコストを差し引いた後の企業への資金提供者に帰属する利益）から企業価値，あるいは株主価値を求める方法が考えられます。

　この代表的な方法にフリーキャッシュフロー割引価値法があります。基本的な考え方は，配当割引モデルと同じで，事業活動を通して企業が将来得られるであろうフリーキャッシュフローの現在価値を求めて総和を取ればよいことになります。

　なお，株主に帰属するフリーキャッシュフローのみを計算することにより，株式価値を直接求める方法もありますが，両者は理論的には同じ結果となります。

株式価値評価の基本（3）

配当を支払わない企業も少なくなく，配当の原資であるフリーキャッシュフローから株式価値を求める方法が考えられる。企業価値をVとすると（W_iを割引率（この場合，資本コストという）とする）

$$V = \frac{FCF_1}{1+w_1} + \frac{FCF_2}{(1+w_2)^2} + \frac{FCF_3}{(1+w_3)^3} + \cdots$$

FCFが一定の割合で成長すると（割引率も一定と仮定）

$$V = \frac{FCF_1}{w-g}$$

したがって，株式（株主）価値 S_0 は

$$S = V - B$$

となる。発行済み株式数で S を割れば，株式価値 P が求められる。

　フリーキャッシュフロー割引価値法による株式価値評価の方法は，配当割引モデルと基本的には同じで，事業活動を通して企業が将来得られるであろうフリーキャッシュフローの現在価値を求めて総和を取ればよいことになります。この時，割引率としては事業の取っている大きさに見合う（すなわち資本提供者が要求する）収益率を使います（この割引率は資本コストと呼ばれています）。
　ここで，将来フリーキャッシュフローが一定の割合で成長すると仮定すると，ゴードンの定成長割引モデルの式を適用でき，

$$V = \frac{FCF_1}{w-g}$$

となります。ここで求めた価値は企業全体の価値（V）ですので，負債価値を差し引くことで株主価値（S）が求まり，これを発行済み株式数で割ると株式価値（P）が算出できます。

株式価値評価の基本（4）

フリーキャッシュフロー（FCF）
税引後営業利益＋減価償却等－設備投資－正味運転資本の増分

結局は、会社が稼いだお金から、会社が活動するのに必要なお金を差し引いた、余剰資金のこと

資本コスト
（株主が要求する収益率）＋（債権者が要求する収益率）

株式時価と負債時価の比率で両者を合成する方法が一般に利用されている（時価加重資本コスト）

　実際にフリーキャッシュフロー割引モデルを使い企業価値を算出する際には、会社が稼いだお金から会社が活動するのに必要なお金を差し引いた余剰資金であるフリーキャッシュフローを求める必要があります。これは、

　　　　税引後営業利益＋減価償却等－設備投資－正味運転資本の増分

の計算式で表されますが、企業の事業計画等をもとにして、将来に渡ってこれらの値を予測、計算することになります。

　割引率についても、株主が要求する収益率と債権者が要求する収益率から企業全体としての割引率を将来に渡って、予測・計算する必要があります（株式時価と負債時価の比率で両者を合成する時価加重資本コストという方法が一般に利用されている）。

第5章
債券投資の基礎と債券市場

5.1 節　債券投資の基礎と債券市場（1）：債券投資の基礎と利回り

> ### 5.1 節　債券投資の基礎と債券市場（1）
>
> ポイント
> 1. 債券とは何か，債券の種類
> 2. 債券市場
> 3. 債券の投資収益率
> 4. 債券の理論価格の考え方
> 5. 割引債，利付債の理論価格

―本節の概要―

5.1 節「債券投資の基礎と債券市場（1）」では，債券投資を考えるうえで基本となる用語や債券市場の解説を行います。具体的には①債券とは何か，債券の種類，②債券の発行市場と流通市場，③債券の投資収益率の考え方，④債券の理論価格の考え方，⑤割引債，利付債の理論価格導出の考え方，という5つのテーマを中心に解説を行います。債券は特別な用語も多く，なじみがないため，多少わかりにくい資産と思われがちですが，基本を理解してしまえば扱いやすい資産です。まず債券の基本事項と理論価格の考え方を解説します。

債券とは

債券とは，転売可能な債務証書のことであり，債券購入時点で資金の借入れを行い，将来借入れ金額にプレミアムをつけて返済するもの。将来の返済のパターン，期間等でいろいろな債券が存在する。

発行体
将来の返済金額のパターン
期間
形態
課税・非課税
担保の要否　など

国や地方自治体，金融機関，企業などが資金を集め，資金の出し手（投資家）に発行する借用書。発行する際に，あらかじめ額面，利率，元本返済期限，利息の支払い方法などが決められている。

　債券とは，国や地方自治体，金融機関，企業などが資金を集め，資金の出し手（投資家）に発行する借用書です（発行する側にとっては負債となります）。いい換えると，転売可能な債務証書のことであり，債券購入時点で資金の借入れを行い，将来借入れ金額にプレミアムを付けて返済するものです。将来の返済のパターン，期間，形態，課税・非課税，担保の有無等でいろいろな債券が存在します。債券は通常発行する際に，発行価格，額面価格，利息（クーポンレート），元本返済期限（償還日），利息の支払い方法，支払日などが決められます。そして，償還日に額面価格が支払われます。債券は，一般に自由に売買できますが，金利などの変化により債券価格も変動します。

債券の種類

表　債券の種類（利息と償還額を基準）

種類	利息（クーポン） 固定	利息（クーポン） 可変	償還額 固定	償還額 可変
利付債	○		○	
割引債（ゼロクーポン債）	なし		○	
永久債（コンソール債）	○		なし	
変動利付債		○	○	
インフレ連動債		(○)		(○)

　債券の分類方法の1つに利息と償還額の有無とそれぞれが固定か可変かを基準に整理する方法があります。まず，最も一般的な債券として，決まった日に利息（クーポン）が支払われ，償還日に決められた額面価格が支払われる利付債があります。次に，最もシンプルな債券として，期中の利息の支払が一切なく，満期にのみ額面価格が支払われる債券を割引債といいます。割引債はゼロクーポン債とも呼ばれます。また，最近ではあまり見られませんが，満期がなく（すなわち，償還日がなく，額面価格もありません），永久に決められた日に利息が支払われる債券を永久債，あるいはコンソール債といいます。以上の債券は，利息も償還額も予め決められた額（固定）ですが，利息が市場金利に連動して可変で償還額が固定である債券を変動利付債，利息あるいは償還額がインフレの状況で変わる債券をインフレ連動債といいます。

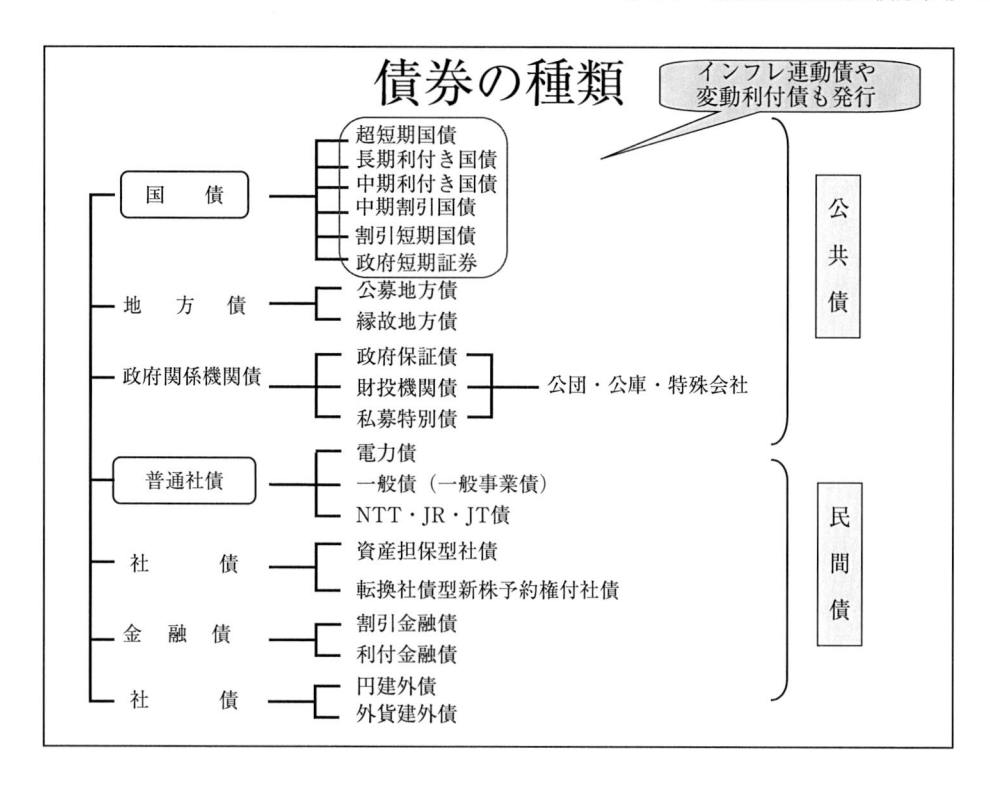

債券の種類

```
                    ┌─ 超短期国債
                    ├─ 長期利付き国債
    ┌─ 国  債 ──────┼─ 中期利付き国債
    │               ├─ 中期割引国債
    │               ├─ 割引短期国債
    │               └─ 政府短期証券
    │
    ├─ 地 方 債 ────┬─ 公募地方債
    │               └─ 縁故地方債
    │
    │               ┌─ 政府保証債
    ├─ 政府関係機関債┼─ 財投機関債 ── 公団・公庫・特殊会社
    │               └─ 私募特別債
    │
    │               ┌─ 電力債
    ├─ 普通社債 ────┼─ 一般債（一般事業債）
    │               └─ NTT・JR・JT債
    │
    ├─ 社　　債 ────┬─ 資産担保型社債
    │               └─ 転換社債型新株予約権付社債
    │
    ├─ 金 融 債 ────┬─ 割引金融債
    │               └─ 利付金融債
    │
    └─ 社　　債 ────┬─ 円建外債
                    └─ 外貨建外債
```

※ 国債には「インフレ連動債や変動利付債も発行」

公共債 / 民間債

　債券はその発行主体により国債，地方債，政府関係機関債，社債，金融債，外債などに分類されます。国債はさらに満期までの長さにより，超長期国債，長期利付き国債，中期利付き国債，中期割引国債，割引短期国債，政府短期証券などがあります。地方債には公募地方債，縁故地方債などがあり，政府関係機関債には政府保証債，財投機関債，私募特別債があります。国債，地方債，政府関係機関債を公共債といいます。また，社債は普通社債の他，株式への転換権が付与された転換社債型新株予約権付き社債があります。普通社債には電力債，一般債（一般事業債），NTT債，JR債，JT債などがあります。金融債には割引金融債，利付金融債があります。これら民間から発行された債券は民間債と呼ばれています。

債券の種類（その他の基準）

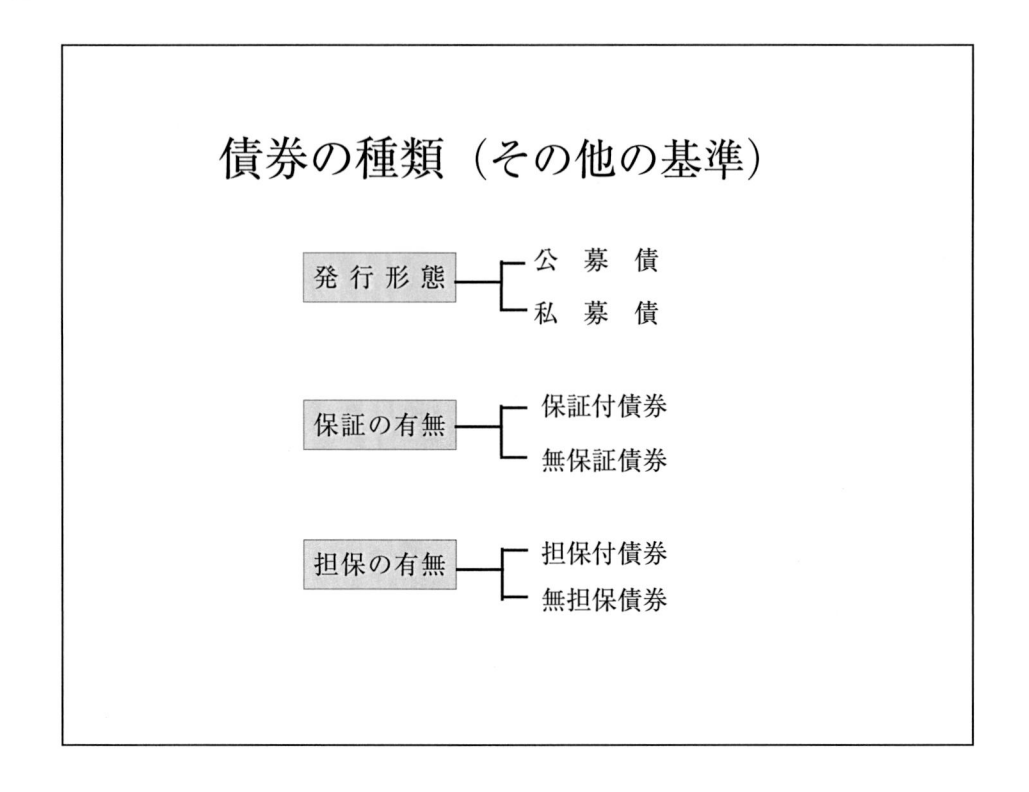

発行形態 ─┬─ 公募債
　　　　　└─ 私募債

保証の有無 ─┬─ 保証付債券
　　　　　　└─ 無保証債券

担保の有無 ─┬─ 担保付債券
　　　　　　└─ 無担保債券

　債券はこれら以外にもいろいろな基準で分類することができます。たとえば，債券の発行形態により公募債（不特定多数の投資家を対象として売り出すこと）と私募債（少数の特定の投資家を対象として売り出すこと）に分けることができますし，保証の有無で保証付債券と無保証債券，担保の有無で担保付債券と無担保債券に分けることができます。

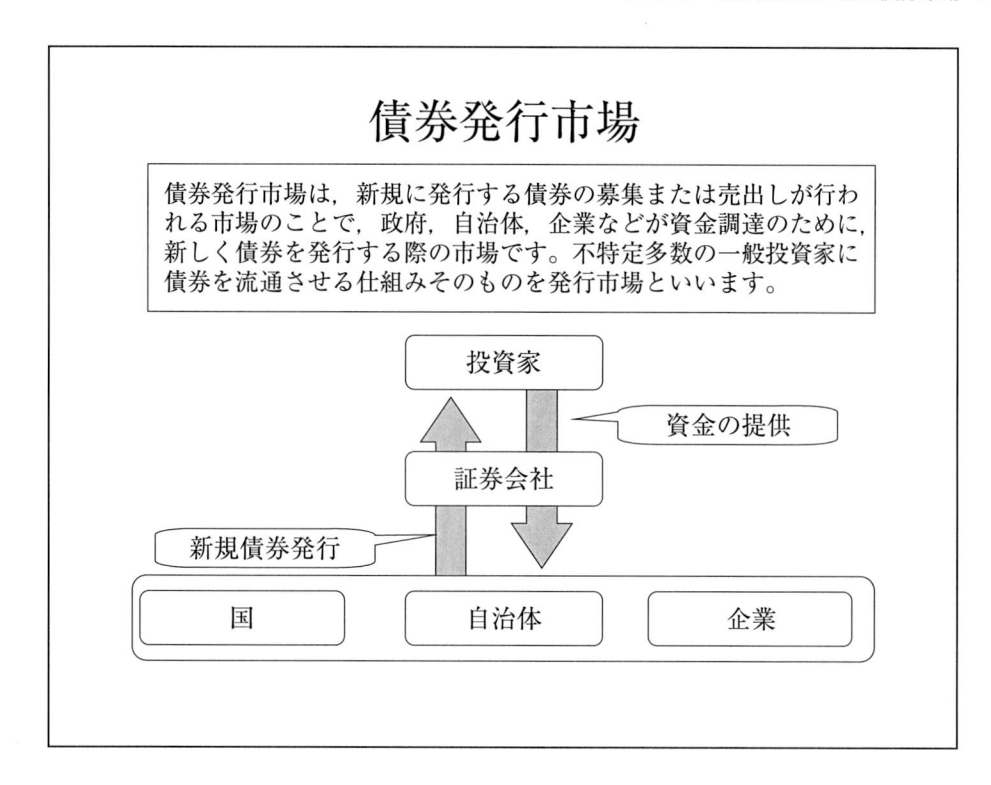

債券発行市場

債券発行市場は，新規に発行する債券の募集または売出しが行われる市場のことで，政府，自治体，企業などが資金調達のために，新しく債券を発行する際の市場です。不特定多数の一般投資家に債券を流通させる仕組みそのものを発行市場といいます。

```
           投資家
            ↑ ↓  ← 資金の提供
           証券会社
新規債券発行 →  ↑ ↓
   ┌─────┬─────┬─────┐
   │ 国  │自治体│ 企業 │
   └─────┴─────┴─────┘
```

　債券市場には，新しく債券を発行する債券発行市場とすでに発行されている債券を償還日前までに取引する債券流通市場の2つがあります。債券発行市場は，新規に発行する債券の募集または売出しが行われる市場のことで，国，自治体，企業などが資金調達のために，新しく債券を発行する際の市場です。不特定多数の一般投資家に債券を流通させる仕組みそのものを発行市場といいます。国，自治体，企業などは，資金調達の手段として，債券を発行しようとする場合，証券会社を経由して，資金の調達を行うことになります。

```
┌─────────────────────────────────────────────────┐
│              債券流通市場                        │
│                                                 │
│            ┌─────────┐                          │
│            │ 債券取引 │                          │
│            └─────────┘                          │
│     ①取引1件当たりの規模が大きい                 │
│     ②複数の銘柄が同時に売買される取引が多い      │
│     ③残存期間や利息などのさまざまな要素を        │
│       考慮する必要がある                         │
│                                                 │
│                   ⬇                             │
│    ┌────────────────────────────────────────┐   │
│    │ 証券取引所での集中売買になじみにくい性格 │   │
│    │ を有しているため，店頭市場での取引が    │   │
│    │ 中心である。                            │   │
│    └────────────────────────────────────────┘   │
└─────────────────────────────────────────────────┘
```

　債券流通市場は，すでに発行されている債券の売買が行われる市場のことで，市場でついている価格（市場価格）で自由に売買できます（流通市場のことをセカンダリーマーケットということもあります）。しかし，債券取引の特徴として，①取引1件当たりの規模が大きいこと，②複数の銘柄が同時に売買される取引が多いこと，③残存期間や利息など，さまざまな要素を考慮する必要があることなどから，証券取引所での取引に馴染みにくい性質を有しているため，店頭市場での取引が中心となります（他にも債券の種類によっては，流動性の問題もあります）。

債券の投資収益率（1）

> 投資家の立場で投資成果を評価する基準のこと

債券の投資収益率の測定方法には，いくつかの方法が存在するが，以下の3つが重要な要素となる。

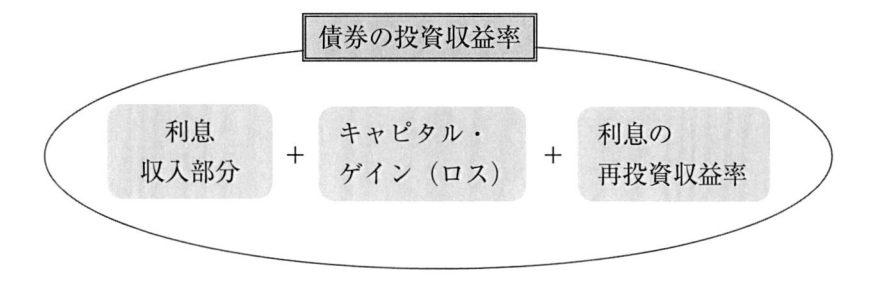

債券の投資収益率

利息収入部分 ＋ キャピタル・ゲイン（ロス） ＋ 利息の再投資収益率

　債券の投資収益率（期初に投資した資金が投資終了時点でいくらになっているかを年率ベースでの収益率で表したもので，「利回り」ということもあります）を決定する要因に「利息収入部分」，「キャピタル・ゲイン（ロス）」，「利息の再投資収益率」という3つの要因があります。この3つの要因の考慮の仕方として，単利ベースでの収益率，複利ベースでの収益率の測定方法があります。単利ベースの投資収益率には，直利（直接利回り），最終利回り，所有期間利回りがあり，複利ベースでの収益率の測定方法に複利での最終利回りと実効利回りがあります。さらに，新規に発行された債券を償還日まで保有した場合の利回りを応募者利回りといいます。なお，日本では単利（年率）で表すのが一般的です。

債券の投資収益率（２）
（単利ベースでの収益率）

直利（直接利回り）

直利は最も単純な収益率尺度で，支払われる利息と債券の買入価格との比を取ったものである。3つの要素のうち，1つ目の利息収入の部分しか考慮されていない尺度で，ラフな収益率尺度といえる。

$$直利（直接利回り）＝\frac{利息}{債券購入価格}×100（\%） \quad (1)$$

　直利（直接利回り）は，最も単純な収益率尺度で，支払われる利息と債券の購入価格との比を取ったものです。直利（直接利回り）は，債券の投資収益率を考える上で考慮する必要がある3つの要素のうち，1つ目の利息収入の部分しか考慮されていない尺度で，大まかな収益率尺度といえます。

　たとえば，債券購入価格を96円（額面を100円），利息（年間）を5円とすると，直利は（1）式より，

$$直利 = \frac{5}{96} × 100 = 5.2\%$$

となります。

債券の投資収益率（３）
（単利ベースでの収益率）

最終利回り（日本式）

日本式の最終利回りは，単利ベースで計算された収益率の尺度である。３つの要素のうち，１つ目の利息収入と２つ目のキャピタル・ゲイン（ロス）を考慮しているが，再投資収益率が考慮されていない。

$$\text{最終利回り（単利）} = \frac{\text{利息} + \dfrac{\text{償還価格} - \text{購入価格}}{\text{残存年数（年）}}}{\text{購入価格}} \times 100 (\%) \quad (2)$$

日本式の最終利回りは，単利ベースで計算された収益率の尺度で，債券の償還価格から購入価格を引いた額を残存年数で割ったものと支払われる利息の合計を購入価格で割ったものです。日本式の最終利回りは，債券の投資収益率を考えるうえで考慮する必要がある３つの要素のうち，１つ目の利息収入と２つ目のキャピタル・ゲイン（ロス）を考慮していますが，再投資収益率が考慮されていない投資尺度です。

たとえば，債券購入価格を96円（額面を100円），利息（年間）を５円，残存年数を３年とすると，日本式の最終利回りは（2）式より，

$$\text{最終利回り} = \frac{5 + \dfrac{100 - 96}{3}}{96} \times 100 = 6.6\%$$

となります。

債券の投資収益率(4)
(単利ベースでの収益率)

所有期間利回り

債券は必ずしも償還まで保有されず,期前に売却してしまうこともある。この所有期間の収益率を測定する方法として所有期間利回りがある。この方法は日本式の最終利回りと同じ考え方で,再投資収益が考慮されていない(単利ベース)。

$$\text{所有期間利回り} = \frac{\text{利息} + \dfrac{\text{売却価格} - \text{購入価格}}{\text{所有年数(年)}}}{\text{購入価格}} \times 100 \, (\%) \quad (3)$$

　債券は必ずしも償還まで保有せず,期前に売却してしまうこともあります。この場合の所有期間の収益率を測定する方法として所有期間利回りがあります。債券の売却価格から購入価格を引いた額を保有年数で割ったものと支払われる利息の合計を購入価格で割ったものです。この所有期間利回りは,投資収益率を考えるうえで考慮する必要がある3つの要素のうち,1つ目の利息収入と2つ目のキャピタル・ゲイン(ロス)を考慮していますが,再投資収益率が考慮されていない投資尺度です。

　たとえば,債券購入価格を96円(額面を100円),売却価格を98円(購入から売却までの期間を1年),利息(年間)を5円とすると,所有期間利回りは(3)式より,

$$\text{所有期間利回り} = \frac{5 + \dfrac{98-96}{1}}{96} \times 100 = 7.3\%$$

となります。

債券の投資収益率（5）
（単利ベースでの収益率）

応募者利回り

新規発行された債券を償還日（満期）まで保有した場合の利回りを応募者利回りという。利息に額面価格から発行価格を引いて償還日までの年数で割ったものを発行価格で割ったものが応募者利回りである。この方法も日本式の最終利回りと同じ考え方で，再投資収益が考慮されていない（単利ベース）。

$$応募者利回り = \frac{利息 + \dfrac{額面価格 - 発行価格}{償還年数（年）}}{発行価格} \times 100 \quad (\%) \quad (4)$$

　新規発行された債券を償還日（満期）まで保有した場合の利回りを応募者利回りと言います。額面価格から発行価格を引いて償還日までの年数で割ったものと支払われる利息の合計を発行価格で割ったものが応募者利回りです。

　たとえば，利息が3円（年当たり），発行価格が95円，額面価格が100円の5年物債券を考えると，この債券の応募者利回りは，式（4）より，

$$応募者利回り = \frac{3 + \dfrac{100 - 95}{5}}{95} \times 100 = 4.21\%$$

となります。

債券の投資収益率（6）
（複利ベースでの収益率）

複利での最終利回り

複利ベースの最終利回りは，期中に支払われる利息の再投資収益を考慮した収益率尺度である。この際，再投資収益のレートは，求めようとしている最終利回りと同じであることを前提として計算されている。

$$（市場価格）＝\frac{1年目の利息}{1＋最終利回り}＋\frac{2年目の利息}{(1＋最終利回り)^2}＋\cdots＋\frac{額面額}{(1＋最終利回り)^T} \quad (5)$$

この式から最終利回りを求めることになる。

　複利での最終利回りは，期中に支払われる利息の再投資収益を考慮した収益率尺度です。利息の再投資収益は，求めようとしている最終利回りと同じであることを前提として計算されます。したがって，複利での最終利回りは，購入価格（市場価格）を所与として将来キャッシュフローを利息と償還額として内部収益率を求めたものになります。複利での最終利回りを実際に求めようとすると，パソコンの表計算ソフトなどを使って求める必要があります（解析解が求められない場合が多く，この場合は数値解で求める必要があります）。計算式は，上記の式で表されます。

　たとえば，債券購入価格（市場価格）を96円（額面を100円），購入から満期までの期間を3年），利息（年間）を5円，求めたい最終利回りをrとすると，(5)式より，

$$96＝\frac{5}{1＋r}＋\frac{5}{(1＋r)^2}＋\frac{105}{(1＋r)^3}$$

と表され，この式からrを求めると，最終利回り（r）＝6.5％となります。

債券の投資収益率（7）
（複利ベースでの収益率）

実効利回り

> 複利での最終利回りは債券投資の収益で3つの要素が全て考慮されているが，「再投資レートが最終利回りに等しい」という前提は必ずしも現実的とは言えない。実効利回りは，この再投資レートを外部から与えて最終利回りを計算しようとする方法である。

すなわち再投資レートを r_g とすると

$$（市場価値）=\frac{（1年目の利息）\times(1+r_g)^{T-1}}{(1+最終利回り)^T}+\frac{（2年目の利息）\times(1+r_g)^{T-2}}{(1+最終利回り)^T}+\cdots+\frac{額面額}{(1+最終利回り)^T} \quad (6)$$

となり，この式から実行利回りを求めることになる。

複利での最終利回りは債券投資の収益で3つの要素がすべて考慮されていますが，「再投資レートが最終利回りに等しい」という前提は必ずしも現実的とはいえません。実効利回りは，この再投資レートを外部から与えて最終利回りを計算しようとする方法です。

たとえば，債券購入価格（市場価格）を96円（額面を100円），購入から満期までの期間を3年，利息（年間）を5円，再投資収益率を5％として，求めたい実効利回りをrとすると（6）式より，

$$96=\frac{5(1+0.05)^2}{(1+r)^3}+\frac{5(1+0.05)}{(1+r)^3}+\frac{105}{(1+r)^3}$$

と表され，この式からrを求めると，実効利回り（r）＝6.4％となります。

債券投資の収益率測定方法

収益率測定の方法		収益の要素			評価期間	備考
		利息	ｷｬﾋﾟﾀﾙ・ｹﾞｲﾝ（ﾛｽ）	再投資収益		
単利	直利（直接利回り）	○	—	—		
	日本式最終利回り	○	○	—	満期まで	
	所有期間利回り	○	○	—	任意	売却価格を想定
複利	最終利回り	○	○	○	満期まで	再投資レート＝最終利回り
	実効利回り	○	○	○	任意	再投資レートは任意

　以上の5種類の債券投資の収益率測定方法をまとめたものが上記の表です。収益率測定方法は，まず，単利か複利かで分類され，単利はさらに，直利（直接利回り），日本式最終利回り，所有期間利回りに分類されます。複利はさらに，最終利回り，実効利回りに分類されます。一般に広く使われている単利を見ると，収益率を決定する3つの要因のうちの利息だけを考慮したものが直利（直接利回り），利息とキャピタル・ゲイン（ロス）だけを考慮したものが日本式最終利回り，日本式最終利回りと同様に利息とキャピタル・ゲイン（ロス）だけを考慮しているが，保有期間でこれを計算したものが所有期間利回りです。複利は，最終利回り，実効利回りともに，収益率を決定する3つの要因を考慮しています。ただし，再投資収益率を最終利回りに等しいとしたものが最終利回りで，再投資収益率を外部から与えたもの（通常は，再投資収益率は投資期間が短いので，最終利回りよりも低くなる傾向があります）が実効利回りです。純粋に債券投資の収益率測定方法を考えれば，3つのすべての要素を考慮した尺度が好ましいということになります。

債券理論価格の基本的な考え方

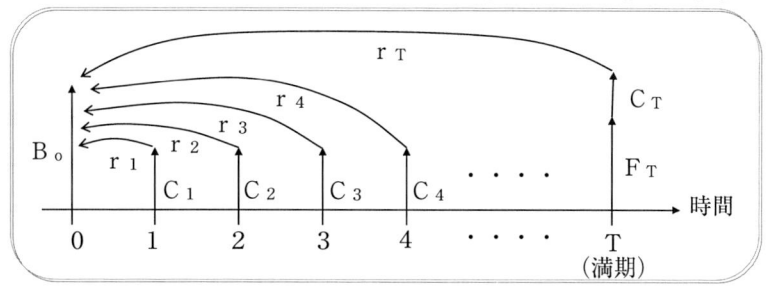

$$B_0 = \frac{C_1}{1+r_1} + \frac{C_2}{(1+r_2)^2} + \frac{C_3}{(1+r_3)^3} + \cdots + \frac{C_T + F_T}{(1+r_T)^T}$$

債券価格は「将来CF」と「金利（割引率）」で決定される

　債券の理論価格導出の基本は，他の金融資産を価格評価する考え方と同じで，債券を保有することによって得られる将来キャッシュフローの現在価値の総和となります。債券を保有することによって得られる将来キャッシュフローとは利息と額面額であり，この債券のもっているリスクの大きさ等（たとえば，信用リスク，期間の長さ）に応じた割引率で割り引いて総和を取ればよいことになります（将来キャッシュフローにリスクがなければ，無リスク金利で割り引くことになります）。この式から，債券は割引率の関数であることが分かりますが，割引率はその債券がもっている信用リスクを加味した金利に依存しています。

金利と債券価格の関係

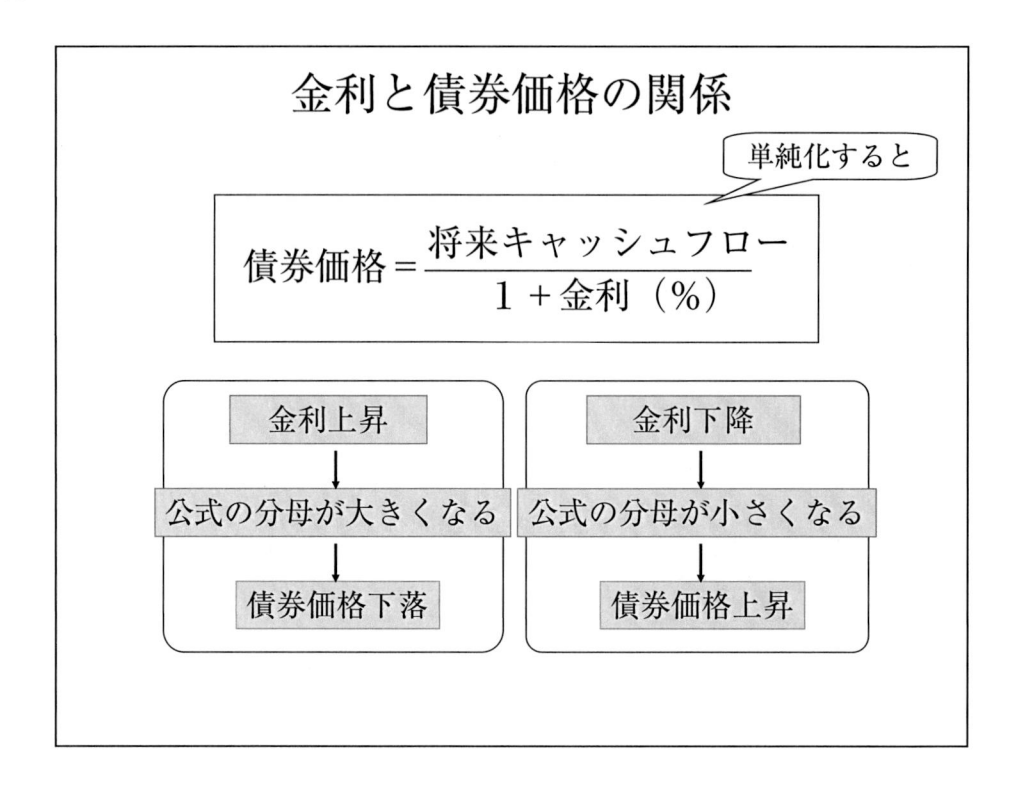

単純化すると

$$債券価格 = \frac{将来キャッシュフロー}{1 + 金利（\%）}$$

金利上昇 → 公式の分母が大きくなる → 債券価格下落

金利下降 → 公式の分母が小さくなる → 債券価格上昇

　債券の理論価格算出式を単純化（将来キャッシュフローが1回で1年満期）して考えると，債券価格と金利の関係が分かります。割引率≒金利と考えると，債券理論価格と金利は上記にあるように，金利が上昇すると上記式の分母が大きくなり債券価格が下落し，逆に，金利が低下すると，上記の分母が小さくなり債券価格は上昇します。すなわち，債券理論価格と金利の間には逆相関の関係があることがわかります。この関係は，一般的な債券の理論価格と金利の関係にも拡張できます（年数が複数年になっても，各々の将来キャッシュフローを現在価値に割り引く際には，分母に金利があるので，金利と債券理論価格の関係は変わりません。また，キャッシュフローが複数あっても，理論価格はその総和を取ることになりますから，両者の逆相関の関係は変わりません）。

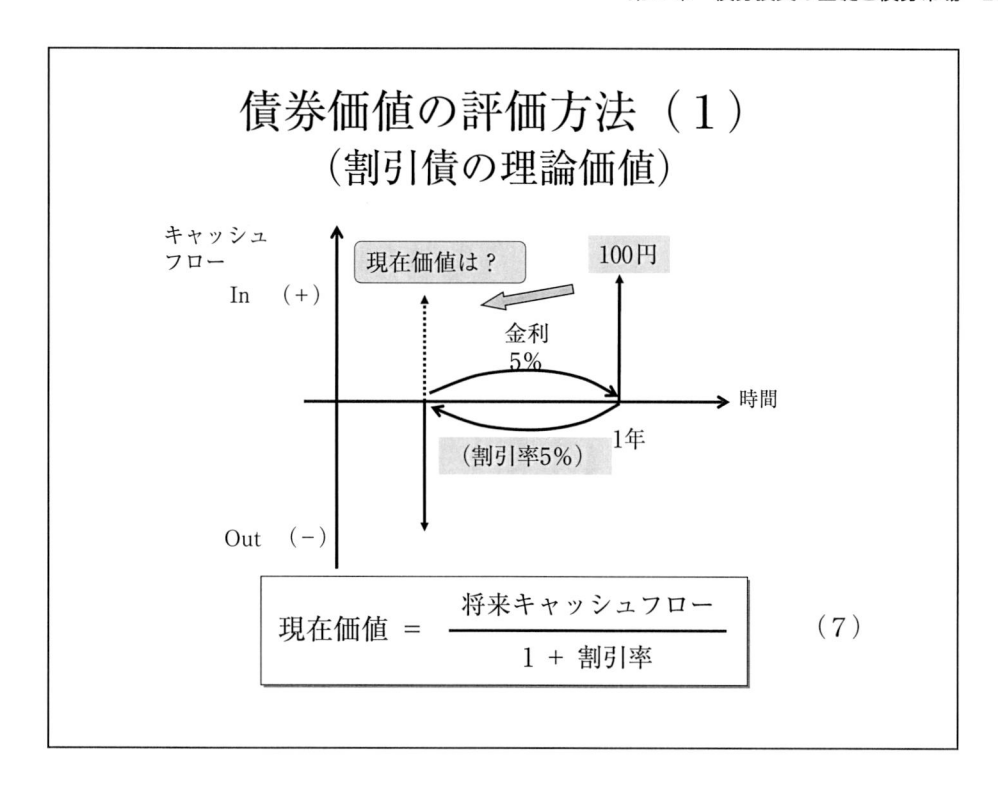

債券価値の評価方法（１）
（割引債の理論価値）

```
キャッシュ
フロー
 In （＋）     現在価値は？      100円
                    ←
                   金利
                   5%
─────────────────────────────→ 時間
                              1年
                (割引率5%)

 Out （－）
```

$$\text{現在価値} = \frac{\text{将来キャッシュフロー}}{1 + \text{割引率}} \quad (7)$$

まず，最もキャッシュフローが単純で償還日に額面価格が支払われる割引債について考えます。割引率を5%として，償還日に100円が支払われ，満期までの期間が1年とすると，債券の現在価格（理論価格）は，（7）式に従いますので，

$$\text{債券理論価格} = \frac{100}{(1+0.05)} = 95.24\text{円}$$

となります。期間が長くなっても考え方は同じで，額面価格を割引率で年数分だけ割り引けば良いということになります。割引債は債券理論価格を考えるうえで基本となる重要な債券です。

債券価値の評価方法（2）
（割引債の割引率の算出）

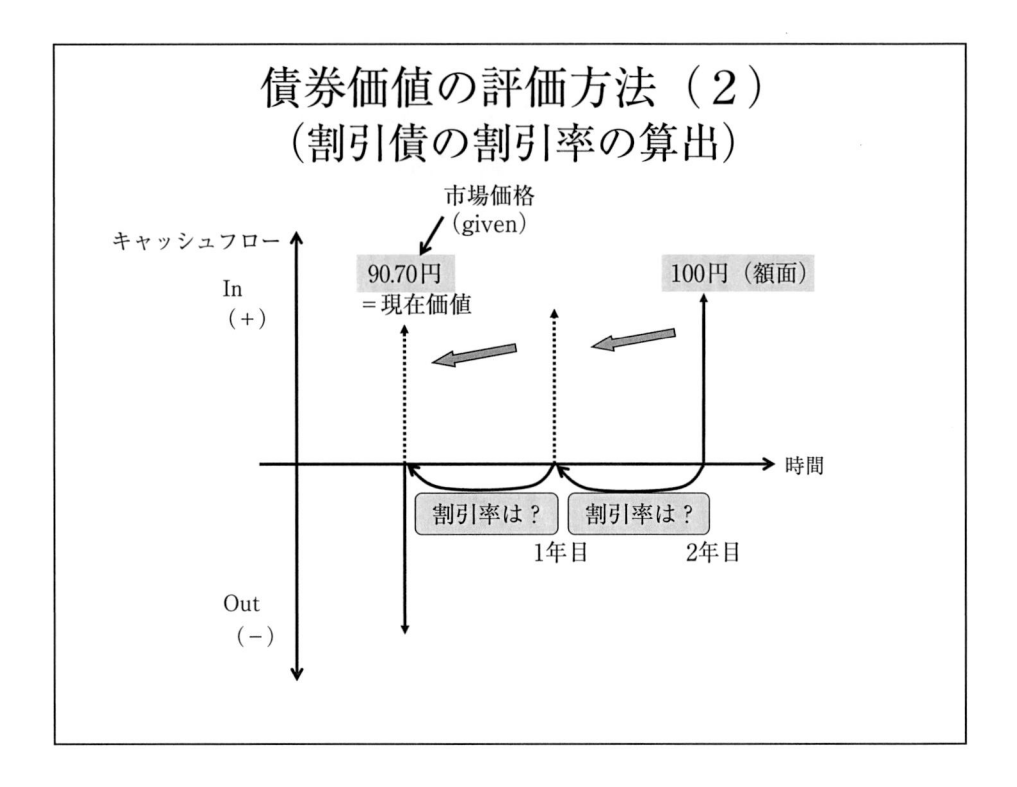

```
キャッシュフロー
In(+)       市場価格(given)
            90.70円 ←    100円（額面）
            ＝現在価値
                                          時間
            割引率は？  割引率は？
              1年目      2年目
Out(−)
```

　次に，割引債の価格が与えられているとします。額面価格もあらかじめ与えられているとすれば，この割引債の割引率を求めることができます。たとえば，額面価格が100円であり，現在の価格が90.70円で償還日まで2年の割引債があるとします。このとき，次式を解くことによって，この割引債の割引率を求めることができます。

$$90.70 = \frac{100}{(1+r)^2}$$

　この例からわかる通り，額面価格と満期までの年数が与えられていて，割引率がわかれば理論価格が求まりますし，市場価格がわかっていれば，割引率を求めることができます。

> # 債券価値の評価方法（３）
> ## （利付債の理論価値）
>
> 　利付債は，定期的に利息（クーポン）が支払われ，満期時に額面価格が支払われる。将来キャッシュフローを現在価値に割り引いたものの総和が資産の理論価格になるので，利付債の理論価格（P_0）も t 期に利息C_t，満期Tに額面F_Tが支払われるとすると，割引率を r（年率）として
>
> $$P_0 = \frac{C_1}{1+r} + \frac{C_2}{(1+r)^2} + \cdots + \frac{C_T}{(1+r)^T} + \frac{F_T}{(1+r)^T} \quad (8)$$
>
> となる。
> （ここでは簡単のために，利息は１年毎に支払われるとしている。）

　利付債は，定期的に利息が支払われ，満期時に額面価格が支払われます。将来キャッシュフローを現在価値に割引いたものの総和が資産の理論価格になりますので，利付債の理論価格は t 期に利息 C_t，満期 T に額面価格 F_T が支払われるとすると，割引率を r（年率）とすれば，(8) 式で表すことができます。

　たとえば，利息が毎年３円支払われ，額面価格が 100 円で償還日まで３年，割引率を 3％とする利付債があるとします。このとき，次式から利付債の理論価格を求めることができます。

$$債券理論価格 = \frac{5}{(1+0.03)} + \frac{5}{(1+0.03)^2} + \frac{(5+100)}{(1+0.03)^3} = 105.66 \text{円}$$

　期間が長くなっても考え方は同じで，将来キャッシュフローを割引率で年数分だけ割り引いて，その総和を取れば良いということになります。

債券価値の評価方法（4）
（利付債の割引率の算出）

ここで，利息が3円，償還額が100円であり現在の価格が90.70円で償還日まで3年の利付債があるとします。このとき，この利付債の割引率は，

$$90.70 = \frac{3}{1+r} + \frac{3}{(1+r)^2} + \frac{3}{(1+r)^3} + \frac{100}{(1+r)^3}$$

EXCEL等の表計算ソフトなどを使うと，r＝6.51％となります。
一般化して，

$$債券価格 = \frac{CF_1}{1+割引率} + \frac{CF_2}{(1+割引率)^2} + \cdots + \frac{CF_T}{(1+割引率)^T}$$

| （市場）価格，CF，期間　⇒　割引率 |

| 割引率，CF，期間　⇒　（理論）価格 |

　次に，利付債の価格が与えられているとします。利息と額面価格，さらに償還日までの年数はあらかじめ与えられていますので，この利付債の割引率を求めることができます。たとえば，利息が3円，額面価格が100円であり現在の価格が90.70円で償還日まで3年の利付債があるとします。このとき，次式を解くことによって，この利付債の割引率を求めることができます。

$$90.70 = \frac{3}{(1+r)} + \frac{3}{(1+r)^2} + \frac{(3+100)}{(1+r)^3}$$

したがって，r＝6.51％となります。この例からわかる通り，利息，額面価格と満期までの年数が与えられていて，割引率がわかれば理論価格が求まりますし，市場価格がわかっていれば，割引率を求めることができます。

5.2節　債券投資の基礎と債券市場（2）：デュレーションとコンベキシティー

5.2節　債券投資の基礎と債券市場（2）

ポイント
1. 債券投資のリスクと価格変動要因
2. デュレーションとは何か
3. デュレーションの意味
4. コンベキシティーとは何か
5. スポットレートと最終利回り

―本節の概要―

　5.2節「債券投資の基礎と債券市場（2）」では，債券の価格変動を考えるうえで重要な概念を取り上げて解説します。具体的には，①債券価格の変動要因とは何か，②デュレーションとは何か，③デュレーションの意味と問題点，④コンベキシティーとは何か，⑤スポットレートと最終利回りの考え方，という5つのテーマを中心に解説します。デュレーションとコンベキシティーは債券のリスク管理をするうえで重要です。また，スポットレートは，債券の理論価格やリスクを評価するうえで重要な概念ですので，詳しく解説します。

債券投資のリスク（1）

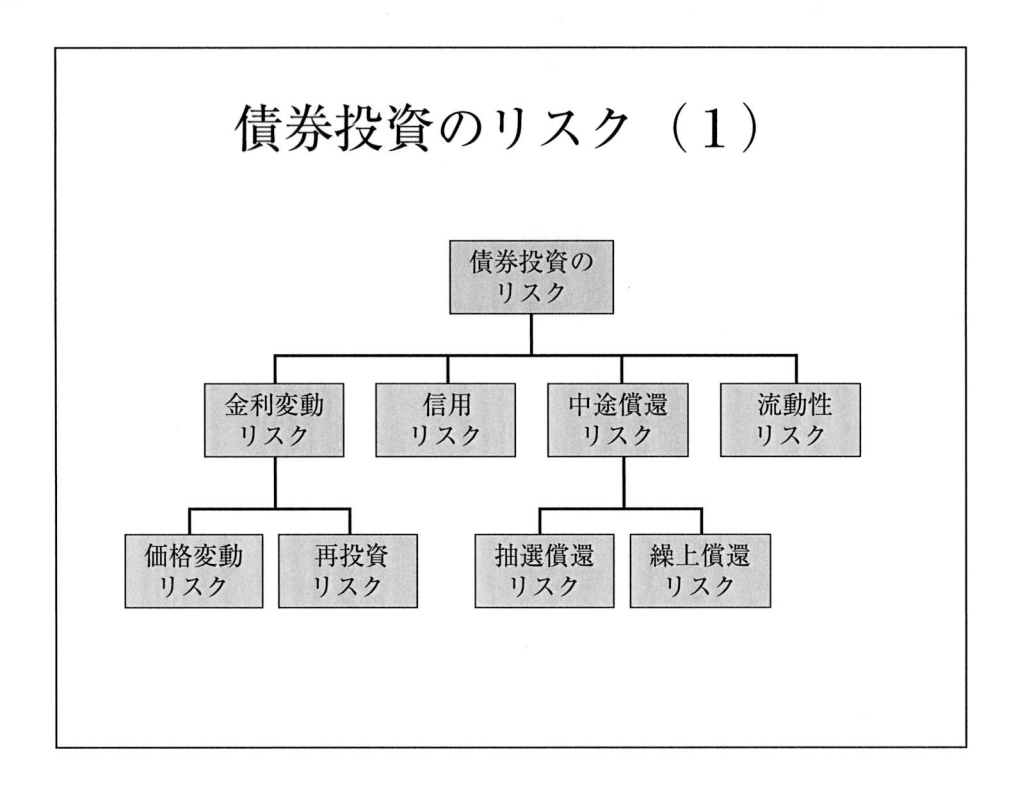

```
                    債券投資の
                     リスク
         ┌──────┬──────┼──────┬──────┐
      金利変動    信用      中途償還    流動性
      リスク    リスク     リスク     リスク
      ┌──┴──┐         ┌──┴──┐
   価格変動  再投資      抽選償還  繰上償還
   リスク   リスク      リスク    リスク
```

　債券投資の主なリスクには，上の図にあるように，金利変動リスク，信用リスク，中途償還リスク，流動性リスクなどがあります。金利変動リスクは，金利が変化することにより起きる価格変動のリスクと途中で得られた利息を再投資する時に生じる再投資リスク（金利が変化すると再投資する利息の金利も変化します）です。信用（デフォルト）リスクは，債券の発行者が発行時に約束した利息や償還額が約束の期日に支払えなくなるリスクです。中途償還リスクはもともとの債券にコール条項と呼ばれる金利を原資産とするオプションがついた債券について，発行者側が状況によりこの権利を行使して，償還日前にあらかじめ決められた価格で償還されるリスクをいいます。中途償還には，抽選で償還される債券が選ばれるものもあります。また，一般的には中途償還リスクを繰上償還リスクと呼ぶこともあります。最後に，流動性リスクですが，これは売りたいのに買い手がいなくて売れない，買いたいのに売り手がいなくて買えないリスクです。これらのリスクの中で，最も大きなリスクは一般に金利リスクで，次が信用リスクです。

債券投資のリスク（2）

債券価格を決める3つの要因

将来キャッシュフロー／割引率／投資期間

$$（債券理論価格）= \frac{t=1でのCF}{1+割引率} + \frac{t=2でのCF}{(1+割引率)^2} + \cdots + \frac{t=TでのCF}{(1+割引率)^T} \quad (1)$$

　債券の理論価格を算出する式を見ると，将来キャッシュフロー（分子），投資期間，割引率（分母）という3つの要因で決定されることがわかります。したがって，理論的には，債券のリスクは，この3つ要因に関連して生じることになります。たとえば，信用リスクが増大してデフォルトの可能性が高まれば，分子の将来キャッシュフローが（期待値として）低下するので，債券価格が低下するリスクがあります。また，将来，金利が高くなるということが予測されれば，割引率が大きくなり，債券価格が低下するリスクがあります（投資期間は，期前償還やデフォルトがない限り，あらかじめ決められた期間で，変更はありません）。

債券価格の変動要因

債券価格は「将来CF」と「金利（割引率）」で決まる

約束した将来CFの減少 ← 信用リスク

$$B_o = \frac{C_1}{1+r_1} + \frac{C_2}{(1+r_2)^2} + \frac{C_3}{(1+r_3)^3} + \cdots + \frac{C_T + F_T}{(1+r_T)^T} \quad (2)$$

金利の変化 ← 金利変動リスク

債券価格の主な変動要因は「金利」と「信用リスク」の変動

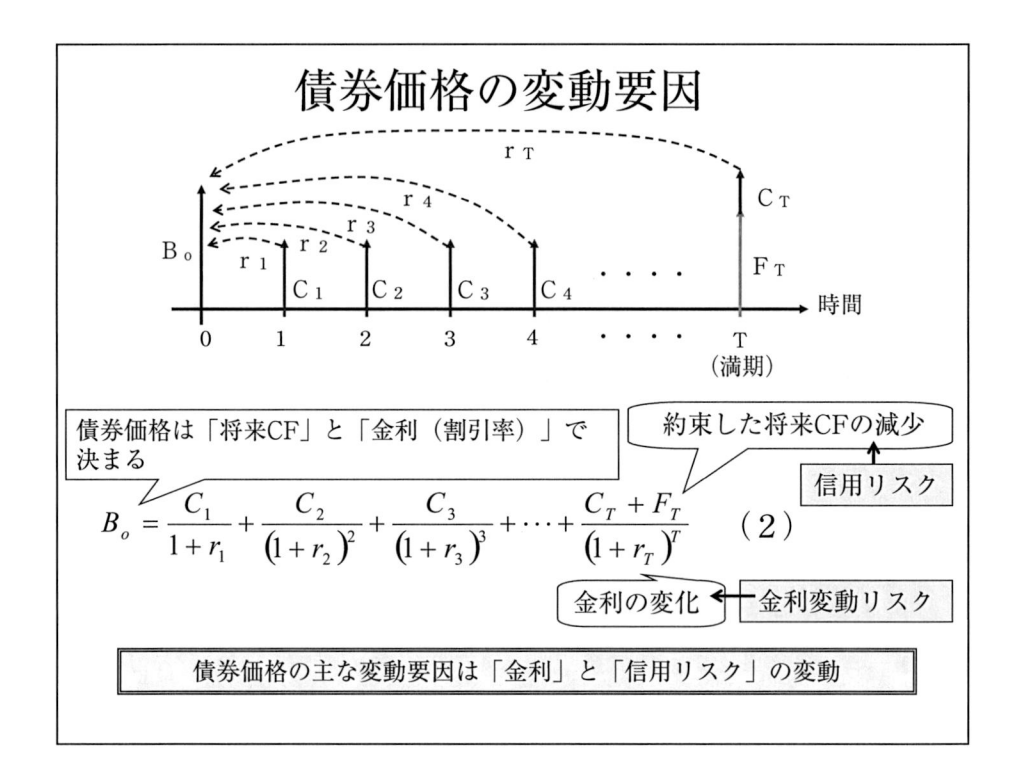

　上式にあるように債券価格も，他の金融商品と同様に，将来キャッシュフローの現在価値の総和になります。債券の場合は，将来キャッシュフローは利息と額面価格となり，割引率は金利に対応します。このとき，信用リスクの変化は，利息と額面価格の期待値の変化となって債券価格を変動させます。また，金利の変化は割引率の変化となって債券価格を変動させます。債券価格は主に，将来キャッシュフロー（利息と額面価格）と割引率（金利）によって決定されますが，これは逆に見れば，債券価格の変動要因は将来キャッシュフロー（利息と額面価格）と割引率（金利）ということになります。なお，信用リスクの影響を将来キャッシュフローへの影響と捉える以外に，たとえば，割引率の変化として捉える考え方もあります。

金利変動と債券価格の変化（1）

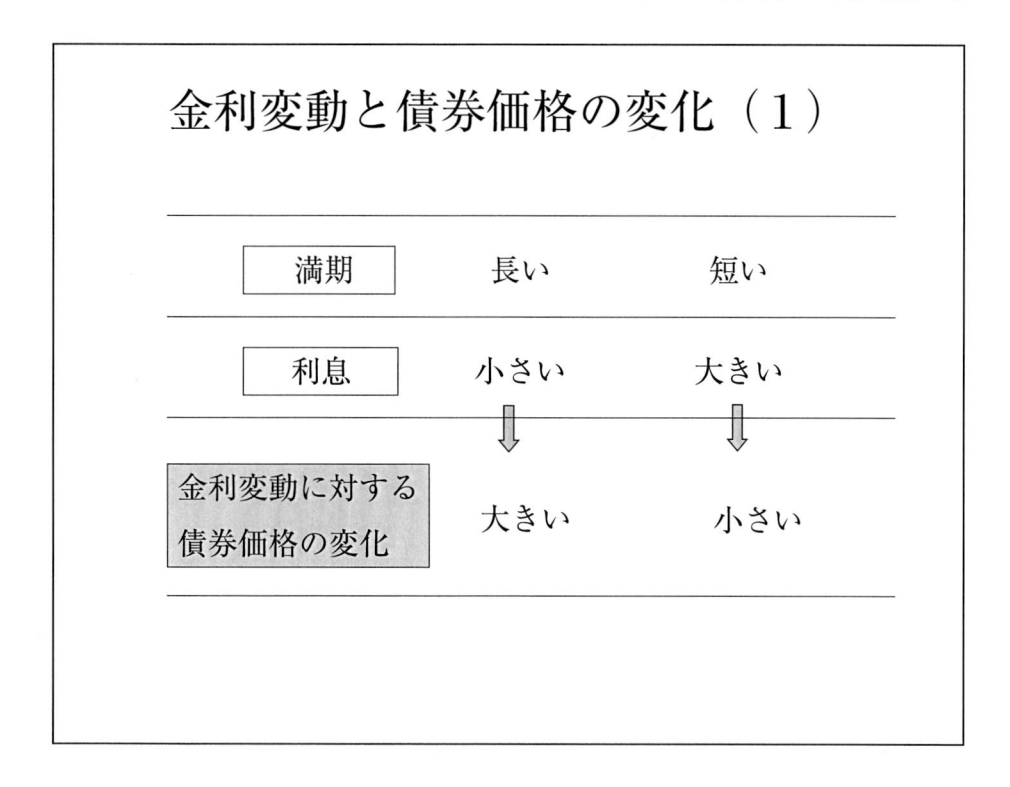

満期	長い	短い
利息	小さい	大きい
金利変動に対する債券価格の変化	大きい	小さい

　金利変動と債券価格の変化の関係は，逆の関係（すなわち，金利が上がれば，債券価格は低下，金利が下がれば，債券価格は上昇）にありますが，債券の特徴（満期が長い，短い，あるいは利息が高い，低い）により，金利変動に対する債券価格の変化の大きさが異なります。たとえば，満期が長いものと短いものを比較すると，他の条件を同じとすれば，金利変動に対して，債券価格の変化は満期が長ければ大きく，満期が短ければ小さくなります。また，利息が大きいものと小さいものを比較すると，他の条件を同じとすれば，金利変動に対して，債券価格の変化は利息が大きければ小さく，利息が小さければ大きくなります。この結果をまとめたものが，上の表です。

金利変化と債券価格変化（2）

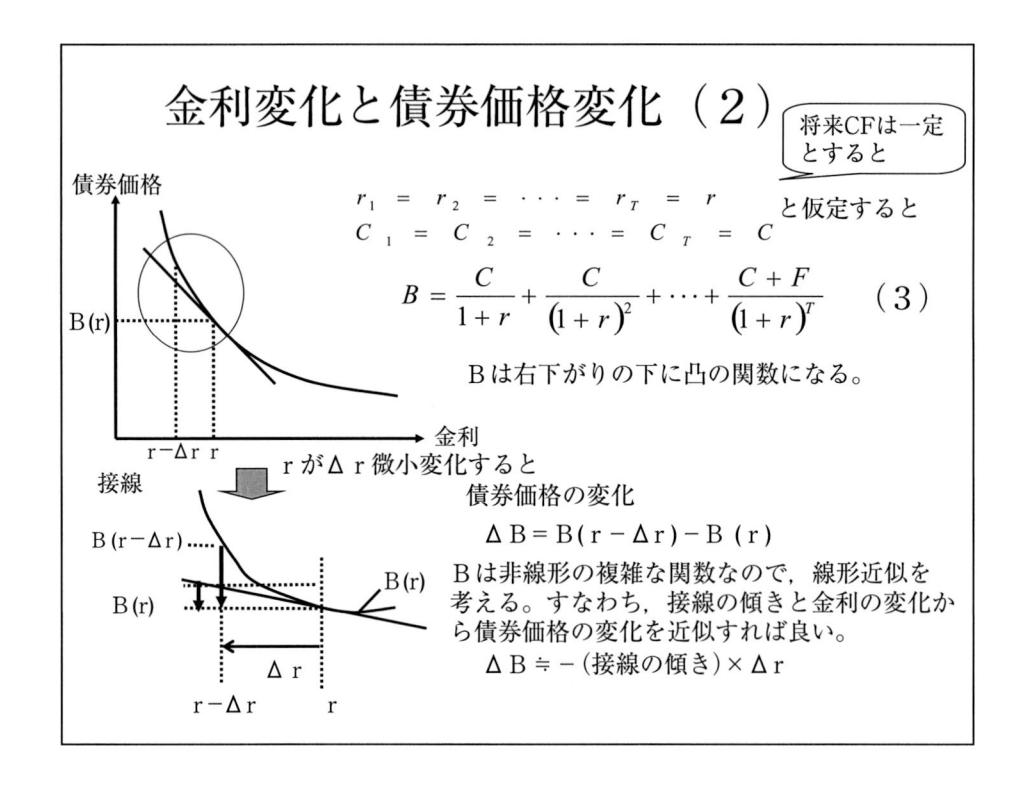

将来CFは一定とすると

$r_1 = r_2 = \cdots = r_T = r$
$C_1 = C_2 = \cdots = C_T = C$ と仮定すると

$$B = \frac{C}{1+r} + \frac{C}{(1+r)^2} + \cdots + \frac{C+F}{(1+r)^T} \quad (3)$$

Bは右下がりの下に凸の関数になる。

rがΔr微小変化すると

債券価格の変化

ΔB＝B(r－Δr)－B(r)

Bは非線形の複雑な関数なので，線形近似を考える。すなわち，接線の傾きと金利の変化から債券価格の変化を近似すれば良い。

ΔB ≒ －（接線の傾き）×Δr

　ここで，先ほどの債券価格を算出する式で，割引率を全期間で一定とし，利息も一定という仮定を置きます。すると債券理論価格は（3）式のようになります。金利（割引率）と債券価格の関係は，上の図の通りで右下がりの下に凸の曲線となります。ここで，金利がΔrだけ下降したとしますと，債券価格の変化は，ΔB＝B(r－Δr)－Bとなります。Bは複雑な非線形の関数なので，線形近似を考えますと，接線の傾きと金利の変化の幅から債券価格の変化を近似すれば良いことがわかります。すなわち，ΔB≒－（接線の傾き）×Δrを計算すれば，近似的な債券価格の変化を計算することができます。

デュレーションとは何か（１）

ここで接線の傾きは，（B を r で微分して整理すると）

$$（接線の傾き）= - \frac{D}{1+r} \cdot B(r) \qquad (4)$$

ただし，$D = \left\{ \dfrac{1 \cdot C}{1+r} + \dfrac{2 \cdot C}{(1+r)^2} + \cdots + \dfrac{T \cdot (C+F)}{(1+r)^T} \right\} \Big/ B(r)$

と表され，このDをデュレーションと呼んでいる。

したがって，$\Delta B \fallingdotseq - \dfrac{D}{1+r} \cdot B(r) \times \Delta r \qquad (5)$

と，近似的に表される。この式からわかるように，デュレーションの大きな債券は，金利の変化に対して，債券価格も大きく変化することがわかる。すなわち金利リスクの大きさを示す近似的な指標といえる。

　ここで，接線の傾きは，B(r) を微分して，整理することで，(4) 式のように表すことができます。この金利変化に対する債券価格の変化の大きさを表す尺度 D は，デュレーションと呼ばれています。このデュレーションを使って，債券価格の微小変化 ΔB は (5) 式のように表すことができます。この式から，デュレーションの大きな債券は，金利の変化に対して，債券価格も大きく変化することがわかります。すなわち金利リスクの大きさを示す近似的な指標といえます。

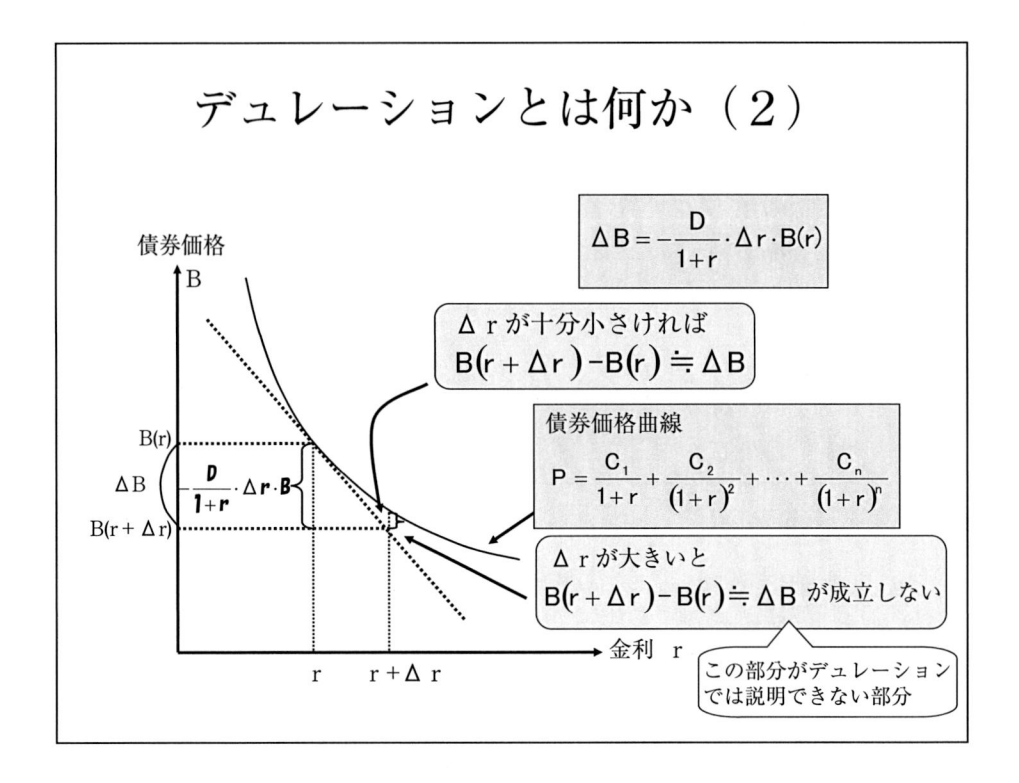

デュレーションとは何か（2）

$$\Delta B = -\frac{D}{1+r} \cdot \Delta r \cdot B(r)$$

Δrが十分小さければ
$$B(r+\Delta r) - B(r) \fallingdotseq \Delta B$$

債券価格曲線
$$P = \frac{C_1}{1+r} + \frac{C_2}{(1+r)^2} + \cdots + \frac{C_n}{(1+r)^n}$$

Δrが大きいと
$B(r+\Delta r) - B(r) \fallingdotseq \Delta B$ が成立しない

この部分がデュレーションでは説明できない部分

　今回は金利がΔrだけ上昇した場合を考えます。このとき，債券の理論価格と金利の関係を図で表すと，上図のような凸型（下に凸）の右下がりの曲線になります。デュレーションは，与えられた金利rに対するこの曲線の接線の傾きを表しています。すなわち，債券価格を金利rで微分した場合の係数ということになります。したがって，この図からわかるように，デュレーションの大きな債券は，金利の変化に対して，債券価格も大きく変化することがわかります。すなわち，金利リスクの大きさを示す近似的な指標といえます。

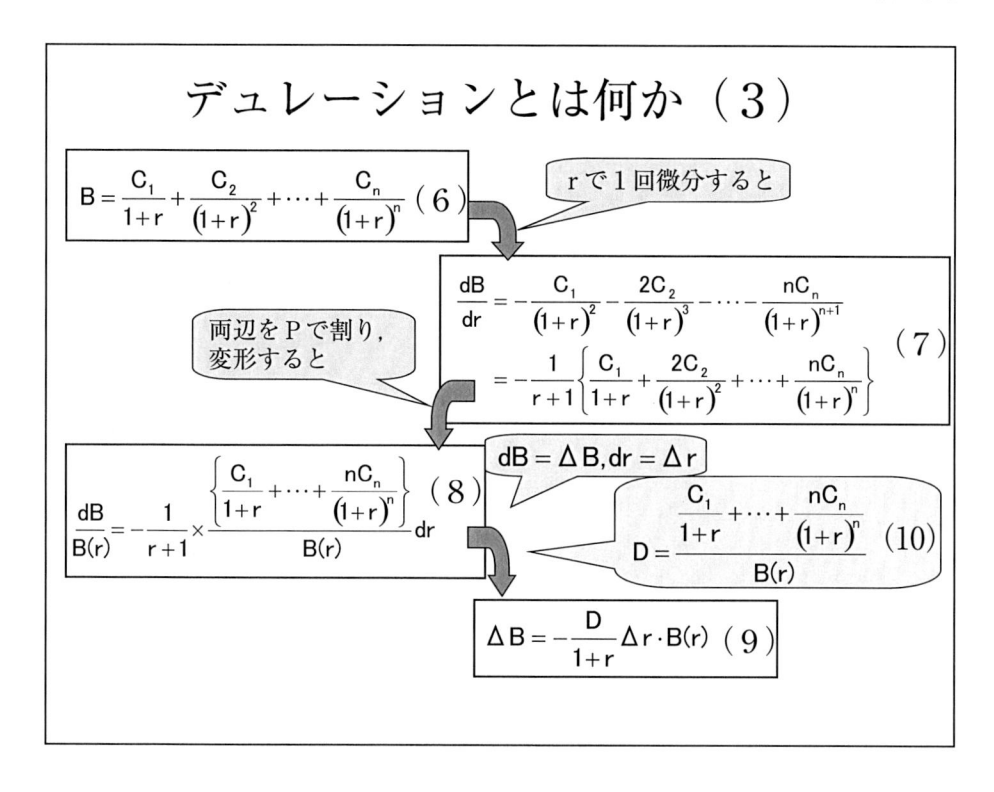

デュレーションとは何か（3）

$$B = \frac{C_1}{1+r} + \frac{C_2}{(1+r)^2} + \cdots + \frac{C_n}{(1+r)^n} \quad (6)$$

rで1回微分すると

$$\frac{dB}{dr} = -\frac{C_1}{(1+r)^2} - \frac{2C_2}{(1+r)^3} - \cdots - \frac{nC_n}{(1+r)^{n+1}}$$

$$= -\frac{1}{r+1}\left\{\frac{C_1}{1+r} + \frac{2C_2}{(1+r)^2} + \cdots + \frac{nC_n}{(1+r)^n}\right\} \quad (7)$$

両辺をPで割り，変形すると

$$\frac{dB}{B(r)} = -\frac{1}{r+1} \times \frac{\left\{\frac{C_1}{1+r} + \cdots + \frac{nC_n}{(1+r)^n}\right\}}{B(r)} dr \quad (8)$$

$dB = \Delta B, dr = \Delta r$

$$D = \frac{\frac{C_1}{1+r} + \cdots + \frac{nC_n}{(1+r)^n}}{B(r)} \quad (10)$$

$$\Delta B = -\frac{D}{1+r}\Delta r \cdot B(r) \quad (9)$$

　もう一度整理しますと，債券価格の曲線上に引いた接線の傾きは，金利rでこの曲線を微分すればよいことになります。実際に微分した結果は（7）式で表され，両辺を価格B(r)で割り，変形すると（8）式となります。dB ≒ ⊿B，dr = ⊿rと置き，デュレーションをDと置くと（9）式となります。（10）式が，デュレーションの定義式となります。

デュレーションの意味（1）

①価格弾力性：金利変化に対する債券価格の変化の割合のこと
（債券の価格弾力性）

$$\text{価格弾力性（デュレーションのこと）} = \frac{\frac{\Delta B(r)}{B(r)}}{\frac{\Delta(1+r)}{1+r}} = \frac{\frac{\Delta B(r)}{\Delta r} \cdot (1+r)}{B(r)} = D \quad \rightarrow \text{マコーレ・デュレーション}$$

$$D_{\text{mod}} = \frac{D}{1+r} = \frac{\Delta B(r)}{\Delta r} \Big/ B(r) \quad (11) \quad \rightarrow \text{修正デュレーション}$$

∵ Dがわかっていると，知りたいのは，金利が微小変化したときの債券価格の変化

$$\Delta B(r) = B(r) \cdot \frac{D}{1+r} \cdot \Delta r$$
$$= B(r) \cdot D_{\text{mod}} \cdot \Delta r \rightarrow \text{修正デュレーションがよく使われる理由！！}$$

このデュレーションは上記式にあるように，金利（1＋r）の変化の割合（⊿（1＋r）／（1＋r）＝⊿r／（1＋r））に対する債券価格の変化の割合（⊿B/B）として計算することができます。これは債券の価格弾力性と呼ばれます。このデュレーションは，マコーレ・デュレーションといいます。また，このマコーレ・デュレーションを（1＋r）で割ったものを修正デュレーションといいます。通常，デュレーションを使うときは，債券の価格変化を知りたい場合であるため，(11)式のように，マコーレ・デュレーション（D），債券価格（B(r)），そして金利の微小変化（⊿r）の積を（1＋r）で割った計算をすることになります。したがって，必ずマコーレ・デュレーションを（1＋r）で割ることになるため，修正デュレーションがよく使われます。

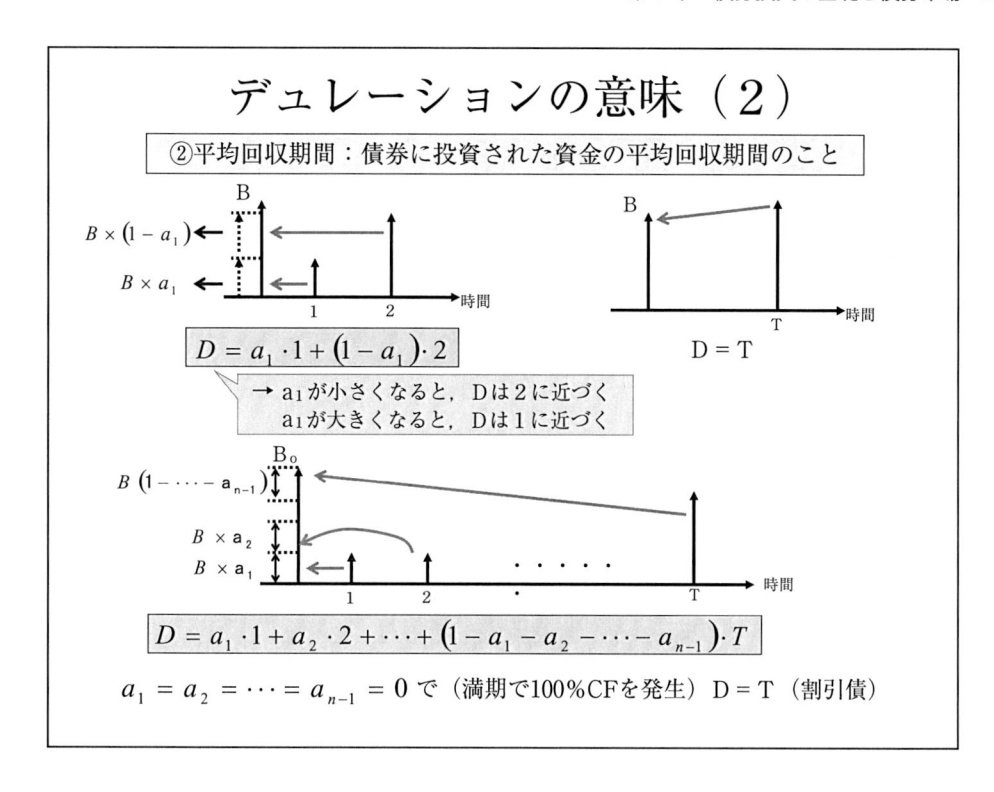

デュレーションの意味（2）

②平均回収期間：債券に投資された資金の平均回収期間のこと

$$D = a_1 \cdot 1 + (1 - a_1) \cdot 2$$

→ a_1が小さくなると，Dは2に近づく
　a_1が大きくなると，Dは1に近づく

D = T

$$D = a_1 \cdot 1 + a_2 \cdot 2 + \cdots + (1 - a_1 - a_2 - \cdots - a_{n-1}) \cdot T$$

$a_1 = a_2 = \cdots = a_{n-1} = 0$ で（満期で100%CFを発生）D = T（割引債）

　デュレーションの定義式の分子に着目すると，各時点のキャッシュフローの現在価値にキャッシュフロー発生の時間を掛け合わせたものの総和となっています。また，分母は債券の価格です。これは，各時点の長さtに対して，債券価格に対するキャッシュフローの現在価値の重み付け（比率）が掛けられた形になっており，この比率が大きい時点の長さがデュレーションの大きさに影響を与えていることになります。

　したがって，デュレーションは，債券に投資された資金の平均回収期間を表しているとも解釈できます。償還までの期間が同じ債券であれば，デュレーションが長ければ資金の回収時期は遅く，短ければ資金の回収時期は早くなります。デュレーションの定義式に従えば，割引債のキャッシュフローは償還日に全額支払われるので，償還日までの年数がデュレーションと同じになります。利付債のキャッシュフローは定期的に決まった時期に利息が支払われ，償還日に最後の利息と償還額が支払われるため，利付債のデュレーションは，償還日までの年数よりも短くなります。

コンベキシティーとは何か（1）

```
┌─────────────────────────────┐
│ 金利が変動した場合の債券価格の変化 │
└─────────────────────────────┘
              ↓
   ┌──────────────────────────┐
  （ デュレーション（接線の傾き）で近似 ）
   └──────────────────────────┘
              ↓      ←--- 近似の精度を向上させるために
┌──────────────────────────────────────┐
│ コンベキシティー（曲線のたわみの大きさ）を加えて近似 │
│ （一般的には，ここまで考えれば精度は十分といわれている。）│
└──────────────────────────────────────┘
              
       ┌──────────────────────────┐
       │ 数学的には，債券価格に対する金利の２回微分 │
       │ から求めることができる。           │
       └──────────────────────────┘
```

　金利の微小変化に対する債券価格の変化の大きさは，前述のデュレーションを使って，近似的に算出することができますが，これはあくまでも近似で，金利が大きく変化したときや高い精度で価格変化を求めたいときは，デュレーションにコンベキシティーを加えて，金利変化に対する債券価格の変化を求めます。コンベキシティーの算出方法は，債券の理論価格を導出する式を金利で２回微分することによって，求めることができます。また，債券の価格変化をデュレーションとコンベキシティーを使って表す式は，債券価格をテーラー展開と呼ばれる方法で金利 r の多項式として表し，２次の項まで近似することで得られます。

コンベキシティーとは何か（2）

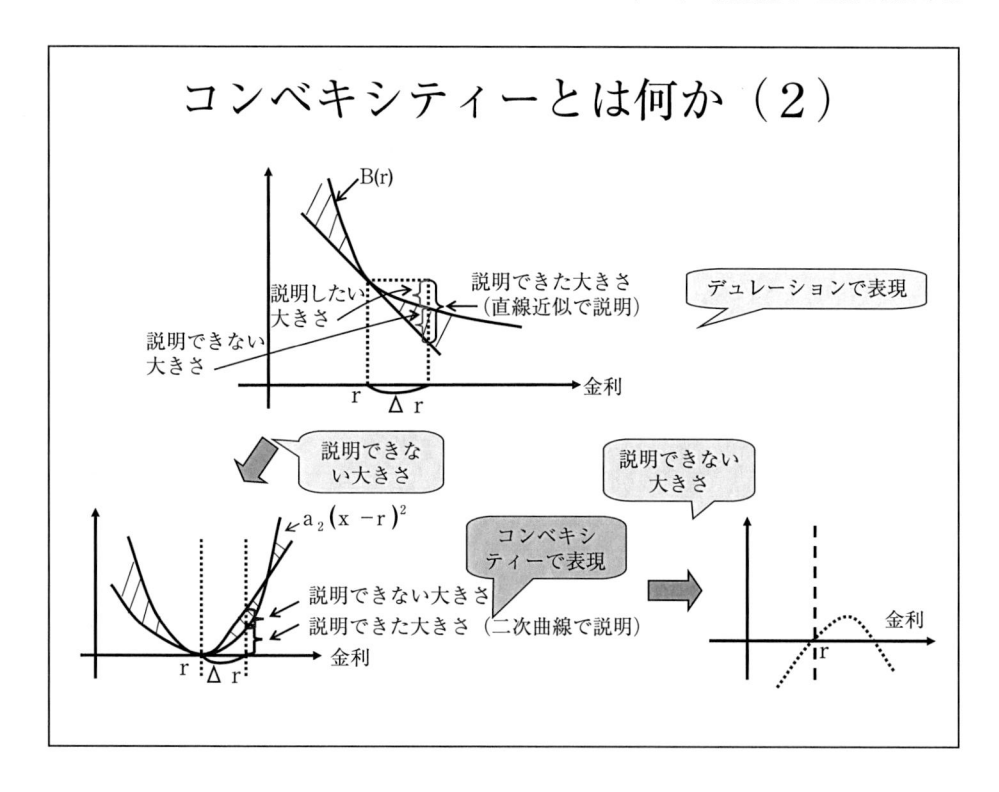

　債券の理論価格と金利，そしてある金利水準（r）上でのこの曲線上の接線の関係を図で表すと，図（図上）のようになります。すでに説明した通り，この接線の傾きがデュレーションを表しています。この図で考えると，コンベキシティーは，債券価格を表す曲線と接線の間のデュレーションでは説明できない誤差部分を基準点（この場合はr）を軸とした金利の2次関数で説明しようとしたときの2次関数の係数に該当します。デュレーションが債券の理論価格をrの近傍で1次直線で線形近似しているのに対して，コンベキシティーは線形近似で説明できない部分を2次の曲線で近似しようとするもの（図左下）です。コンベキシティーを加えることで近似の精度が上がることになります。

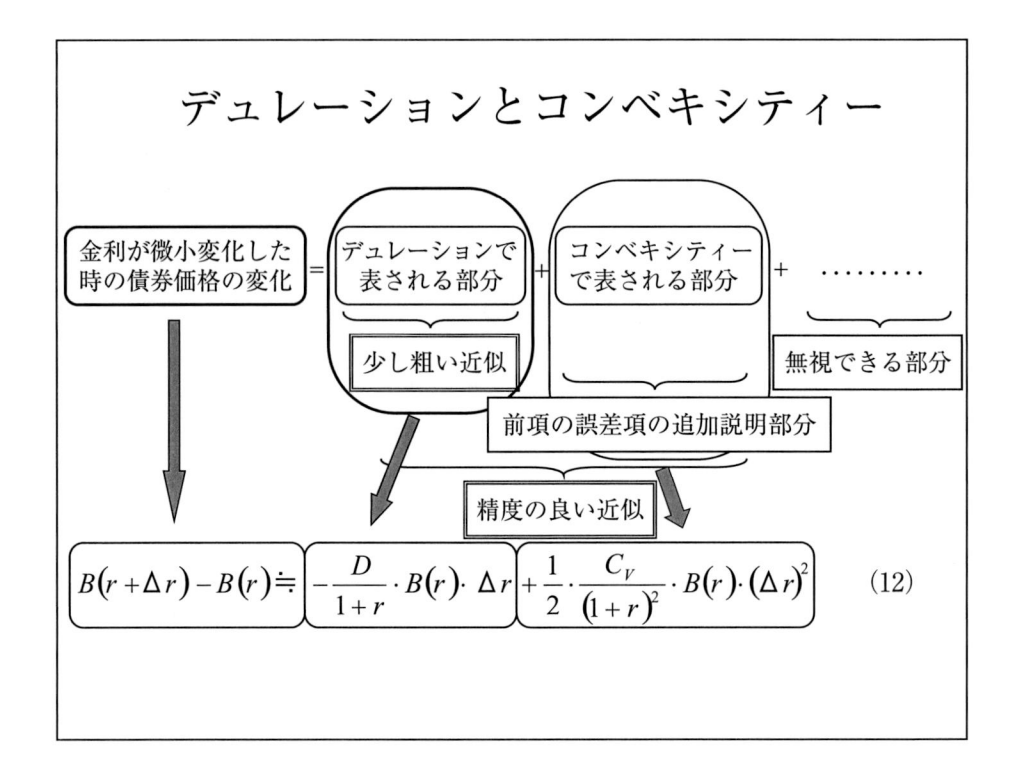

デュレーションとコンベキシティー

金利が微小変化した時の債券価格の変化 = デュレーションで表される部分 + コンベキシティーで表される部分 + ………

- デュレーションで表される部分：少し粗い近似
- コンベキシティーで表される部分：前項の誤差項の追加説明部分
- ………：無視できる部分
- デュレーション＋コンベキシティー：精度の良い近似

$$B(r+\Delta r) - B(r) \fallingdotseq -\frac{D}{1+r} \cdot B(r) \cdot \Delta r + \frac{1}{2} \cdot \frac{C_V}{(1+r)^2} \cdot B(r) \cdot (\Delta r)^2 \quad (12)$$

　上図にあるように，金利が微少変化した時の債券価格の変化は，デュレーションで表される「粗い」近似部分とコンベキシティーで表される「デュレーションで説明できない」近似部分で表すことで，デュレーション単独の場合と比較して，精度を高めることができます。実際には，デュレーションとコンベキシティーで説明しきれない部分が存在しますが，これは無視できるほど小さいと考えることが一般的です。これを数式で表したものが，(12) 式です。金利が変化した時の債券価格の変化が，デュレーションに関する部分とコンベキシティーに関する部分の和として表すことができます（この式は，テーラー展開により導くことができます）。

デュレーションの問題点

- デュレーションは，債券（あるいはポートフォリオ）の金利変動の影響度を知ったり，他の債券の金利感応度とを比較するうえで有益な指標である。

- しかし，このデュレーションを利用する際には，いくつかの留意点があり，限界があることを知っておく必要がある。

（留意点）
- 金利の期間構造がフラットであることを前提
- 金利の変化がパラレルであることを前提
- 金利の微少変化を前提

　デュレーションは，債券（あるいは債券ポートフォリオ）の金利変動の影響度を知ったり，他の債券の金利感応度とを比較するうえで，有益な指標です。しかし，このデュレーションを利用する際には，いくつかの留意点があり，限界があることを知っておく必要があります。まず，第一に，金利の期間構造がフラットであることを前提としている点です。一般に金利は，期間が長くなると高くなる傾向があり，一定ではありません。この仮定は強い仮定です。第二に，金利の変化がパラレルであることを前提としている点です。現実の世界では，金利の変化の巾が全期間で一定であるという想定は現実からかなり乖離しています。第三に，金利の微少変化を前提としている点です。大きな金利変化に対しては，誤差が大きくなります。

最終利回りの問題点

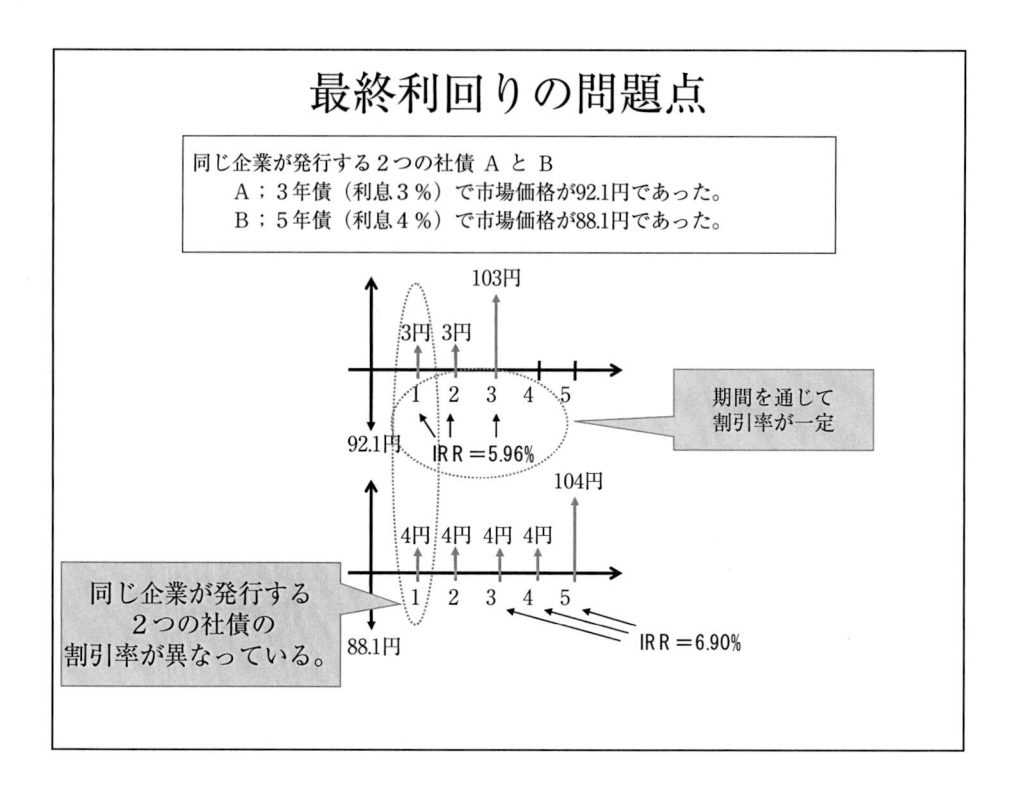

同じ企業が発行する2つの社債 A と B
 A；3年債（利息3％）で市場価格が92.1円であった。
 B；5年債（利息4％）で市場価格が88.1円であった。

```
                        103円
                         ↑
        3円 3円 3円
         ↑  ↑  ↑
    ─────┼──┼──┼──┼──┼─────
         1  2  3  4  5          期間を通じて
         IRR=5.96%               割引率が一定
  92.1円


                              104円
                               ↑
        4円 4円 4円 4円
         ↑  ↑  ↑  ↑
    ─────┼──┼──┼──┼──┼─────
         1  2  3  4  5
  同じ企業が発行する                   IRR=6.90%
  2つの社債の
  割引率が異なっている。   88.1円
```

　最終利回りは利付債の市場価格が分かれば計算することでき，債券の市場価格と1対1に対応しています。この最終利回りの考え方に従うと，同じ発行体が発行した債券でも，条件が異なると（たとえば利息や満期が異なるなど），最終利回りが異なることが考えられます。同じ発行体で期間が同じならば，本来，同じ利回りになるのが自然ですが，そうなりません。期間が長くても短くても割引率である最終利回りは，期間を通して一定という前提の元で，計算されています。実際には，期間の長さが異なれば，利回りも異なってくるはずです。これらのことが，最終利回りの問題点として指摘されています。

最終利回りと内部収益率

債券投資では，債券価格を所与とした場合に求められる r のことを最終利回り（Yield To Maturity：YTM）と呼ぶが，内部収益率（Internal Rate of Return：IRR）とも呼ばれている。

この式は一般に高次方程式となり，解析解を求めることができず，通常は繰り返し計算を行って数値解を求めることになる。

しかし，Excelなどのソフトを利用すれば簡単にこの種の高次方程式の解を求めることができる。

　利付債価格とその将来キャッシュフローから算出した利回りは，最終利回りと言いますが，YTM（Yield To Maturity）とも表します。考え方は株式のところで解説した内部収益率（Internal Rate of Return：IRR）と同じものです。割引債も同様に最終利回りを求めることができますが，割引債の場合には，求めた金利は，スポットレートと呼んでいます。

　この式は一般に高次方程式となり，解析解を求めることができません。したがって通常は繰り返し計算を行なって数値解を求めることになります。しかし，Excelなどのソフトを利用すれば簡単にこの種の高次方程式の解を求めることが簡単にできます。

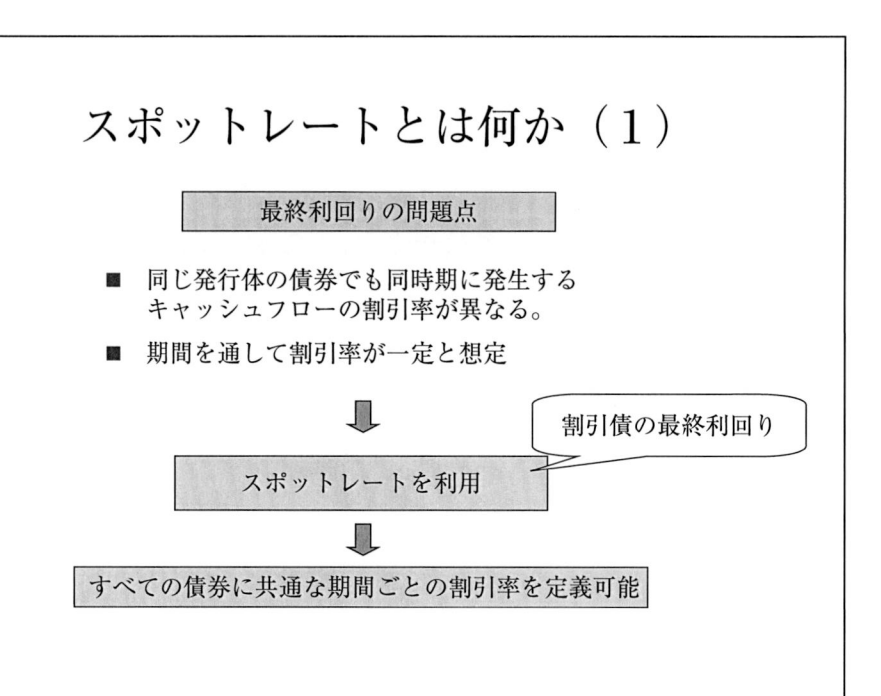

スポットレートとは何か（1）

最終利回りの問題点

- 同じ発行体の債券でも同時期に発生するキャッシュフローの割引率が異なる。
- 期間を通して割引率が一定と想定

⇓

スポットレートを利用 ← 割引債の最終利回り

⇓

すべての債券に共通な期間ごとの割引率を定義可能

　利付債から算出される最終利回りに対して，割引債から算出される割引率には，こういった問題がありません。同じ発行体が発行した割引債は，年限毎に価格は1つしかつきません。異なる価格がつけば，裁定取引により価格は調整されることになるはずです。また，償還日までの期間の長さが異なれば，異なる割引率となります。この割引債の割引率のことをスポットレートと呼んでいます。通常債券の価格を評価する際には，この期間毎に値の異なったすべての債券に共通なスポットレートを使い割引計算をして価格を算出します。この全期間に渡るスポットレートの値を表したものを金利の期間構造と呼びます。

スポットレートとは何か（2）

```
スポットレートは割引債から計算
          ↓
割引債は長期のものが存在しない
          ↓
利付債からスポットレートを推定
          推定の方法
          ● マカロフの方法
          ● フグロの方法等
```

　スポットレートは，割引債から計算されますが，通常割引債は償還までの期間が短いものしか存在しません。したがって，スポットレートを求めようとすると，工夫が必要になります。1つの方法としては，割引債が存在する比較的短い期間に対応したスポットレートは割引債から計算し，それより長い期間に関しては，利付債から計算します。利付債から直接スポットレートを計算することはできませんが，たとえば，5年までのスポットレートが割引債から計算できていれば，6年目のスポットレートは，5年目までの利息（利息の支払は年1回とする）を該当するスポットレートで割り引いて現在価値を求め，残りの6年目の利息と償還額を割引く割引率（すなわち，6年目のスポットレート）が，該当利付債の価格がわかっていれば，唯一の未知数となりますので，算出することができます。6年目までがわかれば，同様に，7年目，8年目と順番にスポットレートを求めることができます。スポットレートを推定する方法として代表的な方法がいくつかあります（マカロフの方法，フグロの方法など）。

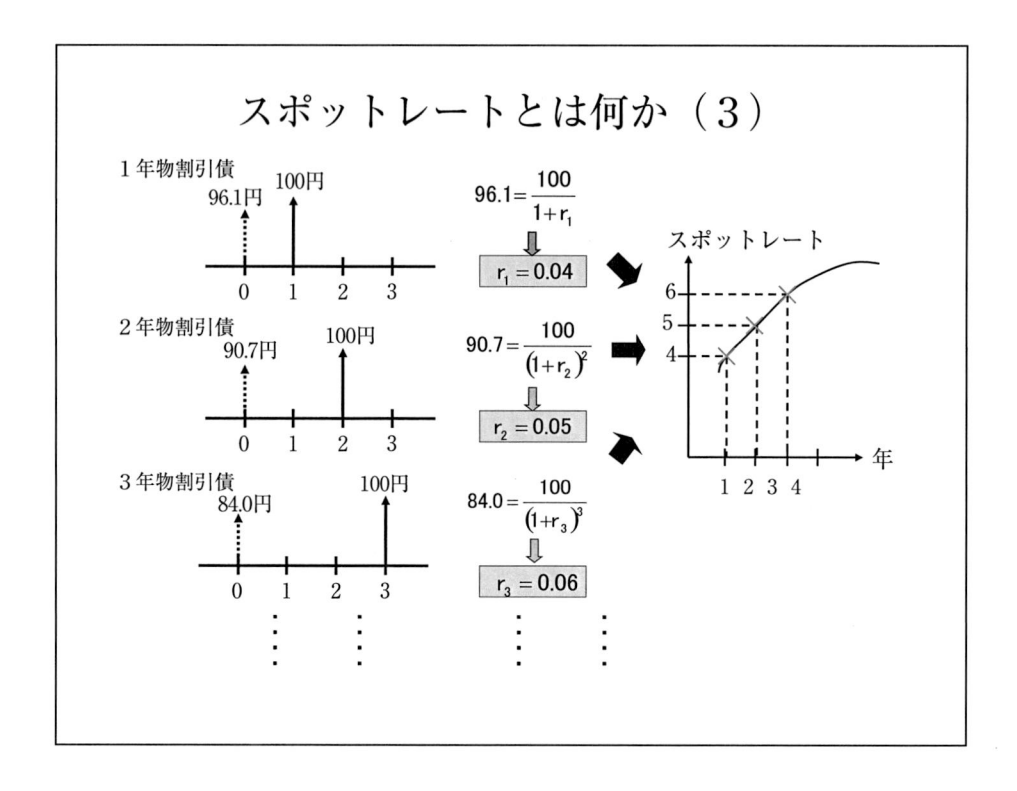

スポットレートとは何か（3）

1年物割引債: 96.1円 → 100円（1年後）

$$96.1 = \frac{100}{1+r_1}$$

$$r_1 = 0.04$$

2年物割引債: 90.7円 → 100円（2年後）

$$90.7 = \frac{100}{(1+r_2)^2}$$

$$r_2 = 0.05$$

3年物割引債: 84.0円 → 100円（3年後）

$$84.0 = \frac{100}{(1+r_3)^3}$$

$$r_3 = 0.06$$

（右図：スポットレートのイールド・カーブ、縦軸にスポットレート（4, 5, 6）、横軸に年（1, 2, 3, 4））

　もう少し，具体的にスポットレートの計算方法を考えますと，まず，1年物の割引債（償還額100円）の債券価格が96.1円であれば，1年物のスポットレートは上式にあるように0.04と計算できます。2年物の割引債（償還額100円）の債券価格が90.7円であれば，2年物のスポットレートは同様に0.05と計算されます。以下，同様に償還日までの期間が長い割引債が存在すれば，対応する期間の長さのスポットレートを計算することができます。さらに長い期間のスポットレートを求めたいときは，割引債から求めたスポットレートを使って，償還日が1年長い利付債の満期に対応するスポットレートが求められます（満期までのキャッシュフローがわかっているので，わからないのは最後のキャッシュフローに対応した割引率のみです）。上図右にあるように，金利の期間構造（イールド・カーブ）を描くことができます。

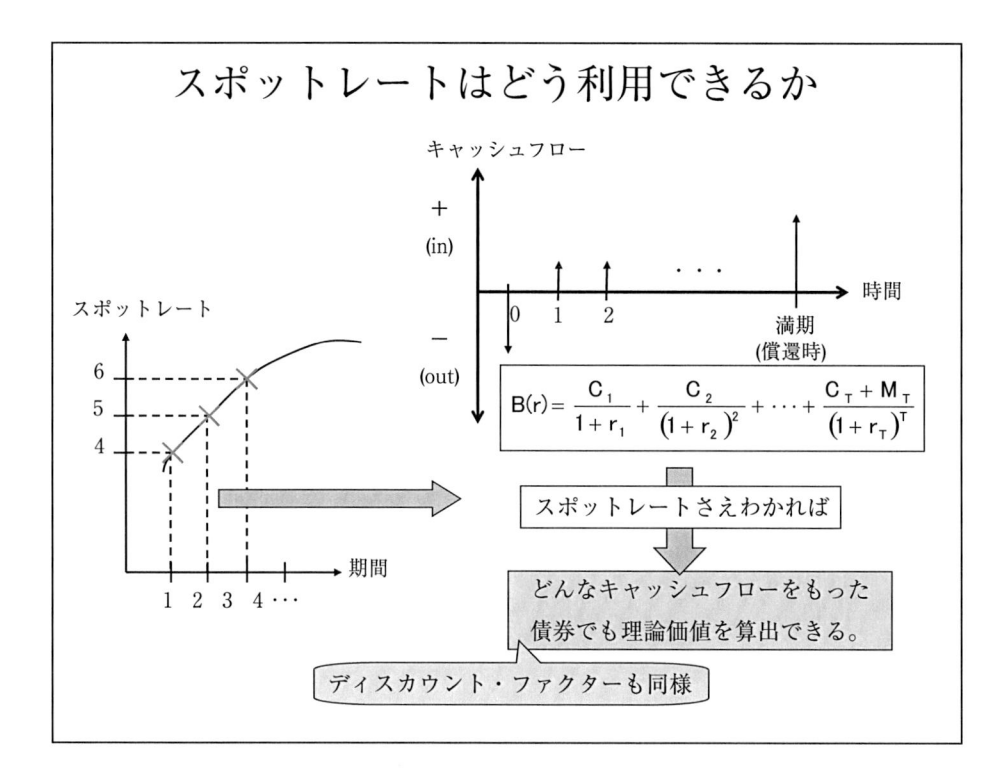

スポットレートはどう利用できるか

$$B(r) = \frac{C_1}{1+r_1} + \frac{C_2}{(1+r_2)^2} + \cdots + \frac{C_T + M_T}{(1+r_T)^T}$$

スポットレートさえわかれば

どんなキャッシュフローをもった債券でも理論価値を算出できる。

ディスカウント・ファクターも同様

　ここで，金利の期間構造が与えられれば，いろいろなパターンのキャッシュフローをもった債券の価格を算出することができます。上図にあるように，ある債券のキャッシュフロー（利息と償還額）が与えられれば，金利の期間構造から対応するスポットレートの値を使って，各々のキャッシュフローを割り引いて総和を求めれば，これが理論価格となります。金利の期間構造さえ入手できれば，債券価格を算出することができるという意味で，非常に価値のある情報です。

5.3節　債券投資の基礎と債券市場（3）：金利の期間構造

5.3節　債券投資の基礎と債券市場（3）

ポイント
1. ディスカウント・ファクターとは何か
2. フォワードレートとスポットレートの関係
3. イールドカーブとは
4. 金利の期間構造仮説とは
5. 代表的な金利の期間構造仮説

―本節の概要―

　5.3節「債券投資の基礎と債券市場（3）」では，債券価格変動の最大の要因である金利に関する考え方について確認します。具体的には，①ディスカウント・ファクターとは何か，②フォワードレートとは何か，③イールドカーブとその形状変化，④金利の期間構造とは何か，⑤代表的な金利の期間構造仮説の考え方とは，という5つのテーマを中心に解説します。特にスポットレートを使って表されるイールドカーブの動的な変化を知ることは，実践的な債券投資を考える上で大変重要です。上級の概念ですが，次のレベルに進むうえでは必要不可欠となりますので，詳しく議論をします。

スポットレートとディスカウント・ファクター（１）

$$(債券価格) = \frac{1年目の利息}{1+r_1} + \frac{2年目の利息}{(1+r_2)^2} + \cdots + \frac{T年目の額面}{(1+r_T)^T} \quad (1)$$

$$= C_1(1+r_1)^{-1} + C_2(1+r_2)^{-2} + \cdots + F_T(1+r_T)^{-T}$$

$$= \sum_{i=1}^{T} C_i(1+r_i)^{-i} + F_T(1+r_T)^{-T}$$

ここで，
$$DF_i = (1+r_i)^{-i} = \frac{1}{(1+r_i)^i} \quad (2)$$

で定義されるディスカウント・ファクター（DF_i）を導入すると

$$B = \sum_{i=1}^{T} C_i \cdot DF_i + F_T \cdot DF_T \quad (3)$$

となる。より一般的に i 期のキャッシュフローをCF_iとすると

$$B = \sum_{i=1}^{T} CF_i \cdot DF_i \quad (3')$$

となる。

　スポットレートr_iを使って，債券の理論価格を求めると（1）式となりますが，これを（2）式で定義されるディスカウント・ファクターを使って表すと，（3）式のようになります。スポットレートとディスカウント・ファクターの関係は，スポットレートをr_tとして，$(1+r_t)^t$の逆数がディスカウント・ファクターDF_tとなります。実質的な違いはないのですが，（3）式あるいは（3'）式のように，債券の理論価格を簡略化された形で表せますし，より一般的なキャッシュフローを現在価値に割り引く表記方法も簡単になります。

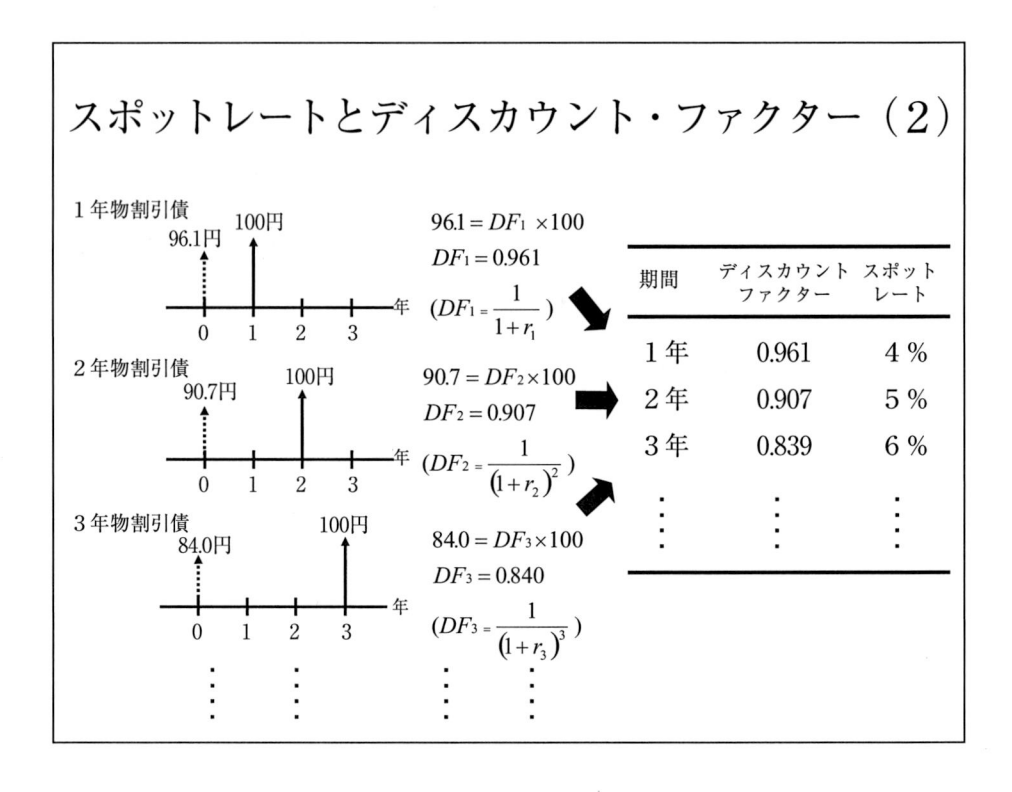

スポットレートとディスカウント・ファクター（2）

1年物割引債

96.1 = $DF_1 \times 100$
$DF_1 = 0.961$
$(DF_1 = \frac{1}{1+r_1})$

2年物割引債

90.7 = $DF_2 \times 100$
$DF_2 = 0.907$
$(DF_2 = \frac{1}{(1+r_2)^2})$

3年物割引債

84.0 = $DF_3 \times 100$
$DF_3 = 0.840$
$(DF_3 = \frac{1}{(1+r_3)^3})$

期間	ディスカウントファクター	スポットレート
1年	0.961	4％
2年	0.907	5％
3年	0.839	6％
⋮	⋮	⋮

　このディスカウント・ファクターを使って，債券の理論価格を算出することができます。具体的には，金利の期間構造と同様に期間の長さに応じたディスカウント・ファクターを使い，将来キャッシュフローを現在価値に換算し，総和を求めることで，理論価格を求めることができます。上の例は期間に対応したディスカウント・ファクターを算出する方法が示されています。スポットレートと同様に，満期の異なる割引債を使い年限ごとのディスカウント・ファクターを求めることができます。

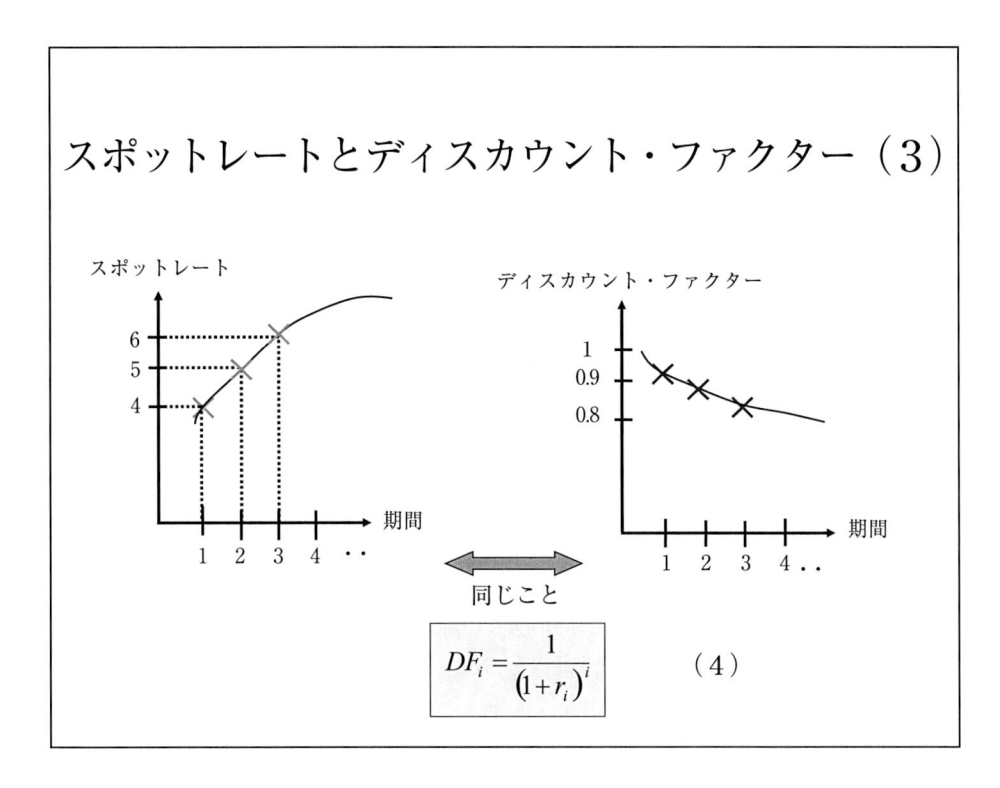

スポットレートとディスカウント・ファクター（3）

（左図）スポットレート：期間1で4、期間2で5、期間3で6

（右図）ディスカウント・ファクター：1, 0.9, 0.8 付近で逓減

同じこと

$$DF_i = \frac{1}{(1+r_i)^i} \qquad (4)$$

　ディスカウント・ファクターはスポットレート・カーブ（上図左）の情報から上図右のように表すことができます。すなわち，スポットレートから描かれる金利の期間構造とディスカウント・ファクターから描かれるグラフとは，スポットレートとディスカウント・ファクターの関係式である（4）式から，1対1の関係にあることがわかります。

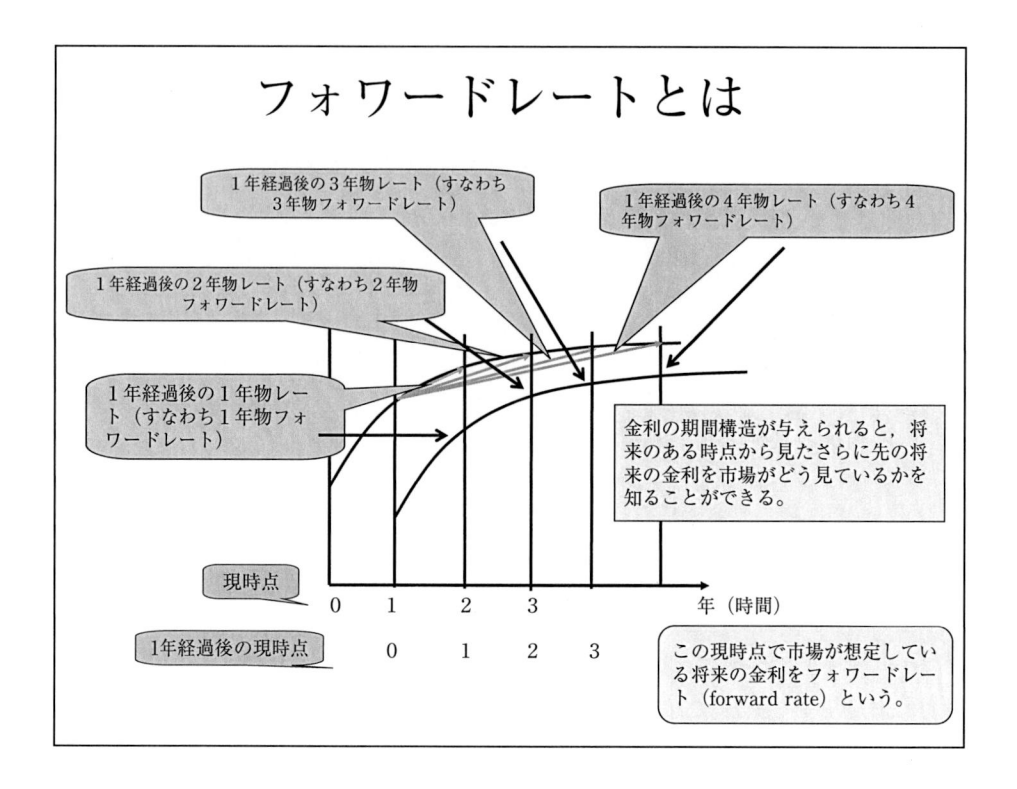

フォワードレートとは

```
1年経過後の2年物レート（すなわち2年物フォワードレート）
1年経過後の3年物レート（すなわち3年物フォワードレート）
1年経過後の4年物レート（すなわち4年物フォワードレート）
1年経過後の1年物レート（すなわち1年物フォワードレート）
```

金利の期間構造が与えられると，将来のある時点から見たさらに先の将来の金利を市場がどう見ているかを知ることができる。

現時点　　　　　　　0　1　2　3　　年（時間）

1年経過後の現時点　　　　0　1　2　3

この現時点で市場が想定している将来の金利をフォワードレート（forward rate）という。

　金利の期間構造が与えられると，将来のある時点から見たさらに先の将来の金利を市場がどう見ているかを知ることができます。この現時点で市場が想定している将来の金利をフォワードレート（forward rate）といいます。すなわち，現時点から1年経過した時点（1年後では時点0）から見た1年物レートを1年物フォワードレートといい，現時点から1年経過した時点（1年後では時点0）から見た2年物レートを2年物フォワードレートといいます。同様に現時点から1年経過した時点（1年後では時点0）から見た3年物レートを3年物フォワードレート，1年経過した時点（1年後では時点0）から見た4年物レートを4年物フォワードレートといいます。

スポットレートとフォワードレート（1）

スポットレートを使うと，すべての債券について，

$$P = \frac{C_1}{1+r_1} + \frac{C_2}{(1+r_2)^2} + \cdots + \frac{C_T + F_T}{(1+r_T)^T} \quad (5)$$

から理論価格が算出できる。

> 金利の期間構造が与えられると，将来のある時点から見たさらに先の将来の金利を市場がどう見ているかを知ることができる。この現時点で市場が想定している将来の金利をフォワードレート（forward rate）という。

　スポットレートを使って，すべての債券の理論価格を算出することができます。すなわち，(5) 式で表される理論価格式で，期ごとの割引率とスポットレートを使うことにより，理論価格が導出できます。

　スポットレートを基に金利の期間構造が与えられると，将来のある時点から見た，さらに先の金利を市場がどう見ているか（市場参加者の大半がどう予測しているか）を知ることができます。この現時点で市場が想定している将来の金利をフォワードレート（forward rate）といいます。

スポットレートとフォワードレート（2）

たとえば，現時点を0としてt年後から見た1年先のフォワードレートを $_tf_{t+1}$ とすると

$$(1+r_{t+1})^{t+1} = (1+r_t)^t (1+{_tf_{t+1}}) \quad (6)$$

となる。
したがって，

$$_tf_{t+1} = \frac{(1+r_{t+1})^{t+1}}{(1+r_t)^t} - 1 \quad (7)$$

と表すことができる。

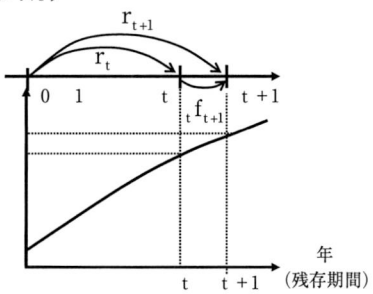

　たとえば，現時点を0として1年後から見た1年先のフォワードレートを $_1f_2$，1年物スポットレート r_1，2年物スポットレートを r_2 とすると，1円を2年物のスポットレートで2年間投資したものは，1円を1年物のスポットレートで1年間投資し，1年後に1年物フォワードレートで1年間投資したものに等しくなるはずです。
　さらに一般化して，たとえば，現時点を0としてt年後から見た1年先のフォワードレートを $_tf_{t+1}$ とすると，(6)式が成り立ちます。これを変形すると(7)式となり，t時点でのスポットレート r_t とt＋1時点でのスポットレート r_{t+1} から，tからt＋1時点へのフォワードレート $_tf_{t+1}$ を計算できることになります。

スポットレートとフォワードレート（3）

また，現時点を0として，t 年後から n 年先までのフォワードレートを ${}_tf_{t+n}$ とすると，

$$(1+r_{t+n})^{t+n} = (1+r_t)^t (1+{}_tf_{t+1})(1+{}_{t+1}f_{t+2})\cdots(1+{}_{t+n-1}f_{t+n}) \quad (8)$$

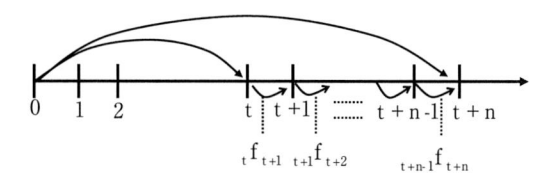

となる。

```
├──┼──┼──────┼──┼─────┼──┼──→
0   1   2     t  t+1       t+n-1 t+n
              ${}_tf_{t+1}$ ${}_{t+1}f_{t+2}$  ${}_{t+n-1}f_{t+n}$
```

　また，現時点を0として，t 年後から n 年先までのフォワードレートを ${}_tf_{t+n}$ としますと，(8) 式となり，t 時点でのスポットレート r_t，t＋1時点でのスポットレート r_{t+1} と t 時点から t＋n 時点までの1年先のフォワードレートがわかっていれば，この関係式が成立します。すべての時点でのスポットレートがわかっていれば，1年先から見たスポットレート・カーブを描くこともできます。

イールドカーブ（金利の期間構造）とは

　スポットレートの概念を導入するまでは，将来キャッシュフローの利回り（割引率）は期間の長さに関係なく一定としてきた。
　しかし，実際の市場では期間の長さが異なれば利回りも異なるのが一般的である。

> 期間の長さ毎に利付債からスポットレート求め，これを図に表したものをイールドカーブ（Yield Curve）あるいは金利の期間構造（Term Structure of Interest Rate）と呼ぶ。

　　　　　　　　　　　　　利回り曲線と呼ばれることもある

> イールドカーブ＝金利の期間構造＝タームストラクチャー

　横軸に償還日までの期間の長さ，縦軸にスポットレートを取って描かれた曲線を金利の期間構造曲線，タームストラクチャー，あるいはイールドカーブといいます。この曲線が入手できれば，いろいろな債券の理論価格を算出することができます。実際の金利の期間構造の動きを見てみると，そのときどきの市場環境に応じて，ダイナミックで複雑な動きをしています。

イールドカーブの形状

スポットレート／フラット／期間／右上がり／順イールド／右下がり／逆イールド

これまでの想定（金利は期間の長さに関係なく一定）
→ 実際の市場は期間が異なれば金利も異なる

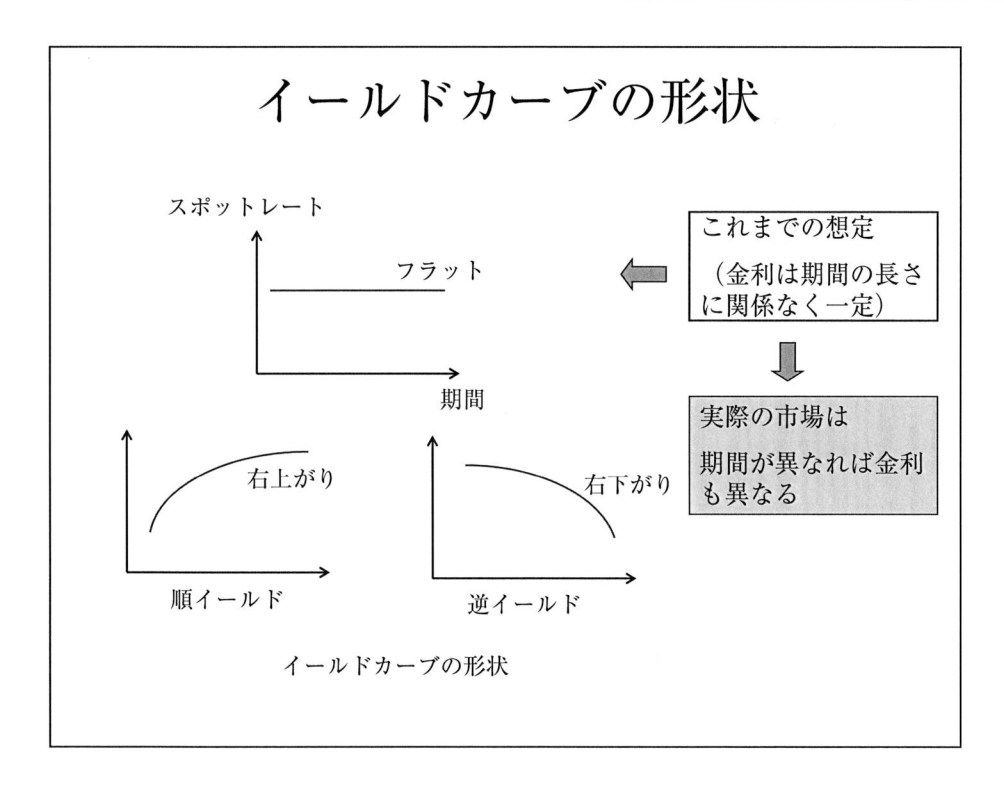

イールドカーブの形状

　イールドカーブには，上の図にあるように，「右上がり」，「フラット」，「右下がり」という代表的な3つの形状があります。「右上がり」は，満期が長くなれば長くなるほど，スポットレートも高くなることを表し，順イールドと呼ばれています。「フラット」は，満期の長さに関係なくスポットレートの形状はフラットで一定であることを表しています。デュレーションやコンベキシティーを計算した際には，金利は時間の長さに関係なく一定としましたが，これは金利の期間構造がフラットであることを想定していたことになります。「右下がり」は，満期が長くなれば長くなるほど，スポットレートが低くなることを表しており，こちらは，逆イールドと呼ばれています。

イールドカーブの形状変化

イールドカーブの形状変化

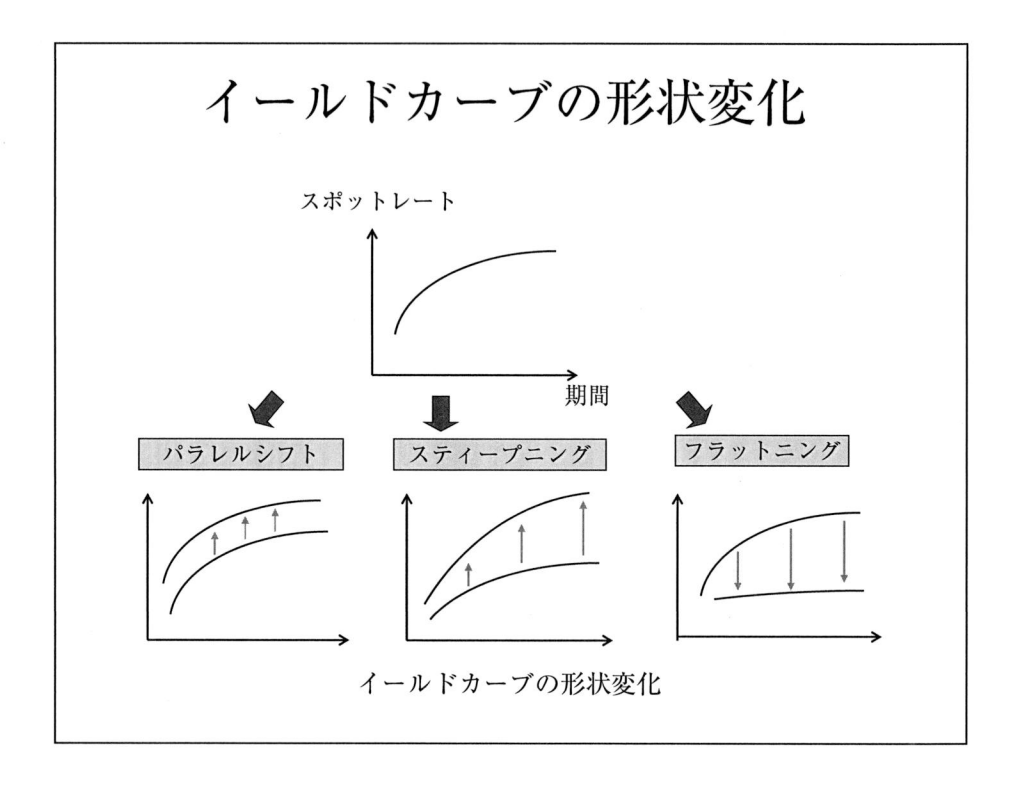

　イールドカーブの実際の動きを見ると，ダイナミックに変動していることがわかります。このイールドカーブの動きについては，代表的なパターンが3つあり，イールドカーブ全体が平行して移動する状況を「パラレルシフト」，イールドカーブの傾斜が急になる（期間の長いスポットレートの上昇が期間の短いスポットレートの上昇よりも大きい）状況を「スティープニング」，イールドカーブの傾斜が緩やかになる（期間の長いスポットレートの上昇が期間の短いスポットレートの上昇よりも小さい）状況を「フラットニング」といいます。将来の景気が上向くと予想されるとイールドカーブの形状は，将来の金利上昇を想定して「スティープニング」しますし，将来の景気が厳しいと予想されるとイールドカーブの形状は，将来の金利低下を想定して「フラットニング」する傾向があります。

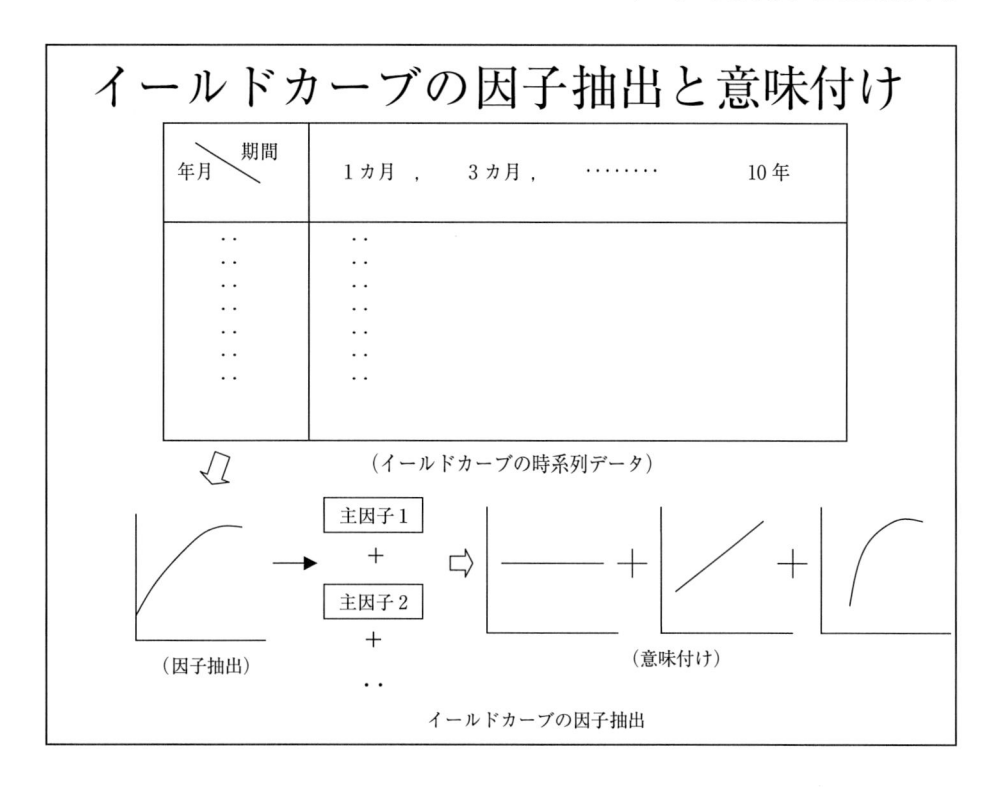

イールドカーブの因子抽出と意味付け

年月＼期間	1カ月, 3カ月, ……… 10年
：	：

（イールドカーブの時系列データ）

（因子抽出） → 主因子1 ＋ 主因子2 ＋ ‥ ⇒ （意味付け）

イールドカーブの因子抽出

　因子分析により，いろいろな残存年数のスポットレートから因子を抽出し，3つの主因子の意味付けを行うと，第一主因子が金利水準，第二主因子がイールドカーブの傾き，第三主因子がイールドカーブの曲率（曲線の撓み）であることが分かっています。したがって，イールドカーブのもっている多くの情報は，金利水準，傾き，曲率という3つの要素に集約されることがわかります。

金利の期間構造仮説

| イールドカーブの形状決定メカニズムを説明する理論 |

↓

| 金利の期間構造理論 |

- 期待仮説（Expectation Hypothesis）
  - 純粋期待仮説（Pure Expectation Hypothesis）
  - 局所的期待仮説（Local Expectation Hypothesis）
- リスクプレミアム仮説（Risk Premium Hypothesis）
  （流動性プレミアム仮説（Liquidity Premium Hypothesis））
- 特定期間選好仮説（Preferred Habitat Hypothesis）
  （市場分断仮説（Market Segmentation Hypothesis））

実際のイールドカーブの形状は期待仮説を中心として，流動性プレミアム仮説や市場分断仮説が示唆する要因により決定される。

　金利の期間構造仮説とは，イールドカーブの形状決定メカニズムを説明する理論であり，「期待仮説（Expectation Hypothesis）」，「リスクプレミアム仮説（Risk Premium Hypothesis）」，「特定期間選好仮説（Preferred Habitat Hypothesis）」の3つの代表的な考え方があります。期待仮説には，純粋期待仮説（Pure Expectation Hypothesis）と局所的期待仮説（Local Expectation Hypothesis）の2つがあり，リスクプレミアム仮説には流動性プレミアム仮説（Liquidity Premium Hypothesis）があり，特定期間選好仮説には，市場分断仮説（Market Segmentation Hypothesis）があります。

　実際のイールドカーブの形状は期待仮説を中心として，流動性プレミアム仮説や市場分断仮説が示唆する要因により決定されると考えられています。

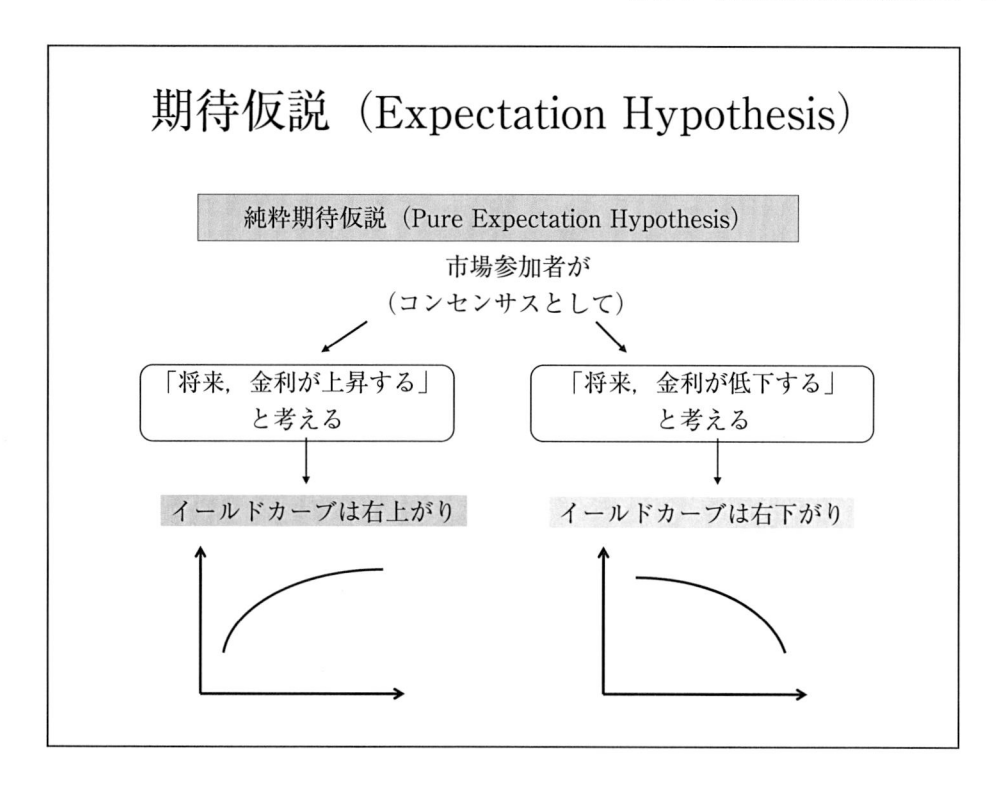

期待仮説（Expectation Hypothesis）

純粋期待仮説（Pure Expectation Hypothesis）

市場参加者が
（コンセンサスとして）

「将来、金利が上昇する」と考える → イールドカーブは右上がり

「将来、金利が低下する」と考える → イールドカーブは右下がり

　期待仮説には、純粋期待仮説（Pure Expectation Hypothesis）と局所的期待仮説（Local Expectation Hypothesis）の2つがあるとしましたが、純粋期待仮説は、市場参加者のコンセンサスとして、「将来、金利が上昇する」と考えるのであれば図にあるようにイールドカーブは右上がりとなり、「将来、金利が低下する」と考えるのであればイールドカーブは図にあるように右下がりとなると考える仮説です。

純粋期待仮説（1）

現在の長期金利に含まれているフォワードレートは将来の短期金利の期待値の合計に等しいとする仮説（現在のイールドカーブは，将来の短期金利の期待（予想）によって形成されている）。

フォワードレートは，市場参加者の将来金利の予想値に等しい

――――将来金利が上昇と予想――――

投資家	借り手
長期債投資を減らして短期債投資へシフト	金利上昇前に長期債で資金調達しようとする

長期債の需要が減少して供給が増加するので，長期金利が上昇，長短金利差が拡大してイールドカーブはスティープ化

したがって，純粋期待仮説は，現在の長期金利に含まれているフォワードレートは，将来の短期金利の期待値の合計に等しいとする仮説です（現在のイールドカーブは，将来の短期金利の期待（予想）によって形成されていると考えられます）。フォワードレートは市場参加者の将来金利の予想値に等しいので，投資家が将来金利が上昇と予想すれば，投資家は長期債投資を減らして短期債投資へシフトしようとします。借り手は，金利上昇前に長期債で資金調達しようとします。長期債の需要が減少して供給が増加するので，長期金利が低下，長短金利差が縮小してイールドカーブはフラット化することになります。

> # 純粋期待仮説（2）
>
> ただし，純粋期待仮説は，債券投資に伴うリスクをうまく表せていない。
>
> > 将来の金利は不確実で（デフォルトリスクがないとすれば）リスクは2つ
> > ① 将来金利の不確実性に起因する価格変動リスク
> > ② クーポンの再投資リスク
>
> > これらのリスクを反映して，リスク回避的な投資家の要求リターンは，プレミアムを要求するはず。
>
> > 期待仮説の1つに局所的期待仮説がある。これは，異なる満期の債券に投資しても，短期間の投資成果は同じになるはずであるという仮説。

　ただし，純粋期待仮説は，債券投資に伴うリスクをうまく表せていません。将来の金利は不確実でデフォルトリスクがないとすれば，リスクは①将来金利の不確実性に起因する価格変動リスク②クーポンの再投資リスクの2つです。これらのリスクを反映して，リスク回避的な投資家の要求リターンは，プレミアムを要求するはずです。

局所的期待仮説
(Local Expectation Hypothesis)

期待収益率が同じ

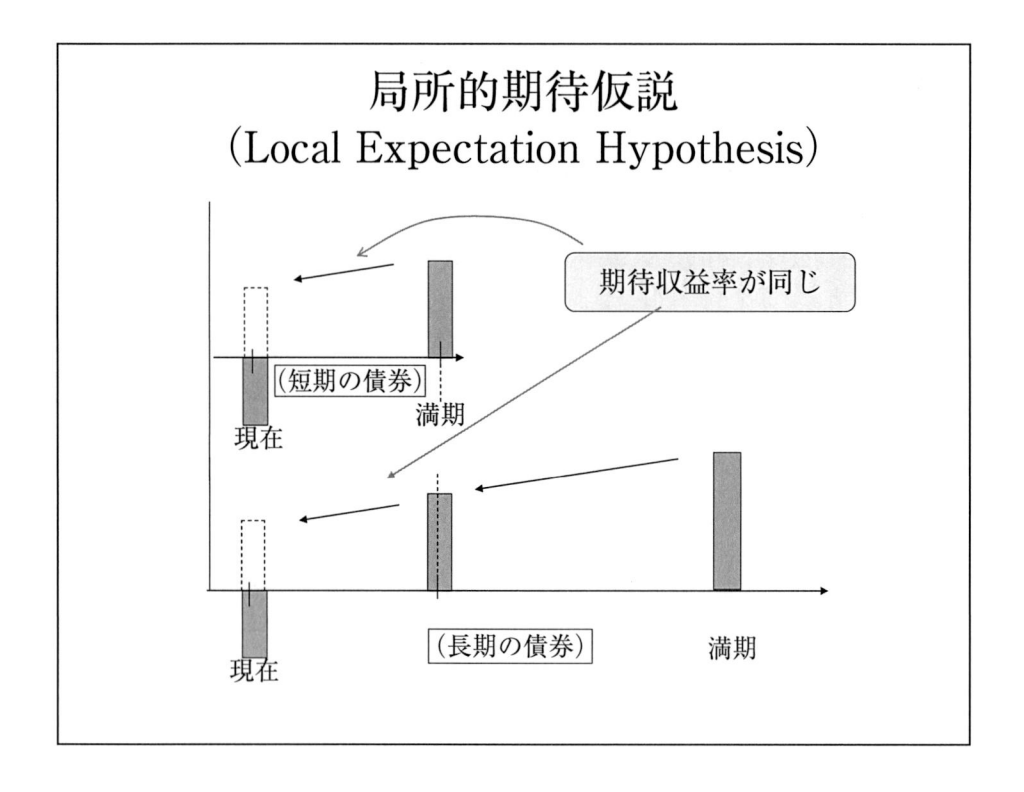

(短期の債券)
現在　満期

(長期の債券)
現在　　　　満期

　期待仮説の1つに局所的期待仮説があります。異なる満期の債券に投資しても，短期間の投資成果は同じになるはずであるという仮説です。これは，市場に不確実性がない確実な世界であること，あるいはすべての投資家がリスク中立的にあるという前提の考え方です。債券の残存年数によらず，所与の投資期間に対して期待収益率は同じという考え方です。

流動性プレミアム仮説（１）

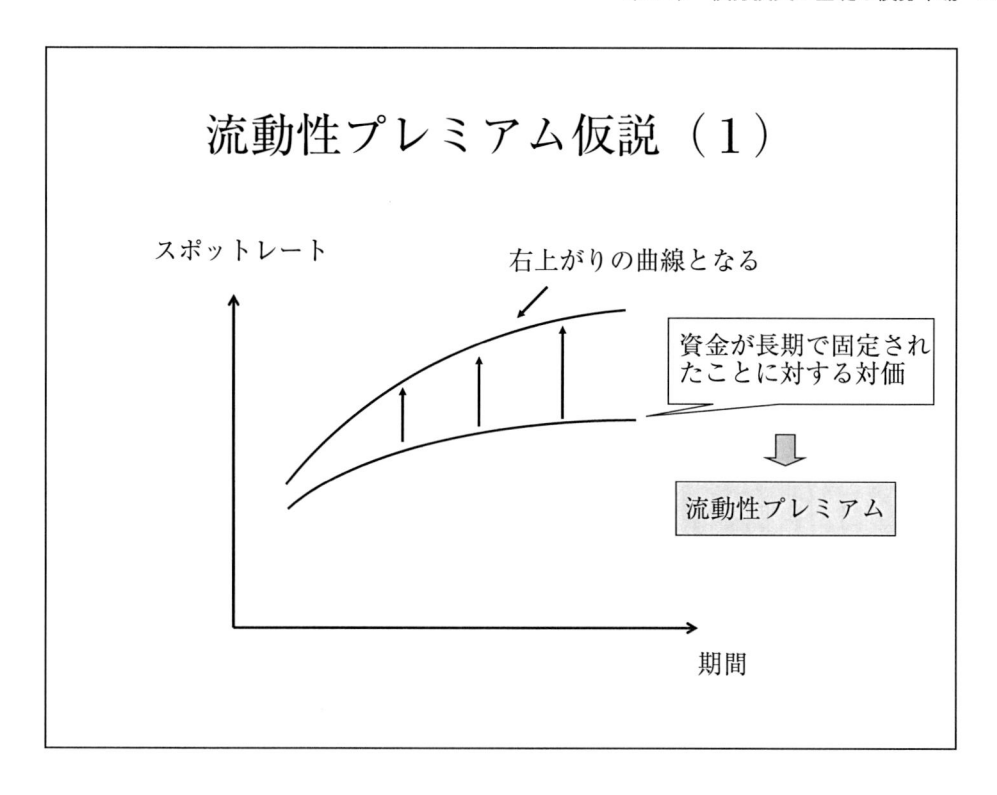

[図：スポットレートを縦軸、期間を横軸としたグラフ。右上がりの曲線が描かれ、「資金が長期で固定されたことに対する対価」＝「流動性プレミアム」を表す矢印が付されている］

　これに対するプレミアムを投資家が要求すると考えるのが，流動性プレミアム仮説です。流動性リスクの観点からは，短期間で償還されて流動性ニーズを満たす短期債の方が，長期債よりもリスクが小さいと考えられ，イールドカーブは右上がりの曲線になります。長期の投資は，資金が長期で固定されるので，流動性が犠牲になります。

流動性プレミアム仮説（2）

> リスクが大きい

長期債は短期債と比較して，金利変化に伴う価格変動が大きい
↓
短期債よりも長期債に高い期待リターンを要求
↓
フォワードレートは，将来短期金利にリスクプレミアムを加えたものとなる。

長期の投資は，資金が長期で固定されるので，流動性が犠牲となり，これに対するプレミアムを投資家が要求すると考えるのが，流動性プレミアム仮説である。

> まとめると

「長期債のリスクが大きいこと」への対価
　⇒ リスクプレミアム仮説
「資金の長期固定による流動性低下」への対価
　⇒ 流動性プレミアム仮説

　長期債は短期債と比較して，金利変化に伴う価格変動が大きいことは（リスクが大きいこと）はこれまでのことからわかりました。したがって，投資家は短期債よりも長期債に高い期待リターンを要求します。フォワードレートは，将来短期金利にリスクプレミアムを加えたものとなります。まとめると，「長期債のリスクが大きいこと」への対価と考えるのがリスクプレミアム仮説で，「資金の長期固定による流動性低下」への対価と考えるのが流動性プレミアム仮説となります。

特定期間選好仮説

投資や借入について，投資家や借り手が選好する期間は経済主体や目的ごとに異なる（投資家や借り手ごとに選好する期間がある）。

その結果，同仮説におけるリスクプレミアムはプラスにもマイナスにもなり得る。

ただし，市場の需給関係によって，利回り曲線が大きく歪んだ場合には，選好する期間以外の期間に投資することがある。

市場分断仮説は，同仮説とほぼ同じであるが，需給関係によって，予想金利とフォワードレートとの乖離が著しくなっても，他の期間に資金をシフトさせることはしないと想定したものである。

まとめると

選好する期間は，投資家と借り手によりいろいろ
ただし，選好する期間以外に十分インセンティブのある期間が存在したとき，
　選好する期間以外も選択する　⇒　特定期間選好仮説
　選好する期間以外は選択しない　⇒　市場分断仮説

　投資家は特定の期間の債券を選好する傾向が強く，各期間の債券価格は特定の投資家群の需給の関係で決定されるとする考え方です。市場があたかも各々の期間（たとえば長期債券と中期債券がまったく独立した別のもの）で分断されているかのように，相互に影響されることなく，債券が独立して決定されると考える仮説です。たとえば，長期の負債を保有する投資家（生命保険会社や年金資金の運用者）は，長期の債券のみ関心をもち，中期や超長期の債券には関心をもたないと考える仮説です。

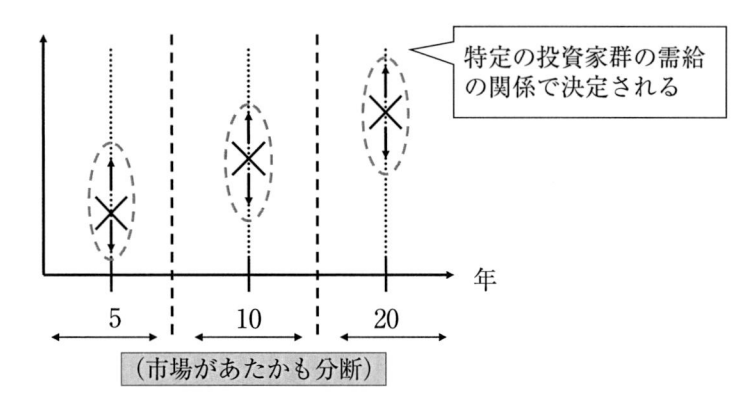

市場分断仮説 (Market Segmental Hypothesis)

特定期間選好仮説（Preferred Habitat Hypothesis）も似た仮説。ただし，市場分断仮説は，特定期間選好仮説よりも期間選好に柔軟性がない

　特定期間選好仮説と同様で，投資家は特定の期間の債券を選好する傾向が強く，各期間の債券価格は特定の投資家群の需要と供給の関係で決定されるとする考え方です。市場分断仮説は特定期間選好仮説と非常に似た仮説ですが，特定期間選好仮説よりも期間選好に柔軟性がない仮説と解釈されています。

参考文献

E.R. アルザック［著］，斎藤進［監訳］『合併・買収・再編の企業評価』中央経済社，2008 年。
釜江廣志・北岡孝義・大塚晴之・鈴木喜久『証券論』有斐閣ブックス，2004 年。
杉江雅彦［監修］，坂下晃［編著］『証券論 15 講』晃洋書房，2003 年。
高橋元『証券市場と投資の理論』同文舘，1993 年。
日本アナリスト協会［編］，小林孝雄・芹田敏夫『新・証券投資論―理論篇』日本経済新聞出版社，
　　2009 年。
日本アナリスト協会［編］，浅野幸弘・榊原茂樹［監修］，伊藤敬介・荻島誠治・諏訪部貴嗣『新・
　　証券投資論―実務篇』日本経済新聞出版社，2009 年。
モーラッド・ショウドリー［著］，森平爽一郎［監訳］『イールドカーブ分析』東洋経済新報社，
　　2010 年。
森平爽一郎・小暮厚之［編集］，菅原周一『資産運用の理論と実践（応用ファイナンス講座）』朝倉
　　書店，2007 年。
Keith Cuthbertson and Dirk Nitzsche, "Quantitative Financial Economics," Wiley, 2004.

索　引

[A-Z]

APT	128
Asset Pricing Theory	128
Capital Market Line	113
Discounted Cash Flow	182
Fair Game	156
forward rate	260
i. i. d.	70
independently identically distributed	70
Internal Rate of Return	49
IRR	49
Law of One Price	37
Local Expectation Hypothesis	269
MIM	146
Minimum Variance Portfolio	92
Modern Portfolio Theory	97
MPT	97
MVP	92
Net Present Value	59
NPV	59
PBR	187
PER	185
Pure Expectation Hypothesis	269
ROA	190
ROE	190
Security Market Line	117
SIM	146
SML	117
Utility	72
Yield To Maturity	251
YTM	251

[あ]

アクティブ運用	161
アービトラージ	36
一物一価の法則	37
イールドカーブ	264
ウォルターモデル	194
応募者利回り	225

[か]

株価収益率	185
株価純資産倍率	187
株主資本利益率	190
幾何平均	51
期待仮説	269
共分散	62
局所的期待仮説	269, 272
金額加重収益率	53
金利の期間構造曲線	264
系列相関	67
現在価値	28
現代投資理論	97
効用	72
効率的市場仮説	155
効率的フロンティア	96
ゴードンモデル	194
コンベキシティー	246

[さ]

最終利回り（日本式）	223, 251
最小分散ポートフォリオ	92
裁定価格理論	128
裁定取引	36
算術平均	51
時間加重収益率	53
時間の市場価格	114
市場のアノマリー	163
市場分断仮説	276
市場ポートフォリオ	110
市場リスク	104
システマティックリスク	104

実効利回り……………………………… 227
資本資産価格モデル…………………… 118
資本市場線……………………………… 113
修正デュレーション…………………… 244
純粋期待仮説…………………………… 269
証券市場線……………………………… 117
正味現在価値…………………………… 59
将来価値………………………………… 28
所有期間利回り………………………… 224
シングル・インデックス・モデル…… 146
スポットレート………………………… 252
接点ポートフォリオ…………………… 107
相関係数………………………………… 63
総資本利益率…………………………… 190

[た]
タームストラクチャー………………… 264
直利（直接利回り）…………………… 222
定常性…………………………………… 68
ディスカウント・ファクター………… 257
定成長配当割引モデル………………… 194
定配当割引モデル……………………… 194
デュレーション………………………… 241
特定期間選好仮説……………………… 275
独立……………………………………… 66
　　──同一分布……………………… 70

[な]
内部収益率…………………………… 46, 49

[は]
敗者のゲーム…………………………… 159
パッシブ運用…………………………… 161
非市場リスク…………………………… 104

非システマティック・リスク………… 104
フェア・ゲーム………………………… 156
フォワードレート……………………… 260
複利効果………………………………… 40
複利での最終利回り…………………… 226
分散の不均一性………………………… 69
分離定理………………………………… 108
平均・分散アプローチ………………… 97
変則性…………………………………… 163
ポートフォリオ選択理論……………… 97

[ま]
マコーレ・デュレーション…………… 244
マーティンゲール……………………… 157
マルチ・インデックス・モデル……… 146
マルチ・ファクター・モデル………… 142
無差別曲線……………………………… 75
無相関…………………………………… 66
無リスク資産…………………………… 26

[ら]
ランダム・ウォーク…………………… 148
リスク愛好的投資家…………………… 71
リスク回避的投資家…………………… 71
リスク中立的投資家…………………… 71
リスクの市場価格……………………… 114
リスクプレミアム……………………… 25
利付債…………………………………… 233
流動性プレミアム仮説………………… 273
連続複利金利…………………………… 43

[わ]
割引キャッシュフロー法……………… 182
割引債…………………………………… 231

《著者紹介》

菅原周一（すがわら・しゅういち）
　1980 年　東京工業大学卒業。
　現　　在　早稲田大学大学院ファイナンス研究科客員研究員。早稲田大学，慶応義塾大学非常勤講師。

主要著書

『資産運用の理論と実践』朝倉書店，2007 年。
『年金資産運用の理論と実践』（共編）日本経済新聞社，2002 年。
など。

桂　眞一（かつら・しんいち）
　1980 年　早稲田大学理工学部工業経営学科卒業。
　2004 年　横浜国立大学大学院国際社会科学研究科博士課程修了，博士（経営学）。
　2009 年から現在，近畿大学経営学部商学科教授。

主要著書

『合併・買収・再編の企業評価』（共訳）中央経済社，2008 年。
『アクティブ運用の復権』（共著）きんざい，2005 年。
「年金債務が確率的に変動するときの最適年金ポートフォリオ」（共著）現代ファイナンス No.23，2008 年。
など。

（検印省略）

2010 年 7 月 25 日　初版発行　　　　　　　　　　　　略称―資本市場論

基礎から学ぶ資本市場論 I

著　者　菅原周一・桂　眞一
発行者　塚田尚寛

発行所　東京都豊島区池袋 3-14-4　　株式会社　創成社
電　話　03（3971）6552　　FAX 03（3971）6919
出版部　03（5275）9990　　FAX 03（5275）9993
http://www.books-sosei.com　　振　替　00150-9-191261

定価はカバーに表示してあります。

©2010 Shuichi Sugawara,
　　　Shinichi Katsura
ISBN978-4-7944-2342-9 C3034
Printed in Japan

組版：ワードトップ　印刷：平河工業社
製本：宮製本
落丁・乱丁本はお取り替えいたします。

―――――― 経営選書 ――――――

基礎から学ぶ資本市場論 I	菅原 周一／桂 眞一	著	3,000 円
ファイナンスで学ぶ数式トレーニング	保坂 和男	著	1,800 円
ファイナンス入門	秋森 弘／皆木 健男	著	2,100 円
図解 コーポレートファイナンス	森 直哉	著	1,900 円
現代企業のM&A投資戦略	安田 義郎	著	3,000 円
財務管理論	市村 昭三	編著	3,786 円
企業財務戦略の基礎	辻 聖二	著	2,400 円
財務管理論の基礎	中垣 昇	著	2,200 円
経営財務論	小山 明宏	著	3,000 円
ファイナンシャル・プラン	中井 誠／依田 孝昭	著	1,900 円
すらすら読めて奥までわかるコーポレート・ファイナンス	内田 交謹	著	2,600 円
企業財務の機能と変容	内田 交謹	著	2,600 円
経営分析と企業評価	秋本 敏男	著	2,800 円
経営分析ミニ辞典	秋本 敏男	著	900 円
CSRとコーポレート・ガバナンスがわかる事典	佐久間 信夫／水尾 順一／水谷内 徹也	編著	2,200 円
現代経営組織辞典	小林 末男	監修	2,500 円
昇進の研究 ―キャリア・プラトー現象の観点から―	山本 寛	著	3,200 円
転職とキャリアの研究 ―組織間キャリア発達の観点から―	山本 寛	著	3,000 円
共生マーケティング戦略論	清水 公一	著	4,150 円
広告の理論と戦略	清水 公一	著	3,800 円

(本体価格)

―――――― 創成社 ――――――